말의 원칙

일러두기

- 병기를 제외한 괄호의 설명은 모두 옮긴이의 것입니다.
- 원서에 이탤릭, 볼드, 큰따옴표로 저자가 강조한 부분은 모두 작은따옴표로 통일했습니다.

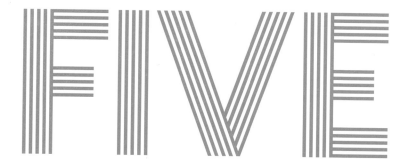

FIVE
말의 원칙
인간 역사를 관통하는 단 하나의 무기
STARS

카민 갤로 지음 | 김태훈 옮김

RHK
알에이치코리아

Contents

프롤로그 역사를 이어온 말의 원칙 · 8

전 세계에 닥친 중대한 변화 | 소프트 스킬이 절실한 이유 | 새로운 세상을 여는 힘

제1부 그들의 말은 어떻게 다른가

1장 세상을 바꾼 말의 위력 · 25

도약을 위한 단 하나의 목표 | 연설문 하나로 뒤바뀐 역사

2장 평범한 기준을 뛰어넘으려면 · 36

소통 능력이라는 경쟁 우위 | 생각에 생각을 더한 결과 | 말솜씨가 연봉을 좌우한다

3장 기술보다 강력한 인간의 말 · 54

고전 설득술의 현재 가치 | 감정은 할 수 있다 | 강력한 감정 자극제

4장 파이브 스타들의 비밀 · 68

내 이야기가 자본이다 | 활력과 수익을 창출하는 공감 | 상대의 입장을 헤아린다는 것 | 필요 충족을 넘어 필요 예측으로

제2부 설득의 승리자들

5장 18분 만에 세상을 사로잡은 과학자 • 93

말하기와 글쓰기를 잘해야 우주 비행사? | 나사가 도입한 새로운 발표 형식 | 과학에서의 의사소통

6장 10억 달러 투자에 성공한 창업가 • 114

복잡한 언어를 쉬운 언어로 | 고객과 관계를 맺다 | 최고의 창업 투자자가 말하는 의사소통 능력 | 인생을 바꾼 꿈 | 다른 길은 없다

7장 탁월한 관리자가 된 평범한 팀원 • 135

스티브 잡스에게 도움을 받다 | 의사소통 능력은 기본 중 기본 | 30초 안에 끝내라 | 경력의 사다리를 오르려면 | 인간적인 더 인간적인 | 메시지를 머리에 각인시키다

8장 성공 가도를 달리는 리더 • 165

슬라이드는 광고판이다 | 완벽한 팀은 교감이 먼저다 | UCLA 대학 병원의 부활 | 최고스토리텔링책임자의 탄생 | 스카프로 말하라 | 의사소통은 평생 공부해야 할 것

9장 전 세계에 파장을 일으킨 테드 스타 · 192
발표를 잘 하는 법

제3부 상위 1퍼센트가 사용하는 말의 기술

10장 파토스 원칙을 기억하라 · 209
감정을 자극하면 기억은 오래간다 | 뇌는 이야기에 끌린다 | 역경 극복은 좋은 소재 | 자선 사업이 아니라 공감 사업 | 약간의 스트레스로 감정을 자극하라 | 상대를 움직이는 세 가지 이야기 | 시그니처 스토리의 조건

11장 3막 구조를 따르라 · 236
공감은 신뢰로 연결된다 | 맥킨지의 상황–문제–해결 기법 | 훅을 만들어라

12장 단 한 줄로 승부하라 · 256
하나의 아이디어에 초점을 맞출 것 | 창업 투자자의 5초 규칙

13장 최소한의 단어만 써라 • 263
초등학생의 언어로 설명하라 | 더 쉽게, 더 짧게 | 10분 안에 분명하게 말하라

14장 비유로 요리하라 • 276
유추는 효율적이다 | 좋은 유추의 힘 | 추상적인 대상도 구체적인 비유로 | 아이디어 포장의 달인

15장 잠든 뇌를 깨워라 • 289
창의적 아이디어를 촉발하는 비결

16장 두려움을 조절하라 • 305
재해석: 채널 변경 | 리허설: 압박 훈련

에필로그 자신만의 멋진 모험에 나서라 • 312
주 • 319

프롤로그

역사를 이어온 말의 원칙

구글, 에어비앤비, 맥킨지 같은 유수의 기업을 이끄는 리더들.

세계적으로 인정받는 신생 기업에 창업 자금을 대는 투자자들.

400킬로미터 상공에서 지구를 내려다보는 우주 비행사들.

지구에서 별들을 올려다보며 태양계 바깥을 탐구하는 과학자들.

이처럼 각 분야에서 스타가 된 이들이나 꼭 스타가 아니더라도 첫 직장에서 잘 자리 잡은 사회 초년생이나 동료들 가운데 가장 먼저 승진한 실무자, 창업에 성공한 기업가 들과 두루 대화를 나누다 보면, 그들이 성공의 비결로 모두 한 가지를 꼽는다는 걸 알 수 있다. 다름 아닌 의사소통 능력이다. 이들은 상대의 마음을 꿰뚫고 원하는 대로 움직이는 설득 기술이 없었다면 현재의 자리에 있기 어려웠을 거라고 입을 모은다. 나는 그들과의 대화를 통해 알게 된 사실을 이 책에 속속들이 담았다.

지난 20년 동안 뇌 영상 촬영술이 발전하면서 우리는 실시간으로 두뇌활동을 관찰할 수 있게 되었다. 두뇌의 혈류를 연구하는 과학자들은 효과적인 의사소통의 비밀을 발견했다. 특정한 단어, 발언자, 스타일이 정서적 공감대를 형성하는 진짜 이유가 밝혀진 것이다. 연구 결과에 따르면 우리가 의사소통을 위해 활용하는 수단은 많이 진화했으나 우리의 두뇌가 정보를 소비하는 양상은 달라지지 않았다. 설득의 기술적 측면을 그간의 과학자들의 발견과 접목할 수 있다면 의사소통 능력으로 성공하는 데 큰 도움이 될 것이다.

전 세계에 닥친 중대한 변화

그 어느 때보다 소통이 중요한 시대다. 농경 시대에는 농부가 이웃보다 밭을 더 잘 갈아도 큰돈을 벌 수 없었다. 산업 시대에는 동료보다 기계를 더 빨리 조립해도 큰돈을 벌지 못했다. 그러나 지금은 어디에 있든 자신의 생각을 조금 더 잘 표현할 수만 있으면 인류 역사상 유례가 없는 수준으로 순식간에 막대한 부를 쌓을 수 있다.

21세기 지식 경제 사회에서는 생각이 곧 그 사람의 가치를 말해준다. 다른 사람들에게 자기 생각이 중요하다고 설득하는 능력은 세계화, 자동화, 인공지능이 전 세계 모든 나라, 모든 직업에 걸쳐 불안을 자아내는 시기에 경쟁 우위를 안기는 가장 중요한 능력이다. 앞으로 10년 동안 당신의 생각 그리고 생각을 잘 표현하는 능력이 그 어느 때보다 중요해질 것이다.

오늘날의 직장인들에게 평균적인 능력은 평균 이하의 성과만을 보장한다. 〈뉴욕 타임스〉의 칼럼니스트이자 베스트셀러 저자인 토머스 프리드먼Thomas Friedman은 평균의 한계를 지적한다.

"과거 노동자들은 평균적인 능력으로 평균적인 일만 해도 평균 수준으로 살 수 있었다. 그러나 이제 공식적으로 평균의 시대는 끝났다. 모두가 모두를 능가하는 능력, 어느 분야에서든 가치 창출에 기여하고 두각을 드러낼 수 있는 자신만의 고유한 능력을 찾아야 한다."[1]

경제학자 타일러 코웬Tyler Cowen에 따르면 평균의 시대가 끝났다는 표현은 단순한 구호 이상의 의미를 지닌다. 그는 지능형 기계나 경제 세계화로 인한 사회 변화가 다음과 같은 질문들을 불가피하게 만든다고 주장한다.

"지능형 기계와 잘 협력할 수 있는가? 당신의 업무 역량이 컴퓨터 기술을 보완하는가 아니면 컴퓨터가 혼자 더 잘 해내는가? 최악의 경우 당신은 컴퓨터와 경쟁하고 있는가?"[2]

당신의 능력이 컴퓨터를 보완한다면 당신의 고용 전망은 밝겠지만, 컴퓨터를 넘어서지 못한다면 가능한 한 빨리 이 불일치를 바로잡아야 한다.

이 책은 바로 이 '불일치'를 바로잡기 위한 것이다. 일의 속성 자체는 변하지 않았다. 탁월한 수준에 오르는 데 필요한 기술도 마찬가지다. 다른 사람들을 설득하고, 자극하고, 그들의 상상력을 촉발할 수 있다면 당신은 그 누구도 막을 수 없고, 저항할 수 없고, 대체할 수 없는 사람이 될 것이다.

앤서니 골드블룸Anthony Goldbloom은 빅데이터를 활용하여 거대한 과제를 해결하는 세계적인 기업의 CEO이다. 그의 회사인 캐글Kaggle은 예측 모형을 토대로 나사NASA, 자동차 회사, 보험사, 제약사, 의료용 기기 제조사 등을 위해 복잡한 문제를 해결한다. 캐글은 아무리 거대한 문제라도 마다하지 않는다. MIT에서 선정한 세계 최고의 혁신가 35인에 선정된 골드블룸은 '머신러닝'이 인공지능 부문의 가장 강력한 수단이며, 앞으로 기계가 인간을 대체하면서 직장에서도 대혼란을 야기할 것이다. 머신러닝은 기계가 데이터를 통해 스스로 학습해 일부 사람이 하는 일을 해나가는 기술이다. 캐글이 머신러닝 분야에서 첨단을 달리고 있기 때문에 골드블룸은 기계가 할 수 있는 일과 할 수 없는 일에 대해 고유한 관점을 갖고 있다.

골드블룸은 내게 이렇게 말했다.

"기계는 구조적으로 이전에 실행된 일들을 배우고 반복하는 데 인간보다 훨씬 뛰어납니다. 하지만 사람을 감동시키려면 뜻밖의 요소가 필요합니다. 기계는 새로운 상황에 대처하는 부분에서는 거의 진전을 이루지 못했습니다. 이전에 접하지 않은 것을 다룰 줄은 몰라요."[3]

데이터 연구자들이 모인 캐글 공동체에서 진행한 한 프로젝트는 머신러닝의 가망성과 한계를 드러냈다. 휴렛 재단Hewlett Foundation이 공동으로 후원한 대회 형식의 이 프로젝트는 학생들이 쓴 에세이를 교사만큼 혹은 교사보다 더 잘 평가할 수 있는 소프트웨어를 만드는 데 그 목적이 있었다. 이는 소프트웨어 개발 부문의 중요한 사업이었다. 휴렛 재단은 미국 공립 학교 학생들에게 21세기에 필요한 자질을 갖출 수 있는 환경을 제공하기 위해 노력한다. 주요 능력 중에는 비판적 사고와 효율적 의사소통이 포함된다. 이 부문에서 교육의 질을 높이려면 학생 평가를 객관식 시험에서 높은 수준의 사고와 글쓰기 능력이 요구되는 주관식 시험으로 바꿀 필요가 있다. 문제는 채점에 비용과 시간이 많이 든다는 것이다. 휴렛 재단이 채점을 자동화하기 위한 최선의 방법을 제시하는 대회를 연 이유가 거기에 있다.

대회 성과는 고무적이었다.[4] 우승 소프트웨어는 2만 2,000편의 에세이를 토대로 문장 구조, 철자, 구두법을 분석하여 사람과 비슷한 정도로 점수를 매겼다. 특히 평균 수준의 에세이를 대상으로 양호한 결과를 냈다. 반면 평균을 넘어선 신선하고, 새롭고 획기적인 내용을 담은 에세이는 제대로 인식하지 못했다. 실제로 독창적인 작품들이 마땅한 점수를 받지 못했다. 기계는 대량의 기존 데이터를 처리하는 방식으로 학습한다. 하지만 우리 인간은 상상력을 발휘하여 본질적으로 과거에 존재하지 않았던 새로운 생각을 제시한다. 골드블룸은 이렇게 말한다.

"우리는 동떨어진 것처럼 보이는 단서들을 이어서 문제를 해결합니다. 그렇기 때문에 인간의 일을 기계로 자동화하는 것은 보다 근본적인 한계에 봉착할 수밖에 없습니다."[5]

컴퓨터는 평균을 인식하고 복제할 수 있다. 그러나 디지털 시대에 두각을 드러내려면 평균으로는 부족하다.

수학자인 아라이 노리코Arai Noriko는 에세이와 관련된 또 다른 실험을 진행했다. 그녀는 80퍼센트의 고등학생보다 높은 대입 시험 점수를 기록한 인공지능 시스템을 구축하여 불안을 촉발했다. 그녀가 만든 토다이 로봇Todai Robot은 수학과 과학에서 일본 상위 1퍼센트의 성적을 냈을 뿐 아니라 600자 논술에서도 대다수 학생보다 뛰어났다. 이런 결과가 나왔음에도 아라이는 인공지능의 시대에도 인간이 성공할 수 있다고 확신한다. 그녀가 보기에 인공지능이 80퍼센트의 학생보다 뛰어난 이유는 정보를 더 빠르고 정확하게 인출할 수 있기 때문이다. 반면 토다이는 창의적으로 생각하고 질문의 범위를 넘어서 의미를 찾을 줄 아는 20퍼센트의 학생을 능가하지는 못했다.[6] 다시 말해서 인공지능은 사람처럼 읽고 생각하지 못한다. 토다이 로봇은 키워드를 파악하고 기존 정보로부터 인출한 정보와 문구를 조합하여 답을 제시한다. 지식이 암기와 정보 인출을 뜻한다면 인공지능이 사람보다 낫다. 아라이에 따르면 인간에게 우위를 안기는 부문은 로봇이나 기계가 재현할 수 없는 비판적 사고, 창의성, 의사소통이다.

기계는 빠르고 인간은 창의적이다. 기계는 데이터에서 통찰을 걸러내고 인간은 '데이터가 지닌 의미'를 조명할 줄 안다. 기계는 과거에 구축한 것들을 우리에게 알려주고 인간은 미래를 구축한다. 기계는 생산성을 높여주고 인간은 상상력을 통해 예기치 못한 방식으로 세상을 개선한다.

정서적 공감대는 자동화, 빅데이터, 인공지능, 머신러닝 같은 기술이 수많은 일자리를 없애고 산업구조 전반을 흔들어 개인의 경력까지 단절시키는 시대에 실로 '생존 당첨권'과 같다. 전 세계 사람들은 변화의 속도를 불안하게 바라보며 그것이 일의 미래에 어떤 의미를 지닐지 고민하고 있다. 다행인 점은 적어도 지난 500년 동안 쌓인 증거로 볼 때 '로봇 대재앙에 대한 두려움'이 과장되었다는 것이다.

모든 기술 변화는 일자리를 파괴했다. 그러나 동시에 이전보다 더 많은 새 일자리를 만들기도 했다. 멀게는 1500년대 유럽까지 거슬러 올라가 혁신의 역사를 연구한 경제학자들은 새로운 제품이나 서비스에 따른 불안이 최고조에 이를 때 새로운 일자리가 예상보다 많이 생겼다는 사실을 발견했다. 가령 1970년대에는 현금인출기 때문에 은행 지점과 은행원이 많이 줄어들 것으로 예상되었다. 그러나 현재 은행들은 1980년보다 많은 직원들을 고용하고 있다. 다만 은행원들이 하는 일이 바뀌었을 뿐이다. 고객 관리 업무가 단순 송금 업무를 대체하게 된 것이다. 기술이 촉발한 이 혼란은 많은 사람들에게 대단히 현실적인 두려움을 낳았다.

기술의 기하급수적 성장은 우리의 삶을 엄청나게 개선했다. 거의 모든 척도에서 지금이 그 어느 때보다 살기 좋은 시절이다. 그러나 예기치 못한 진전은 컨설팅 기업인 타워스 왓슨Towers Watson이 말한 "지각변동"을 일으켰다. 21세기 직장인들은 이제 새로운 기술이 있어야 한다. 옥스퍼드 대학의 연구진은 700여 개의 직업을 면밀하게 분석한 후 자동화로 현존하는 직업의 47퍼센트가 사라질 것이라는 결론을 내렸다.[7] 한 번 더 강조하자면 지금 일자리의 절반이 향후 10년 동안 사라질 전망이다. 이는 육체노동자들의 일자리를 기계가 대체한 과정의 연장이다. 가까운 미래에 자동화가 '더 똑똑한 인지 시스템'을 통해 더 빠르고 효율적으로 일을 처리함으로써 전 세계에 걸쳐 1억 4,000만 명의 지식노동자를 대체할 것이다. 연구 결과에 따르면 이런 위험은 국가와 지역을 가리지 않을 뿐 아니라 운송, 기술, 의료, 유통, 법률, 금융 등 거의 모든 부문에 걸쳐 동일하게 존재한다.

실리콘밸리에 있는 싱크탱크, 싱귤래리티 대학교Singularity University에서 인공지능과 로봇 공학 부문 책임자인 닐 제이콥스타인Neil Jacobstein은 이렇게 말한다.

"사람들은 머신러닝이 직업을 대체하는 속도에 놀라게 될 것입니다. 앞으로 10년 안에 인류는 실로 중대한 변화를 맞이할 것입니다."[8]

소프트 스킬이 절실한 이유

어떤 직업이 언제 자동화될지에 대한 예측은 아직 정확하지 않다. 그러나 사람들이 앞으로도 인간이 하기를 바라는 역할에 대해서는 예측할 수 있다. 말 잘하는 사람은 더 나은 보상을 얻을 것이다. 사람들에게 자극을 주고, 다른 사람들의 상상력을 촉발할 수 있는 사람은 매우 유리한 입지에 설 것이다. 제이콥스타인은 이렇게 말한다.

"기계가 인간의 감정을 읽는 법을 배울 수는 있지만, 인간의 감정을 느낄 수는 없습니다. 이는 대단히 중요한 차이입니다."[9]

하드 데이터hard data는 소프트 스킬soft skill이 절실하게 필요하다는 사실을 보여준다. 400명의 인사 및 채용 전문가를 대상으로 실시한 조사에서 94퍼센트가 경력 사항이 더 화려해도 언어 능력이 떨어지는 사람보다 간부로 승진할 가능성이 높다고 말했다.

업계 간부들은 분명하고 간결하게 의사를 전달하면서 동료와 고객들을 고무하고 일에 끌어들일 수 있는 사람을 찾기가 힘들다고 말한다. 〈월스트리트저널〉에 따르면 이런 능력이 회사에서 두각을 드러내는 직원과 근근이 버티기만 하는 직원의 차이를 만든다고 한다. 이런 능력은 고용자가 항상 필요로 하는 자질이었지만 경제 체제가 변하면서 특히 요즘 더 중요시하는 경향이다. 기업들은 반복 업무를 상당수 자동화하거나 외주로 돌렸다. 계속 남아 있는 직책은 비판적 사고나 공감 능력 혹은 컴퓨터가 쉽게 모방할 수 없는 능력을 요구한다. 실제로 의사소통 같은 보다 근본적인 능력이 가장 중요하다.[10]

구직자와 일자리 정보를 연결하는 소프트웨어 기업 버닝 글래스Burning Glass가 실시한 조사에 따르면 고용자들은 심각한 기술 간극에 직면해 있다. 소셜 미디어에 올라온 수백만 건의 구직 광고를 분석한 결과 의외로 기술직(IT, 의료, 엔지니어링, 금융)에서 글쓰기와 의사소통 능력이 직무 소개에 제시한 수준보다 훨씬 중시되었다. 문제는 이런 능력을 갖춘 사람을 찾기가 엄청나게 어렵다는 것이다.[11]

다른 수많은 조사와 연구에서도 비슷한 결과가 나왔다. 가령 헤이그룹Hay Group에서 조사한 바에 따르면 부실한 의사소통 능력이 일터에서 밀레니엄 세대의 발목을 잡고 있다고 한다. 미국, 인도, 중국에서

450명의 인사 책임자를 대상으로 조사한 결과, 80퍼센트가 기술적 숙련도와 의사소통 능력을 함께 갖춘 인재를 찾는 데 어려움을 겪고 있다고 밝혔다. 즉 사회성과 공감 능력은 앞으로 업계에서 성공하는 데 대단히 중요한 역량이지만 요즘 대학 졸업자들에게서 찾기는 어렵다.[12] 그래서 의사소통 능력을 갖춘 인재는 희소가치를 지닌다. 대다수 조사 대상자들은 대학 졸업자들이 공감 능력과 사회성을 높이는 스킬을 신속하게 연마하지 않으면 복잡한 직무 과정에서 제대로 성과를 낼 수 없을 것이라고 말한다.

앤서니 골드블룸은 자기 생각을 제대로 전할 줄 알고, 사람들의 주의를 끄는 능력이 있는 사람은 쉽게 대체되지 않을 거라고 주장한다.[13] 또한 워런 버핏도 같은 관점에서 이렇게 말한다.

"색다른 사람이 두각을 드러낼 겁니다. IQ 200 그런 게 중요한 게 아닙니다. 사람들 앞에서 정말로 편하게 말하는 능력을 갖추면 스스로 기대한 수준보다 훨씬 더 빨리 두각을 드러낼 수 있을 겁니다. 이런 능력은 50년, 60년을 가는 자산입니다."[14]

버핏 자신도 사회생활 초기에 사람들 앞에서 말하는 걸 대단히 두려워했다. 따로 연설하기 강좌까지 신청했지만 너무 무서워서 지레 그만둘 정도였다. 그래도 용기를 내서 재차 시도한 끝에 겨우 수료할 수 있었다. 지금도 버핏의 사무실에는 대학 졸업장이나 대학원 졸업장이 아니라 연설 교육 수료증이 자랑스럽게 걸려 있다.

버핏은 컬럼비아 대학교 경영 대학원 학생을 대상으로 한 강연에서 이렇게 말했다.

"여러분이 앞으로 벌 돈의 10퍼센트를 내가 갖는 조건으로 바로 지금 10만 달러를 줄 테니 관심 있는 사람은 강연 후에 찾아오세요. 이제 의사소통 능력, 연설 능력만 제대로 익혀도 자신의 가치를 50퍼센트나 높일 수 있습니다. 그렇다면 15만 달러를 주겠습니다."[15]

이 말은 연설 능력이 앞으로 경력을 진전시키는 데 가장 중요하다는 사실을 강조하고 있다.

새로운 세상을 여는 힘

창업가와 소상공인, CEO, 기업 임원 들의 가치는 아이디어에 좌우된다. 지금까지 사람이 손으로 하던 많은 일이 자동화된 시대에 아이디어는 그 어느 때보다 중요하다. 그러나 다른 사람들이 당신의 생각을 지지하도록 설득하지 못하고, 그들에게 영감을 주지 못한다면 결코 당신은 스스로의 운명을 이끌어 갈 수 없다. 당신 말하기의 부족한 부분을 채워라. 그래야 아이디어 시장에서 빛날 수 있다.

인공지능은 말로 상대를 움직이는 데 필요한 인간의 공감 능력을 모방하지 못한다. 기계는 마음이 없다. 하지만 스토리텔러에게는 마음이 있다.

이 책 전반에 걸쳐, 자기만의 세계를 구축한 독특한 리더, 창업가, 기업인, 브랜드를 가리켜 '파이브 스타five stars'라고 소개했다. 일부는 말 그대로 별 다섯 개짜리 평점을 받은 회사를 운영하는 리더를 가리킬 수도 있다. 접객과 의료뿐 아니라 다른 많은 산업에서 파이브 스타 브랜드를 이끄는 CEO, 리더, 창업가를 만나게 될 것이다. 한편 파이브 스타는 하나의 비유이기도 하다. 어중간한 수준에 머물러 있다가 정상으로 뛰어오른 세일즈 스타들, 거듭 동료들을 앞질러 승진하는 사람들, 경쟁이 심한 분야에서 최상위 1퍼센트에 들어간 경영자들, 전체 사업 범주를 완전히 탈바꿈시킨 CEO들, 창업투자사의 투자를 받아 0.5퍼센트의 신생 기업을 만든 창업가들이 이에 속한다. 세계적으로 인정받는 기업 뒤에 서 있는 투자자들은 물론이다. 의사소통 능력 덕분에 큰 진전을 이뤘다고 말하는 테드 강연자, 과학자, 브랜드 전문가, 억만장자들 역시 빼놓을 수 없다. 이들에게서 자신의 생각을 알리는 데 활용하는 구체적인 기법들을 배울 것이다.

와튼스쿨 철학과 교수인 애덤 그랜트Adam Grant가 주장한 대로 독창성을 얻기 위해서는 통념을 거스를 줄 알아야 한다. 독창적인 사람들은 공통의 장애물, 즉 현재 상태를 유지하려는 인간적 편향을 뛰어넘어야 한다. 새로운 생각을 알리거나 변화를 제안할 때 청중은 회의적인 반응을 보일 가능성이 높다.[16] 그런 사람들이 당신의 이상을 지지하도록 설득하지 못하면 당신의 경력, 회사, 산업 혹은 세계가 그 혜택을 누리지 못하는 타격을 입을 것이다. 독창적인 생각을 개발하고 그 생각을 효과적으로 알리는 능력은 지금보다 나은 미래를 위해 연마할 수 있는 최고의 무기가 된다.

불확실성의 시대에는 '우리가 누구인가'를 잊지 않는 것이 중요하다. 3,000년 전, 폴리네시아Polynesia의 모험가들은 카누를 타고 섬을 떠나 수천 킬로미터를 항해한 끝에 피지, 하와이, 뉴질랜드 그리고 남태평양에 있는 수백 개의 섬에 정착했다. 그들에게는 지도나 나침반 혹은 GPS가 없었다. 대신 그들은 별을 보고 위치를 파악했다. 길 찾기의 핵심은 어디서 출발했는지 기억하는 것이다. 어디서 왔는지 알면 어디로 가는지 알 수 있다.

그들은 왜 목숨을 걸고 고향을 떠나 먼 모험 길에 올랐을까? 비행기로 다섯 시간이면 가는 그 길을 당시 작은 카누로 가려면 꼬박 한 달이 걸린다. 그럼에도 갔다면 분명 그들에게는 강력한 이유가 있었을 것이다. 기아였을까? 전쟁이었을까? 인구 과잉이었을까? 역사학자들은 모험심이 가장 강력한 동기였을 것이라고 추정한다. 새로운 것을 발견하려는 욕구는 우리의 DNA에 새겨져 있다. 이 욕구는 결코 우리를 떠나지 않을 것이다.

우리는 모두 역사상 그 어느 때보다 빠르게 변하는 새로운 세상에서 길을 찾는 모험가다. 기술적 혁신은 삶의 모든 측면을 개선하는 동시에 모든 부문을 단절하고 있다. 그래도 한 눈은 별을 바라보고, 다른 눈은 우리가 서 있는 곳, 즉 우리가 가진 고유한 자질을 보면서 모험에 나설 것이다. 그리고 다른 모든 사람들을 새로운 길로 이끌 것이다.

역사를 이어 온 말의 원칙들이 당신을 대체할 수 없고 저항하기 어려운 사람으로 만들어줄 것이다. 이 원칙을 익힌다면 당신은 꿈꾸던 일자리를 얻고, 훌륭한 경력을 쌓고, 사업을 시작하고, 생각을 퍼트리고, 팀을 북돋고, 고질적인 문제에 대한 혁신적인 해결책을 홍보할 수 있을 것이다. 사람들의 마음을 움직여 성공하고, 성장하고, 다른 사람들을 미래로 과감하게 이끄는 것은 물론 탁월한 리더의 경지에 오를 것이다. 이 책을 통해 누구도 앞지를 수 없는 존재로 거듭나길 진심으로 기원한다.

2,300년 전 그리스 철학자 아리스토텔레스는 인간이 언어의 동물이며, '수사학(설득의 기술)'이 예술이자 과학이라고 주장했다. 놀랍게도 현재 설득에 대한 대다수 연구에서 아리스토텔레스의 주장을 뒷받침하는 결과가 나오고 있다. 우리는 그의 의사소통 방법론이 수천 년 전과 마찬가지로 지금도 유효한 이유를 확인할 것이다.

제1부

그들의 말은 어떻게 다른가

FIVE STARS

F I V E   S T A R S

★★★★★

1장

세상을 바꾼 말의 위력

우리에게는
새로운 세상을 시작할 수 있는 힘이 있다.
—토머스 페인THOMAS PAINE

알렉산더는 몸집이 작았으나 원대한 포부를 품고 있었다.

연단에 올라 농부와 상인들로 구성된 청중을 바라보는 그의 모습은 실제 나이인 열아홉보다 더 어려 보였다. 그를 보는 많은 사람들의 시선에는 의심과 경멸이 담겨 있었다. 그는 날카롭게 대립하는 청중들 앞에서 열정과 능력을 다해 주장을 펼쳐야 했다. 그날 모인 청중 3분의 1은 그의 의견에 동의했다. 나머지 3분의 2는 강하게 반대하거나 중립적인 입장이었다. 시작은 다소 흔들렸지만 알렉산더는 서서히 자신감을 찾으면서 화려한 언변을 구사했다. 그는 시를 사랑하는 열렬한 독서광이었다. 그의 글재주는 그를 어려운 환경에서 벗어나 시대의 거인들 사이에 자리 잡도록 해주었다. 이날 그가 발휘한 언변은 대부분 적대적이던 청중들을 자신의 편으로 돌려놓았다.

알렉산더 해밀턴이 이 연설을 한 날은 1774년 7월 6일이었다. 그는 영국산 물품을 거부해야 한다고 주장하기 위해 학교를 쉬고 연단에 섰다.

> 그의 연설이 끝났을 때 청중들은 넋이 나간 것처럼 가만히 선 채 그들을 사로잡은 어린 연설자를 바라보다가 오랫동안 박수갈채를 보냈다.[1]

240년 후에 린 마누엘 미란다가 창작 뮤지컬로 부활시킨 해밀턴은 힘차고 열정적인 말로 대중을 사로잡은 인물이었다. 역사가 론 처노에 따르면 어느 누구도 그처럼 분명하게 선지적으로 미국의 미래를 그린 적이 없었다고 한다.[2] 해밀턴의 재능은 말과 생각을 결합하여 사람들의 상상력을 자극하는 데 있었다.

해밀턴은 토머스 제퍼슨Thomas Jefferson, 토머스 페인Thomas Paine, 새뮤얼 애덤스Samuel Adams 그리고 독립전쟁 시기의 다른 뛰어난 저술가나 연설가들처럼 계몽 시대를 연 시인과 철학자 들의 영향을 받았다. 특히, 프랜시스 베이컨Francis Bacon, 아이작 뉴턴Isaac Newton, 존 로크John Locke는 미국의 국부들에게 도발적인 저항의 언어로 생각을 담아내는 법을 가르쳤다. 덕분에 미국의 국부들은 서로를 떠받치는 자유로운 사상의 물결을 일으키며 가장 위대한 진보의 시대를 불러왔다.

1835년, 프랑스 사회학자인 알렉시 드 토크빌Alexis de Tocqueville은 "모든 미국인이 성공의 열망에 사로잡혀 있다"라고 말했다. 그중에는 오두막에서 가난하게 태어난 에이브러햄 링컨Abraham Lincoln이라는 젊은이가 있었다. 링컨은 국부들이 했던 말을 공부하여 나중에 미국의 역사를 바꾼 연설인 게티즈버그 연설에서 되살렸다. 역사학자인 도리스 컨스 굿윈Dorris Kearns Goodwin에 따르면 링컨은 타고난 이야기꾼으로서 자유로운 사회에 대한 이상을 전염성 강한 감정에 실어 제시했다. 그의 의사소통 능력은 시골 변호사를 미국 역사상 가장 위대한 대통령 중 한 명으로 바꿔 놓았다. 미국을 만든 생각은 개인을 위한 것이 아니었다.

생각이 지금의 세계를 만들었고, 생각하는 힘이 미래를 만들 것이다. 그러나 말의 힘을 제대로 빌리지 않는 생각은 누구에게도 들리지 않는다.

시인과 작가, 연설가와 리더들이 자유의 불꽃을 점화한 지 185년 후 또 다른 보스턴의 아들이 불을 당겼다. 로버트 프로스트Robert Frost는 케네디의 당선이 새로운 권력의 황금시대를 열었다고 썼다. 케네디는 달 탐사 프로젝트를 알리는 연설을 통해 인류 역사에 손꼽히는 위업을 이루기 위한 토대를 놓았다. 근래에 여러 학자들은 그가 구사한 효과적인 수사적 기법들을 파악했다.

도약을 위한 단 하나의 목표

찰리 마스Charlie Mars는 밴더빌트 대학교Vanderbilt University에서 전기 공학을 전공하고 5년 후에 프로젝트 엔지니어로 나사에 들어갔다. 그는 로켓을 타고 달에 가거나 시가행진에 참여한 일이 없었다. 그래도 오랜 시간이 지난 후 당시의 경험을 들려주는 그의 모습에는 실제로 그런 일을 한 듯한 경이로움이 담겨 있었다. 그는 이렇게 회고했다.

"우리가 함께 나눈 것 중 하나가 목표였습니다. 우리는 달로 갈 생각이었어요. 달까지 사람을 보내려고 했다니까요! 이 목표는 우리의 마음을 완전히 사로잡았습니다."[3]

와튼스쿨의 경영학 교수인 앤드류 카튼Andrew Carton은 1961년에 시작된 야심찬 국가적 사업으로서 사람을 달에 보내기 위한 아폴로 계획과 관련된 1만 8,000쪽의 문서, 기록, 나사 내부 문건을 살피다가 마스의 이야기를 접했다. 그는 마스의 글과 회계 담당, 행정 담당, 사무 보조, 엔지니어 등 나사의 모든 부서에서 일한 다른 직원들의 글에서 공통점을 발견했다. 그들은 모두 한 사람의 말에 깊이 감화되어 있었다. 그 사람은 바로 케네디였다.

닐 암스트롱Neil Armstrong이 1969년 7월 20일에 이룬 인류의 거대한 도약은 과감한 이상을 품은 한 지도자가 40만 명의 집단적 상상력에 불을 지피면서 시작된 과정의 마지막 단계였다. 카튼은 케네디의 성공적인 소통 뒤에 놓인 수사적 공식을 파악해 그의 연설 능력이 집단적 행동을 촉발한 양상을 설명했다.

첫째, 케네디는 나사가 품은 야심의 수를 하나로 줄였다.[4] 나사는 1958년에 처음 설립될 무렵 우월한 항공 우주 기술을 구축하고, 우주 진출 부문에서 러시아보다 우위를 차지하고, 과학을 진전시키는 등 여러 목표를 추구했다. 하지만 케네디는 나사가 사람을 달까지 보낸 다음 무사히 귀환시킨다는 단 하나의 목표에 집중하도록 만들었다. 팀을 이끌 때는 여러 목표로 주의를 분산시키기보다 하나의 공통된 목표를 제시하는 편이 낫다.

둘째, 케네디는 궁극적 바람에서 확고한 목적으로 주의를 돌렸다. 다시 말해서 추상적인 목표(태양계를 탐사하여 과학을 진전시킨다)를 가시적으로 만들었다. 케네디는 1961년 5월 25일에 의회 연설에서 "우리는 이번 10년이 지나기 전에 사람을 달에 착륙시킨 다음 무사히 귀환시킨다는 목표에 매진해야 합니다"라고 말했다. 이 말은 확고한 목표와 함께 구체적인 기한까지 제시했다.

셋째, 케네디는 일상 업무를 확고한 목적과 연결하는 이정표를 제시했다. 그가 제시한 이정표는 세 갈래로 나뉜 단계별 계획이었다. 머큐리 계획은 우주 비행사를 지구 궤도로 보내기 위한 것이었고, 제미니 계획은 우주 유영 및 우주선 도킹 방법을 파악하기 위한 것이었으며, 아폴로 계획은 궁극적으로 달에 사람을 보내기 위한 것이었다. 나중에 설명하겠지만 '3의 규칙'은 청중들을 움직이는 데 대단히 강력한 힘을 발휘한다.

넷째, 케네디는 은유와 유추 그리고 독특한 비유를 통해 목표의 의미를 강조했다. 특히 그는 언어학자들이 '개념 구체화embodied concept'

라고 말하는 드문 기법을 잘 활용했다. 이 기법은 구체적 사건(달 착륙)을 추상적 바람(과학의 진전)과 한데 묶는다. 즉 추상적인 것과 구체적인 것이 하나가 된다. 케네디는 1962년에 라이스 대학교Rice University 연설에서 이렇게 말했다.

"우주는 저기에 있고, 우리는 거기에 오를 것입니다. 달과 행성들이 저기에 있고, 지식과 평화를 위한 새로운 희망도 저기에 있습니다." 이 말은 지식, 평화, 탐험 같은 추상적 개념에 실질적인 자리를 부여한다.

이 네 번째 요소는 막강한 설득력을 지닌다. 케네디의 소프트 스킬은 인류 역사상 최고의 위업 중 하나로 이어졌다. 그의 말은 나사 직원들에게 그들이 하는 일과 궁극적 목표가 단단하게 이어져 있음을 알려주었다. 그들은 바닥을 청소하거나 전기회로를 만드는 자신의 일이 따로 분리된 것이 아님을 깨달았다. 그들이 하는 모든 일은 사람을 달까지 보내고, 과학을 진전시키고, 세상을 바꾸기 위한 노력의 일환이었다. 카튼의 설명에 따르면 케네디는 "이런 식으로 나사 직원들이 자기 일에 더 큰 의미를 느끼도록" 만들었다.

1960년대 초에는 10년이 지나기 전에 사람을 달로 보낼 수 있다는 말을 믿지 않는 사람들이 더 많았다. 케네디는 팩트로만 사람들을 설득하지 않았다. 감정을 같이 자극했다. 그는 아리스토텔레스가 말한 파토스Pathos와 로고스Logos, 즉 감정과 논리를 결합했다. 그의 말은 정서적 호소를 통해 불가능한 것이 가능하다고 믿게 만들었다. 회의론자들은 신봉자가 되었고, 신봉자는 전도사가 되었다.

빌 게이츠는 이렇게 말했다.

“무엇이 달 착륙을 역사적인 도전으로 만들었는지 기억하는 것이 중요하다. 이런 도전은 국민의 상상력을 자극하여 근본적으로 가능한 것에 대한 인식을 바꾸는, 분명하고 측정 가능한 목표를 요구한다. (중략) 그래야만 더 안전하고, 건강하며, 강한 미래로 나아가는 길을 그릴 수 있다.”[5]

연설문 하나로 뒤바뀐 역사

엘리 하라리Eli Harari라는 16세 이스라엘 소년은 케네디의 달 착륙 프로젝트에 대한 연설문을 읽었다. 그로부터 7년 후 20대 초반이 된 그는 수십억 명의 다른 시청자들과 함께 닐 암스트롱이 달 표면에 발을 딛는 모습을 지켜보았다. 케네디의 과감한 이상은 그에게 강렬한 인상을 남겼고, 그를 물리학에 평생의 열정을 바치게 만들었다.

하라리는 케네디의 이상이 실현된 지 한 달 후 프린스턴 대학원에서 우주 항공학 및 재료 공학 박사 과정을 시작했다. 기술 부문에서 경력을 쌓던 그는 나중에 샌디스크SanDisk를 설립하여 디지털 데이터를 보관하는 기술 분야를 개척했다. 샌디스크의 플래시 메모리 제품은 아이패드, 디지털 음원 재생기, 스마트폰, 컴퓨터, 노트북 그리고 우리가 파일을 올리거나 내려받는 클라우드에 들어간다.

하라리가 1988년에 샌디스크를 시작할 무렵 휴대전화는 벽돌 정도의 크기였다. 디지털카메라는 투박하고 비쌌다. 개발 초기의 노트북은 하라리의 표현에 따르면 "한 살배기 아기처럼 버겁고 비협조적"이었다. 디지털 음원 재생기, 월드 와이드 웹, 휴대전화 앱, 클라우드 서비스는 모두 미래의 것이었다. 그래서 하라리가 플래시 메모리 제품을 개발했을 때 잠재적 투자자들은 아직 존재하지 않는 문제에 대한 해결책이라고 말했다. 하라리는 자신의 영웅인 케네디처럼 회의론자들을 설득해야 한다는 사실을 깨달았다. 그는 이상과 사람들이 생각하는 가능성 사이에 다리를 놓아야 했다.

나는 2008년에 하라리를 처음 만났다. 당시 샌디스크는 심각한 위기에 처해 있었다. 국제 금융 위기는 1930년대 이후 최악의 불황을 불러왔다. 플래시 메모리 제품에 대한 수요가 급감하면서 전체 업계가 대규모 공급 과잉 문제에 직면했다. 가격 하락으로 샌디스크의 주가는 1년 동안 90퍼센트나 빠졌다.

2008년 8월, 경쟁사인 삼성이 50퍼센트의 프리미엄을 적용하여 100억 달러에 샌디스크를 인수하겠다는 제안을 했다. 샌디스크의 주식을 상당수 보유하고 있던 뮤추얼 펀드들은 회사를 매각하라고 하라리를 압박했다. 그러나 하라리는 매각이 주주, 협력 업체, 고객의 이익에 부합하지 않는다고 판단했다. 그가 주당 26달러에 회사를 인수하겠다는 삼성의 제안을 거절하자 유명 텔레비전 진행자는 하라리의 사진을 수치의 전당에 걸었다. 하라리는 당시 관계자들이 샌디스크 이야기를 이해하지 못하는 것을 안타까워했다. 나는 하라리와 함께 그의 이상과 독립적 운영의 장기적 가치를 명확하게 설명하는 이야기를 만들었다. 이 이야기는 과거에 어려움을 이겨낸 경험, 우월한 기술, 배타적 특허, 호황기에 확보한 25억 달러 규모의 현금에 초점을 맞췄다.

샌디스크의 주가는 주당 6달러 수준으로 급락했지만 하라리는 당황하지 않았다. 낙관은 위기를 이기는 강력한 무기였다. 그는 단순한 이야기가 지닌 힘을 알았다. 나는 샌디스크의 임원과 엔지니어들이 금융 애널리스트들에게 할 대규모 프레젠테이션을 준비하는 회의에 참석했다. 나는 다뤄야 할 세부 사항들이 많지만 케네디가 그랬던 것처럼 하나의 포괄적이고 구체적인 주제에 집중하자고 제안했다. 많은 사람들이 반발했다. 하나의 문장으로 줄이기에는 이야기가 너무 복잡하다는 것이었다. 그때 하라리가 목소리를 높여서 이렇게 말했다.

"누구도 플래시 메모리가 변곡점에 이르렀다는 사실을 모릅니다. 플래시 메모리 시장은 우리를 비판하는 사람들이 상상하는 수준보다 훨씬 커질 겁니다."

나는 이 말을 프레젠테이션의 중심 내용으로 삼자고 제안했다. 프레젠테이션이 끝난 후 처음 실린 관련 기사의 제목은 '플래시 메모리 시장은 당신이 생각하는 것보다 커질 것이다'였다.

그로부터 7년 후인 2015년 10월 21일, 웨스턴 디지털Western Digital이 다시 샌디스크를 인수하겠다고 나섰다. 이번에는 거래가 성사되었다. 인수 기준은 삼성이 제안한 금액보다 세 배 이상인 주당 86달러 50센트로 결정되었다. 총 인수가는 190억 달러였다.

엘리 하라리는 때로 통념에 반기를 들거나 파열음을 내는 기술 부문의 이단아이자 리더다. 이단아는 종종 다수와 다른 입장을 드러낸다.

엄청난 일을 이루려면 설득력을 발휘해야 하는 이유가 거기에 있다.

미국 독립전쟁 시기로 다시 돌아가자. 미국의 역사는 곧 말의 역사이다. 1776년 1월, 토머스 페인은 사람들이 독립을 위한 싸움에 나서도록 설득하기 위해 《상식*Common Sense*》이라는 제목의 선전문을 썼다. 페인은 복잡한 정치적 주장을 농부나 상인들도 쉽게 이해할 수 있도록 전달하는 재주를 갖고 있었다.

당시 많은 사람들은 글을 읽을 줄 몰랐다. 그래서 거리나 강당에서 다른 사람이 크게 읽어주는 내용을 들어야 했다. 조지 워싱턴도 병사들의 사기를 높이기 위해 《상식》을 들려주었다. 이 사실을 아는 페인은 쉽게 전달되면서도 사람들이 흥분하게끔 글을 썼다. 《상식》은 위대한 설득가들이 사람의 마음을 흔드는 데 공통적으로 쓰는 기법을 활용했다. 몇 가지 예를 살펴보자.

- **대조법**: 상반되는 내용을 나란히 둠

  "사회라는 체제는 각각 나라를 구성하는 데 좋은 점을 갖추고 있습니다. 그러나 정부는 최상의 여건 속에도 악역일 수밖에 없습니다."

- **반복법**: 문장이나 구절에서 같은 단어를 반복함

  "이는 도시나, 지역이나, 지방이나, 왕국의 문제가 아니라 대륙의 문제입니다. …(후략)"

- **두운법**: 어두에 동일한 자음이 나오는 단어를 반복함

  "문제의 초점을 논쟁argument에서 투쟁arms으로 바꾸면 새로운 정치의 영역area이 열립니다. 새로운 사고방식이 등장합니다arisen."

• 대구법: 문장의 구성요소를 비슷한 방식으로 나열하여 균형감과 리듬감을 더하고 내용을 강조함

"나는 단순한 사실, 분명한 주장, 일반적 상식만을 제시합니다."

페인은 '미국의 명분은 크게 보아 전 인류의 명분'이라는 원대한 목적 안에 주장을 담아냄으로써 자기 글을 자유를 향한 외침으로 격상시켰다. 설득력 넘치는 그의 글은 미국 독립 전쟁뿐 아니라 전 세계에 걸친 독립 운동을 촉발했다. '이보다 가치 있는 명분은 없다'라는 그의 말은 가능성에 대한 사람들의 생각을 바꿔놓았다. 인류 역사상 처음으로 왕과 군주가 아닌 사람들이 자신을 스스로 다스릴 수 있으며, 더 강하고 크고 부유한 군대를 상대로 자유를 쟁취할 수 있다고 생각하기 시작했다. 이와 유사한 방식으로 케네디의 말은 사람들이 이전에는 가능하다고 생각해 보지 못한 일을 하게 만들었다. 케네디의 이상에서 영감을 얻은 하라리는 무모한 시도에 나섰고, 경영권의 독립성이 위협받을 때도 투지를 잃지 않았다.

지금 우리가 사는 세계는 물질이 아니라 생각을 토대로 만들어졌다. 다음 장에서는 이러한 생각이 역사상 가장 풍요로운 시대를 열어 준 이유와 설득력 있게 생각을 알리는 능력이 지금 그 어느 때보다 귀중한 이유를 살펴볼 것이다.

케네디는 "인간은 죽고 나라는 망하지만 이상만은 살아남는다"라고 했다. 이상은 계속 살아남아야 한다. 그러니 그렇게 되도록 만들자.

2장

평범한 기준을 뛰어넘으려면

지금처럼 많은 사람들이 동시에 역사를 만들고,
기록하고, 편찬하고, 부연한 적이 없었다.

—도브 시드먼DOV SIEDMAN

리브라투스libratus는 눈을 가리려고 선글라스를 쓰지 않는다. 상대의 몸짓을 보고 '단서'를 읽으려 들지도 않는다. 그래도 포커라는 음흉한 게임을 할 수 있다.

리브라투스는 2017년 초에 20일에 걸쳐 네 명의 프로 포커 플레이어를 물리친 컴퓨터 알고리즘algorithm이다. 이 소식은 불길한 예측을 담은 기사들을 낳았다. 한 기사는 이 사건을 "인류의 압도적 패배, 인공지능 개발의 중대한 이정표"라고 일컬었다. 부분적으로는 맞지만, 근본적으로는 과장된 지적이었다. 리브라투스가 인공지능으로서는 처음으로 포커에서 이긴 것은 사실이다. 그렇다고 해서 인류가 압도적으로 패배한 것은 아니다. 리브라투스가 사람의 도움이라는 부당한 우위를 누렸기 때문이다.

리브라투스는 포커의 복잡한 변형인 '자유 베팅 2인 텍사스 홀덤'을 12만 판 진행한 후 포커 플레이어들이 예상한 것보다 훨씬 강력한 적수임을 증명했다. 리브라투스는 강화 학습이라는 방식으로 대결에 임했다. 강화 학습은 수많은 시행착오를 거쳐서 특정 결과의 확률을 토대로 전략적 결정을 내리는 것이다. 리브라투스는 인간과 겨루기 위해 몇 달에 걸쳐 스스로 수조兆 판을 돌려 보고 특정한 상황에서 어떤 수가 통하는지 다양한 전략들을 무작위로 실험했다. 그것으로도 충분치 않았다. 프로 플레이어들은 리브라투스의 플레이에서 일정한 패턴을 감지하고 역이용했다. 매일 저녁, 개발자들은 다른 알고리즘을 만들어서 패턴을 파악하고 제거해야 했다. 우위는 여전히 인간에게 있었다.

리브라투스 개발에 참여한 카네기 멜론 대학교Carnegie Mellon University의 연구자인 노엄 브라운Noam Brown은 리브라투스가 상대의 몸짓을 읽어서 블러핑bluffing(강한 패를 든 것처럼 베팅하는 행동) 여부를 판단하지 못한다는 점을 지적했다. 기계에는 육감이나 느낌 혹은 감정이 없다. 다만 카드를 판독하거나, 어떤 결과가 나올 확률을 계산하는 것 같은 특정한 작업에서는 인간보다 뛰어났다. 리브라투스는 일반 컴퓨터보다 3만 배나 빠르고 가격이 1,000만 달러에 이르는 슈퍼컴퓨터에 연결된다. 당연히 수학적 확률을 계산하는 속도는 엄청나게 빠를 수밖에 없다. 그러나 공감력이 없는 리브라투스에게는 나름의 분명한 한계가 있다. 브라운은 이 점에 비춰 "컴퓨터가 상을 받을 만한 소설을 쓰는 일은 당분간 없을 겁니다"라고 말했다.[1]

리브라투스는 막강한 상대이지만 심각한 한계를 안고 있다. 공감력이 없어 사람의 감정을 이해하지 못한다. 포커 챔피언은 이길 수 있지만 결코 위대한 리더가 되거나 역사에 남을 스타 브랜드를 구축하지 못할 것이다. 독창적인 아이디어를 떠올리고 홍보할 능력이 없으니 결코 아이디어 전쟁에서 이길 리 없는 것이다.

텍사스 출신인 포커 챔피언 하십 쿠레시Haseeb Qureshi는 열여섯 살 때 포커계에 입문했다. 그는 프로 1년 차 때 50달러를 10만 달러로 불렸고, 2년 후 백만장자가 되었다. 열아홉에 세계 정상급 자유 베팅 텍사스 홀덤 플레이어로 인정받았다. 그 무렵 이미 포커는 그에게 무의미한 일이 되어 갔다. 그는 고립감에 시달렸고 행복하지 않았다. 그래서 포커 플레이어를 그만두고 샌프란시스코에서 새 삶을 시작했다.

2015년에 쿠레시는 실리콘밸리의 유명 프로그래밍 코딩 코스에 들어갔다. 빠르게 실력을 쌓은 그는 코스를 시작한 지 두 달 만에 다른 수강생들을 가르치기 시작했다. 그 무렵 그는 일주일에 80시간씩 공부하고, 프로그램을 짜고, 가르쳤다. 그러나 직업 시장에서 그가 얼마나 가치를 지닐지는 여전히 불투명했다. 포커 플레이어라는 특이한 이력은 일반 직무와 잘 맞지 않았다. 게다가 스물여섯에 열 살 때부터 코딩을 시작한 스무 살짜리들과 경쟁해야 했다. 영문학 전공에, 포커 플레이어였고, 코딩 경험이 1년 미만인 이력은 무조건 지는 패였다.

리브라투스라면 성공 확률을 아주 낮게 제시했을 것이다.

당연히 쿠레시의 이력서는 두드러지지 않았다. 그는 스무 군데에 지원했다가 모두 퇴짜를 맞았다. 이력만 놓고 보면 경쟁자보다 나을 것이 없었다. 그는 자신의 가치를 의심하기 시작했다. '도저히 취직이 안 되는 걸까?'라고 생각했다. 그러다가 소개를 통해 겨우 면접 기회를 잡았는데, 첫 면접에서 바로 합격했다. 쿠레시는 지난 실패에 좌절하지 않고 면접 기술을 연마할 기회로 삼았다. 1년 만에 프로그래밍을 배울 수 있다면 의사소통 능력도 개선할 수 있었다. 그의 노력은 보상을 안겼다. 옐프Yelp라는 회사가 10만 5,000달러의 연봉과 함께 일자리를 제의했다. 성공은 연쇄적으로 찾아왔다. 다른 두 기업은 11만 5,000달러의 연봉을 제의했다. 뒤이어 그가 꿈꾸던 구글에서도 면접을 잘 본 덕분에 입사 제의가 들어왔다. 구글에서 제시한 연봉은 16만 2,000달러였다. 우버와 스트라이프도 비슷한 수준의 연봉을 제시했다. 실리콘밸리에서는 신입 직원에 대한 소문이 빨리 퍼진다. 에어비앤비는 면접을 대단히 잘 본 사람이 있다는 소문을 듣고 쿠레시에게 연락하여 무려 22만 달러의 연봉을 제시했다. 그러자 구글이 다시 액수를 높였다. 쿠레시는 최종적으로 급여, 입사 보너스, 주식을 합하여 25만 달러를 제시한 에어비앤비를 택했다.

별것 없는 이력을 지닌 쿠레시를 실리콘밸리의 유망주로 만든 것은 무엇일까? 바로 면접이었다.

쿠레시는 내게 이렇게 말했다.

"면접에도 기술이 필요해요. 베일에 싸여진 비밀이 아니라 '기술'입니다. 첫 번째 질문은 대개 '당신은 어떤 이야기를 가졌냐'는 거예요. 이 질문에 대한 답이 강한 인상을 남기는 결정적 요인입니다."[2]

물론 소프트웨어 엔지니어로서 일하는 데 필요한 기본적인 내용을 모르면 아무리 인간적인 매력이 넘쳐도 면접을 통과할 수 없다. 그러나 설득력 있는 이야기를 만들 줄 알면 대단히 전문적인 직책을 위한 면접에서도 자신을 차별화할 수 있다. 쿠레시의 조언을 들어보자.

"자기를 등장인물이라 생각하고 시작, 중간, 끝이 있는 이야기를 만들어요. 변곡점, 다른 등장인물, 동기부여 요소를 쉽게 이해할 수 있어야 합니다. 가능한 한 짧게 만들되 흥미로운 요소를 보존해서 자신만의 색깔을 보여줘야 해요. '까다로운 버그를 제거한 적이 있나요?'라는 질문을 받았을 때 이야기를 들려줄 수 있어야 합니다."

쿠레시는 면접에서 할 이야기를 몇 번이고 연습했다. 그 내용을 녹음하여 친구들에게 들려주고 조언을 구했다. 그는 '영웅의 여정Hero's Journey' 형식을 빌려서 기술적 문제에 직면했으나 발전의 기회로 삼은 등장인물(자신)을 중심으로 경험담을 들려주었다. 그의 면접 기술은 너무나 뛰어나서 '도저히 무시할 수 없는' 수준에 이르렀다.

설득은 소프트웨어 엔지니어에게 중요한 자질이다. 소프트웨어 엔지니어라고 해서 기술적 문제만 해결하는 것이 아니기 때문이다. 인정받는 소프트웨어 엔지니어는 '오케스트라 지휘자' 역할을 한다는 쿠레시의 의견과도 일치한다. 소프트웨어 엔지니어마다 각기 다른 프로그램을 구성하는 요소들을 개발하기에 구성원에 따라 좌우되는 부분이 크게 작용한다. 지휘자는 모두가 조화롭게 일해 화음을 만들어야 하지만 소프트웨어 엔지니어는 자신의 과제만 잘해도 충분히 좋은 경력을 쌓을 수 있다. 다른 소프트웨어 엔지니어들과의 소통이 원활하다면 그는 리더로서 두각을 드러내게 된다. 쿠레시의 말을 들어보자.

"면접에서 기술적 문제를 해결하는 능력만 보여주고 의사소통 능력을 보여주지 못하면 의사소통 능력을 갖춘 사람보다 훨씬 불리해요. 의사소통의 핵심은 공감입니다. 면접에서 유대감을 형성할 수 있다면 원하는 일자리를 얻고 직무를 잘 수행할 가능성이 높아요. 소프트웨어 엔지니어 분야에서도 의사소통과 발표 능력을 갖춘 사람이 기술적 능력만 뛰어난 사람보다 더 나은 성과를 냅니다."

쿠레시는 경쟁자들이 자신보다 나은 자격 요건과 경력을 가졌다는 사실을 인정한다. 그러나 쿠레시에게 일자리를 제안한 기업들(실리콘밸리에서도 가장 성공적으로 높은 수익을 올리는 기업들)은 앞으로 리더 자리에 오를 수 있는 인재를 찾고 있었다. 뛰어난 리더는 뛰어난 생각과 그 생각을 효과적으로 전달하는 능력을 결합할 줄 안다.

쿠레시 같은 인재들에게 고액의 연봉을 제시하는 기업들은 수많은 일자리를 위협하는 인공지능, 머신러닝, 클라우드 컴퓨팅 분야의 첨단을 달리고 있다. 그런데도 쿠레시를 서로 영입하려 애썼다. 그 이유는 아이디어가 세상을 발전시키기 때문이다. 그들은 좋은 아이디어를 가진 사람이 필요했다. 그러나 아이디어만으로는 부족하다. 아이디어를 설득력 있게 전달하는 능력은 경쟁 우위에 설 수 있는 최고의 자질이다.

소통 능력이라는 경쟁 우위

샘은 실리콘밸리의 대표적인 기업에서 일하는 15년 차 경력의 회사원이다. 그의 직장은 전 세계의 수많은 컴퓨터, 서버, 기기에 핵심 칩을 제공하는 인텔이다. 그가 하는 일은 "무어의 법칙"을 따른다. 이 유명한 법칙은 컴퓨터의 연산력이 18개월마다 두 배로 늘어날 것이라는 무어의 예언에서 나왔다. 문제는 샘이 컴퓨터 연산력 발전에 기여하는 만큼 자신의 가치는 떨어지고 있다는 것이다.

내가 캘리포니아 산타클라라에 있는 인텔 본사를 방문했을 때 나와 같이 복도를 걷던 부사장이 걸음을 멈추고 한 회의실을 들여다보았다. 그는 회의에 참석 중인 샘을 가리키며 이렇게 말했다.

"저 사람 보이죠? 저 회의실에 있는 사람 중 제일 똑똑한 사람이에요. 진즉에 부서장이 되어야 했는데 몇 년째 같은 직급에 머물러 있어요."

내가 왜인지 묻자, 부사장이 답했다.

"소통 능력이 형편없거든요. 무슨 말을 하려는지 요점을 제시하는데 한참 걸려요. 명확하고 설득력 있게 프레젠테이션 하지도 못해요. 한마디로 사람들에게 자극제가 되지 못하는 거죠."

"그래도 아주 똑똑하다면 리더 자리를 줄 만하지 않나요?"

"요즘은 사람들을 자극하지 못하면 제대로 이끌기도 힘듭니다."

나는 지난 10년 동안 인텔의 미디어 및 커뮤니케이션 자문으로 고위 임원들을 도우면서 기술 혁명이 진행되는 과정을 가까운 거리에서 지켜보았다. 샘 같은 사람은 부족한 의사소통 능력이 승진의 발목을 잡고 있는지 모른다. 그 사실을 알려줘도 신경 쓰지 않는다. 자기는 개발만 할 뿐 홍보는 다른 사람이 할 일이라는 것이다. 그들은 뛰어난 의사소통이 알맹이를 가리는 겉치레에 불과하다고 생각한다. 안타까운 일이 아닐 수 없다. 충분히 두각을 드러낼 수 있는데 자존심 때문에 그러지 못하고 있으니 말이다.

나는 인텔을 비롯한 실리콘밸리 유명 기업을 돕는 과정에서 전문가들이 자신의 조직에 기여한다고 생각하는 가치와 고위 리더들이 기대하는 능력 사이의 간극을 확인했다. 이전에는 검증된 경험이 충분하다고 여겨졌던 CEO, 엔지니어, 전문가, 간부 들이 이제는 브랜드와 제품에 대해 이야기하는 입장에 놓였다. 수많은 경쟁자가 고객과 인재를 노리기 시작했다. 임원, 간부, 엔지니어들의 역할이 바뀌었다. 그들은 사람들에게 설명하고, 자극을 주어 사기를 끌어올려야 한다. 프레젠테이션 능력이 회사와 업계에서 그들이 지니는 가치에 영향을 미치기 시작했다.

회사를 운영하는 사람들에게 이런 능력이 특히 중요하다. 10년에 걸쳐 4,400명의 CEO를 대상으로 조사한 결과 기업 관련 프로그램에 자주 출연하거나 신문에서 종종 언급되는 사람의 경우 보상이 많이 늘었다.[3] 그 금액이 많게는 21만 달러에 이르렀다. 이 상관관계는 눈에 보이는 성과가 잘 드러나는 작은 회사의 CEO에게서 더욱 두드러졌다. 이처럼 회사의 전략을 공개적으로 분명히 설명할 줄 아는 능력은 대단히 높은 가치를 지닌다.

전설적인 인텔의 CEO이자 스티브 잡스, 래리 엘리슨, 마크 저커버그의 멘토인 앤디 그로브는 《승자의 법칙Only the Paranoid Survive》에서 "전략적 변곡점strategic inflection point"이라는 개념을 제시했다. 이는 사업이나 경력의 근본이 급격히 바뀌는 지점을 말한다. 이런 변화는 새로운 고지에 오를 기회일 수도 있고, '종말의 시작'일 수 있다. 전략적 변곡점은 대단히 은밀하게 힘을 축적하기 때문에 변화가 일어났다는 사실은 알아차릴 수 있지만, 무엇이 변했는지 알기 어렵다. 그래서 제대로 대응하지 못하면 치명적일 수 있다.[4]

그로브가 1996년에 한 이 말은 지금도 유효하다. 그는 기술이 변화의 속도를 너무 빠르게 만들어 모든 분야와 모든 국가에서 모든 사람에게 영향을 미치리라 예측했다.

그로브는 경력 관리가 곧 비즈니스라고 말했다. 스스로가 경력을 관리하는 CEO가 되는 것이다. 안일한 태도는 실패를 낳는다. 당신은 경력 비즈니스를 운영하는 경영자로서 특히 의사소통 능력을 개선해야 한다.

헝가리 부다페스트에서 태어난 그로브는 나치의 탄압을 피해 미국으로 건너왔다. 처음 이민 올 무렵 그는 영어를 한마디도 하지 못했다. 그래도 남을 설득하는 재능을 살리면 경력의 변곡점을 지나는 데 도움이 될 것임을 알았다. 그는 부하 직원에게 분명하고, 간결하며, 설득력 있는 프레젠테이션을 요구하는 것으로 유명했다. 그가 보기에 거대한 변화의 시기를 맞아 명확한 이상을 제공하는 것이 CEO로서 반드시 해야 할 역할이었다. 변화와 새로운 방향은 혼란, 낙담, 사기저하, 피로를 초래할 수 있다. 리더에게 주어진 첫 번째 과제는 앞으로 회사 혹은 부서가 어떤 모습이기를 원하는지 그려주는 것이다. 이 그림은 분명한 의사소통을 통해 전달되어야 한다.

인텔에서 차로 10분 거리에 드넓은 시스코 본사가 있다. 시스코는 아마존이나 페이스북처럼 널리 알려지지 않았다. 그러나 시스코가 없으면 아마존에서 물건을 주문하거나 좋아하는 영상을 페이스북에 올릴 수 없다. 시스코는 전 세계의 IT 인프라를 상당 부분 책임지는 대단히 중요한 기업이다.

시스코는 기술을 활용하여 생산성을 높이고 인건비를 줄인다. 가령 직원들은 멀리 떨어진 고객과 '텔레프레즌스telepresence'를 통해 영상 회의를 함으로써 출장비를 아낀다. 또한 한 명의 직원이 디지털 스크린을 통해 열 개의 로비를 맡아 관리한다.

시스코 CEO인 척 로빈스Chuck Robbins는 모든 일을 빨리 진행하고 싶어 한다. 거기에는 나름의 이유가 있다. 텔레비전이 5,000만 명에게 보급되는 데 50년이 걸렸다. 페이스북은 3년 6개월이 걸렸다. 인기 게임 앵그리 버드Angry Birds는 겨우 35일 만에 이 모든 걸 이뤄냈다. 로빈스는 기술팀이 30일 안에 개발할 수 있다고 하면 3주에 완료하도록 한다. 시스코의 경영진은 의사소통 능력이 회사가 경쟁 우위에 서는 '활성 윤활유'라고 생각한다.

시스코는 기술 기업으로서 데이터에 의존하여 모든 것을 측정한다. 의사소통 능력도 예외는 아니다. 평균 이상으로 소통을 잘 해내는 직원에게만 승진 기회가 주어진다.

그 구체적인 양상을 살펴보자. 시스코의 직원, 간부, 임원 들은 내부 팀과 고객사 혹은 협력사를 상대로 자주 프레젠테이션을 한다. 이때 동료와 고객들이 얼마나 내용이 충실한지, 내용을 얼마나 잘 전달했는지 5점 만점으로 평가한다. 4점 이상을 받아야만 좋은 수준으로 인정받는다. 4.5점에서 5점을 받는 경우는 드물다. 20년 동안 시스코를 이끈 존 챔버스John Chambers는 꾸준히 4.5점 이상을 기록했다. 챔버스가 1996년에 대표로 취임할 무렵 시스코의 매출은 7,000만 달러였다. 챔버스는 회사를 알리는 전도사였다. 그는 고위 임원에게도 최상의 프레젠테이션 능력을 요구했다. 그 결과 10년 후에는 매출이 400억 달러로 늘어났다.

나는 한 임원에게 프레젠테이션 점수가 정말로 중요한지 물었다. 그는 자리를 지키고 승진하려면 당연하다고 답했다.

시스코, 구글, 마이크로소프트, 세일즈포스, IBM처럼 빅데이터와 인공지능을 많이 활용하는 기업에서도 말 잘하는 리더가 더 큰 영향력을 발휘한다. 그러나 모든 분야에 걸쳐서 의사소통 능력에 대한 수요는 높지만 공급이 부족하다. 당연히 이 능력의 차이로 우위에 설 수 있게 된다.

그러면 누가 이런 능력을 지녔고, 어떻게 습득하는지 알아보기 전에 지금까지 걸어온 길과 앞으로 걸어갈 길을 살펴보자.

생각에 생각을 더한 결과

유럽 계몽 운동과 미국 독립 전쟁 동안 사상의 자유가 커진 덕분에 다른 많은 지역이 혁신과 번영의 황금기로 진입했다. 지난 200년 동안 인간의 문명은 의학, 기술, 생활 수준 측면에서 가장 큰 진전을 이뤘다. 이는 모두 경제학자인 매트 리들리Matt Ridley가 말한 대로 아이디어의 결합 덕분이다. 리들리가 《이성적 낙관주의자The Rational Optimist》에서 설명한 바에 따르면 누구나 자유롭게 의견을 말할 수 있을 때 생각의 통합과 재통합, 만남과 짝짓기가 이뤄진다.[5]

이런 결합의 형태는 1800년 무렵부터 유례없는 혁신의 시대를 가능케 했다. 그 결과 우리는 이전보다 약간 나은 정도가 아니라 거의 모든 측면에서 훨씬 나은 삶을 살게 되었다.

일리노이 대학교에서 역사학, 경제학, 영문학, 커뮤니케이션을 가르치는 디어드리 맥클로스키Deirdre McClosky 교수는 지난 200년을 대풍요 시대The Great Enrichment라 부른다. 이 시기 동안 일반인이 접할 수 있는 제품 및 서비스의 수가 무려 1만 퍼센트나 늘어났다. 맥클로스키는 이런 변화를 농업 발명 이래 우리가 사는 세상에서 새 역사를 쓴 가장 중요한 사건으로 평가했다.

주요 경제사학자들은 맥클로스키의 의견에 동의한다. 그들은 18세기 말부터 세계 여러 지역의 삶이 나아졌다는 사실을 발견했다. 처음에는 느리게 시작되었다가 속도가 빨라진 이 변화는 이제 멈출 수 없는 수준에 이르렀다. 맥클로스키는 유럽인이나 권력자 혹은 부자뿐

아니라 브루클린부터 베이징에 걸쳐 모든 일반인들에게도 물질적 삶이 개선되었다고 말한다.[6]

옥스퍼드 대학교 마틴스쿨Oxford Martin School의 학장이자 세계화 분야의 석학으로 손꼽히는 이언 골딘Ian Goldin은 새롭게 도래한 황금기를 신 르네상스라고 했다. 그의 말에 따르면 세상에 더 건강하고 더 좋은 교육을 받은 지성인들이 갑자기 늘어나 다양하고 수많은 생각을 세계적으로, 즉시, 아무런 비용 없이 교환하고 쏟아내기 시작했다.[7] 그는 우리가 인류 역사상 다른 어떤 시대보다 훨씬 많은 발전을 이룰 수 있는 창의적 돌파구로 가득한 시대를 살아간다고 말한다.

스웨덴의 역사학자인 요한 노르버그Johan Norberg도 이 말에 동의한다. 그는 내게 이렇게 말했다.

"어느 때보다 전 세계 삶의 수준이 엄청나게 높아졌습니다. (중략) 지난 100년 동안 이룬 발전의 폭이 첫 10만 년 동안 이룬 진전보다 큽니다. 빈곤, 영양 결핍, 문맹, 아동 노동, 유아 사망이 인류 역사상 그 어느 때보다 빠르게 줄고 있습니다. (중략) 과거에 태어난 아이들이 다섯 살까지 살 확률보다 지금 태어나는 아이들이 은퇴 연령까지 살 확률이 높습니다."[8]

이 역사학자들이 내리는 진보에 대한 정의는 모두 다르다. 그러나 그 토대에 대해서는 이견이 없다. 자유로운 사회에서는 생각이 결합하고, 확장되게 마련이다.

인쇄기 발명 후, 수 세기에 걸쳐 소수의 전유물이던 책이 대중화되면서 생각은 갈수록 빠르고 폭넓게 퍼져나갔다. 골딘에 따르면 우리가 사는 새로운 세계와 우리가 다다른 인간 개발의 새로운 고지를 잇는 마지막 고리는 생각의 전파다. 기구나 약 혹은 주사 아니면 정책 등 어떤 형태로든 새로운 지식을 받아들인 저개발 사회는 몇 년 혹은 몇십 년을 건너뛰는 도약을 이루어 그 즉시 혜택을 누린다.[9]

요한 노르버그는 1780년에 인류가 언제나 기아와 빈곤에 시달릴 수밖에 없다고 말한 토머스 로버트 맬서스Thomas Robert Malthus의 비관적 전망을 상기시킨다. 맬서스는 당대를 정확하게 묘사하기는 했지만 계몽사상과 자유의 확대를 통해 기회가 주어졌을 때 혁신을 일으키고, 문제를 해결하고, 방식을 바꿀 수 있는 (인간의) 능력을 과소평가했다.[10] 시간이 지나면서 세계 인구가 늘어나는 속도보다 식량 공급 속도가 더 빨라졌다. 그 결과 대규모 기아와 영양 결핍이 크게 줄었다. 노르버그에 따르면 현재 인구는 100년 전보다 네 배가 늘었지만 기아에 따른 사망자 수는 100년 전의 2퍼센트에 불과하다. 그는 "민주주의가 기아에 맞서는 가장 강력한 무기 중 하나"라고 주장한다. 자유로운 언론과 사상의 흐름은 사람들에게 문제를 알려주고, 뒤이어 사람들이 자유롭게 해결해 나가도록 해주기 때문이다.

피터 디아만디스Peter H. Diamandis는 싱귤래리티 대학교를 비롯하여 10여 개의 항공 우주 기업 및 하이테크 기업을 만들었으며, 현재 엑스프라이즈 재단X-Prize Foundation의 대표다. MIT에서 분자 생물학과 우주 항공 학위를 받고 하버드 대학교 의과 대학을 졸업한 그는 거의 모든 척도로 볼 때 지난 세기 동안 삶의 질이 그 어느 때보다 크게 개선되었다고 말한다.[11] 수십억 명이 경계를 넘어선 대화에 참여하면서 이

전에는 접할 수 없었던 생각들이 모두에게 이로운 제품 발명으로 이어질 것이다.

맥클로스키는 다음과 같은 말로 이 점을 가장 잘 표현했다.

"우리의 부는 벽돌을 쌓거나, 학사 학위를 따거나, 은행 잔고를 늘린 데서 나온 것이 아니라, 생각에 생각을 더한 데서 나왔다."[12]

말솜씨가 연봉을 좌우한다

주창자가 제시하고 전도사가 퍼트리지 않으면 생각에 생각을 더할 수 없다. 생각을 토대로 구축된 세계에서 다른 사람들의 마음을 얻고 생각을 바꿀 줄 아는 사람은 상당한 경쟁 우위를 얻는다.

디어드리 맥클로스키는 인상적인 연구를 통해 오래된 수사법인 이 설득술이 미국의 국민 소득 증대에 기여했다는 사실을 밝혀냈다. 그녀는 생각을 바꿔서 행동까지 바꾸는 기술을 '감언sweet talk'이라 부른다.

맥클로스키는 미국 국가 통계 자료Statistical Abstract of the United States에 나오는 고용 범주를 토대로 연구를 시작했다. 이 범주에는 1억 4,000만 명을 고용하는 250개의 직업이 나열되어 있다. 먼저 그녀는 주택 평가사, 소방수, 건설노동자 등 일상적 활동에서 '감언'이 큰 역할을 하지 않는 직업을 제거했다. 소방수의 경우 생명을 구해야 하는 긴급 상황에서 설득력을 발휘해야 하기도 하지만 의사소통 능력이 소득 수준에 크게 영향을 미치지 않았다.

그다음 맥클로스키는 변호사, 홍보 전문가, 상담사, 복지 공무원 등 적어도 업무 시간의 90퍼센트를 설득에 할애하는 직업군을 파악했다. 기업 간부나 관리자에게는 이보다 낮지만 여전히 높은 비중인 75퍼센트를 적용했다. 다시 말해서 이 직업군에 속한 사람의 소득 75퍼센트는 다른 사람을 설득하는 능력에서 나온다. 노동자에게 위압적으로 명령하거나 노동자가 말을 듣지 않는다고 폭력을 행사할 수는 없는 노릇 아닌가. 그래서 설득이 필요하다.[13]

설득의 비중이 50퍼센트인 직업군으로는 대출 담당자, 인사 전문가, 작가 및 저술가, 교사, 대학 교수 등이 선정되었다. 경찰, 형사, 조사관은 760만 명에 이르는 의사, 치과 의사, 간호사, 언어 치료사, 의료 종사자와 함께 설득의 비중이 25퍼센트인 직업군으로 선정되었다.

맥클로스키는 노동자의 수를 더하고 각 범주에 속한 노동자의 수와 소득에서 감언이 차지하는 비중을 곱했다. 그 결과 설득은 미국 국민소득의 4분의 1을 창출한다는 결론에 이르렀다.

또한 3년에 걸쳐 같은 계산을 해도 그 비중은 거의 변하지 않았다. 주목할 점은 거의 모든 범주에서 면접 조사에 참여한 대상자들이 소득 창출에 설득이 기여하는 비중을 맥클로스키가 설정한 비중보다 높게 보았다는 것이다. 4분의 1은 오히려 낮은 축이었다.

호주 재무부 소속 경제학자인 게리 안티오크Gerry Antioch는 맥클로스키의 연구를 재현하여 비슷한 결론에 이르렀다. 그의 연구에서는 소득 창출에 기여하는 설득의 비중이 맥클로스키의 연구보다 높게 나왔다. 안티오크는 다음과 같이 연구 결과를 정리한다.

“설득은 현재 미국 경제의 30퍼센트를 차지한다. 설득은 거의 모든 자발적 거래에 관계된 공통된 요소다. 판매자는 구매자를 설득하고, 정치인은 유권자를 설득하고, 로비스트는 정치인을 설득한다. 또한 비정부 기구들은 정책 심의 과정에서 갈수록 많은 설득에 나서고 있다. 현대 경제에서 설득은 거대한 족적을 지니며, 점차 그 크기가 커지고 있다.”[14]

맥클로스키와 안티오크의 계산은 모두 미국의 데이터를 사용했다. 그러나 다른 경제학자들도 설득이 현대 경제에서 중대한 역할을 한다는 데 동의한다. 맥클로스키는 향후 20년 동안 감언이 노동 소득의 40퍼센트를 차지할 것으로 예측한다.

풍요는 대분열이라는 대가를 수반한다. 1840년에 미국 노동 인구 중 거의 70퍼센트가 농장에서 일했다. 지금은 농업 부문 종사자는 노동 인구의 2퍼센트도 못 미친다. 제조업이 차지하는 비중도 1950년에는 40퍼센트였다가 지금은 20퍼센트 미만으로 줄었다. 로봇이 노동자를 대체하고 자동화가 과거 사람이 하던 반복적 업무 수행을 대신하면서 제조에 따른 소득이 계속 줄고 있다. 이제 우리의 주된 직무는 다른 사람의 생각을 바꾸는 것이다.

맥클로스키의 설명을 들어보자.

“누군가가 생각을 바꾸지 않으면 경제 혹은 사회에서 어떤 일도 자동으로 이뤄지지 않는다. 행동은 충동으로 바뀔 수 있지만 생각은 그렇지 않다. 과거에는 감언에 의존하는 직업이 지금보다 적었다. 앞으로는 그 수가 더욱 늘어날 것이다. 실리콘밸리에서 코딩 기술만 아는 신입의 연봉은 4만 달러에서 8만 달러 수준이다. 반면 고객과 대화가 되는 신입의 연봉은 12만 달러를 훌쩍 넘긴다."[15]

맥클로스키는 쿠레시를 만난 적이 없다. 그러나 쿠레시가 말솜씨로 25만 달러가 넘는 연봉을 받는 데 별로 놀라지 않을 것이다.

미래에 기술이 어떤 형태를 띠든 의사소통 능력의 가치는 계속 올라갈 것이다. 맥클로스키가 말한 대로 자유 사회는 감언이 지배한다. 말과 생각이 현대를 창조했다. 말과 생각은 당신을 스타로 만들 것이다. 당신의 말이 지금 있는 곳에서 나중에 가고 싶은 곳으로 도약할 최고의 기회를 선사한다.

★★★★★

3장

기술보다 강력한 인간의 말

적어도 내가 내다볼 수 있는 한 앞으로
인간의 두뇌와 가슴이 높은 가치를 지닐 것이다.
—아비나시 카우식AVINASH KAUSHIK

구글 데이터 전문가인 아비나시 카우식은 일로써 열반에 다다랐다. 행복에 이르기까지 10년이라는 세월과 세 곳의 나라 그리고 예닐곱 개의 명함이 그를 스쳐갔다. 그는 '기쁨'을 찾아 다녔고, 열정과 능력을 모두 중시하는 회사에서 둘을 교차시킬 수 있기를 바랐다. 구글이 바로 그런 회사였다. 다른 한편 구글은 카우식을 통해 회사를 알릴 목소리를 찾았다.

카우식은 데이터 분석 부문을 이끄는 세계적인 전문가다. 그는 두 권의 세계적인 베스트셀러를 썼으며, 〈오캄의 면도날Occam's Razor〉이라는 유명 블로그를 운영한다. 데이터 분석 부문의 거물인 그는 구글의 대형 거래를 맡는다. 구글 디지털 마케팅 전도사인 그는 두 가지 중요한 역할을 수행한다. 우선 전 세계 주요 기업들이 구글 데이터가 가진 영향력으로 성공적인 사업을 창출할 수 있도록 돕는다. 두 번째 직무는 4,000명의 구글 간부, 리더, 영업 및 마케팅 전문가들에게 설득력 있는 프레젠테이션을 하는 법을 가르친다. 데이터를 시각화하는 일은 그에게 기쁨을 안긴다. 그는 데이터에 숨겨진 복잡성을 파악하고 고객들에게 그 의미를 그려주는 일에는 '마술적인 요소'가 있다고 말한다.

나는 캘리포니아 구글 본사를 방문했을 때 카우식과 만난 적이 있다. 그는 내게 "구글이 이야기하는 방식을 바꾸는 게 제가 하는 일"[1]이라고 자신을 소개했다. 75명으로 구성된 그의 팀은 워크숍을 통해 데이터 시각화와 스토리텔링의 진리를 직원들에게 전파한다. 이들은 구글에서 연간 수십억 달러의 매출을 올리는 주역이다.

내가 구글에서 스토리텔링의 역할에 대해서 묻자 그는 이렇게 대답했다.

"스토리텔링은 우리의 고객들이 다르게 생각하도록 만드는 강력한 수단입니다. 사람들에게 데이터를 활용하여 돈을 벌거나, 회사를 키우거나, 성공하는 법을 보여주면 가슴과 두뇌를 연결하여 행동을 이끌어내게 됩니다."

세상은 데이터로 넘쳐난다. 알파벳 산하 기업 중에 구글보다 이 사실을 극명하게 드러내는 곳은 없다. 매일 매초 구글에서 40만 회의 검색이 이뤄진다. 연간으로 따지면 무려 1조 2,000억 회에 달한다. 매일 매분 구글의 자회사인 유튜브에서는 300만 회의 영상 재생이 이뤄진다. 구글이 수집하는 엄청난 데이터는 여러 브랜드들이 역사상 그 어느 때보다 빠르게 나아가도록 돕는다. 그러나 산더미 같은 데이터가 고객을 압도한다면 별다른 쓸모가 없다. 이 부분에서 카우식과 그의 팀이 역할을 한다. 카우식은 "우리가 이끄는 변화의 규모와 범위가 너무 거대하기 때문에 이야기의 힘을 빌리는 게 최선"이라고 말한다.

대부분 영업 및 마케팅 전문가들은 '틀 안의 통찰insights'을 자랑스럽게 제시한다. 그러나 카우식은 '틀 밖의 통찰out-of-sights'를 더 선호한다. 틀 안의 통찰은 이름에서 알 수 있듯이 시야에 들어와 있는 것이다. 즉, 우리가 이미 아는 정보다. 가령 유통업체에게 요즘 신문 광고를 보는 사람이 줄었다는 사실은 획기적인 발견이 아니다. 그러나 매장에서 이뤄지는 구매 중 70퍼센트 이상이 휴대용 기기에서 접한 정보에 영향을 받는다는 사실은 유통업체들이 사업을 운영하는 방식을 근본적으로 바꿀 수 있다. 카우식은 직원들에게 고객의 관점을 획기적으로 바꿀 수 있는 거대하고 변혁적인 생각, 틀 밖의 통찰로 프레젠테이션을 시작하라고 가르친다.

카우식은 프레젠테이션을 시작한 후 2, 3분 안에 사람들이 몸을 숙여 앞으로 오도록 한다고 말한다. 차트, 도표, 그래프로는 이런 반응을 이끌어내지 못한다. 이야기는 다르다. 마음을 움직이기 때문이다. 이야기는 뇌의 신경 화학 물질을 대량으로 내보내 프레젠테이션에 빠져들게 한다.

구글 엔지니어들은 사람과 기계가 상호 작용하는 방식을 바꾸는 제품을 개발한다. 구글은 사람들이 찾는 것을 예측하는 검색 엔진부터 자율주행, 인공지능과 머신러닝 부문의 첨단에 서 있다. 이런 곳에서 가장 영향력 있는 한 명이 주로 쓰는 방식은 실로 해묵은 것이다. 바로 2,000년 넘게 이어진 아리스토텔레스의 수사학이다.

지금부터 다룰 내용은 여러분이 설득의 수단을 이해하고 활용하여 두각을 드러내도록 도울 것이다. 그 전에 설득 이론의 아버지로 불리는 아리스토텔레스가 디지털 시대의 토대인 논리를 고안한 양상을 잠시 살펴보자.

고전 설득술의 현재 가치

디지털 혁명의 기원은 수학자 조지 불George Boole이 수학적 논리라는 모호한 원칙을 제시한 1847년으로 거슬러 올라간다. 불은 모든 변수가 '참' 혹은 '거짓', '켜짐' 혹은 '꺼짐' 중 하나에 해당한다는 사실을 증명했다. 당시 이 주제는 너무 추상적이어서 실용성이 없는 것으로 여겨졌다. 그러나 생각은 생각을 낳는 법이다. 불 대수Bloolean algebra와 논리Bloolean logic도 같은 일을 했다. 1930년대에 MIT 졸업생인 클로드 섀넌Claude Shannon은 불 대수를 전기 회로에 적용하여 현대 컴퓨터의 토대를 마련했다. 과학자들은 소위 이것이 정보 시대를 불러왔다고 말한다. 그러나 불은 애초에 논리를 고안한 것은 아리스토텔레스라며 공을 돌렸다.

아리스토텔레스는 우리가 말하고, 쓰고, 추론하고, 다른 사람들의 생각을 바꾸는 능력을 통해 인간적 잠재력을 실현할 수 있다고 믿었다. 또한 자유로운 사회에서 학문을 익힌 사람의 징표는 다른 사람들을 설득하는 능력이라고 생각했기 때문에 연설을 잘할 수 있도록 돕는 수단들을 개발했다. 그는 설득력 있는 주장을 하려면 우선 논리적 구조가 필요하다고 말했다. 그가 고안한 공식은 삼단논법으로 불린다. 예를 들어보자.

모든 사람은 죽는다.
소크라테스는 사람이다.
따라서 소크라테스는 죽는다.

이 논법을 적용하는 대상, 즉 소크라테스를 다른 사람으로 바꿔도 주장의 타당성은 그대로 유지된다. 불은 다음과 같이 삼단논법을 수학적 공식으로 바꿨다.

$x = x \times y$(집합 x의 모든 요소는 집합 y의 요소다)

창업 투자 회사 안드리센 호로비츠Andreessen Horowitz의 파트너인 크리스 딕슨Chris Dixon은 불과 아리스토텔레스의 연관성을 상세히 다룬 글을 썼다. 그는 '아리스토텔레스는 어떻게 컴퓨터를 창조했는가'[2]라는 기고문을 통해 아리스토텔레스의 논리학이 추론하고 학습하는 '인공 신경망'의 기반을 만들었다고 주장한다. 실로 아리스토텔레스가 컴퓨터의 아버지라면 대단히 똑똑한 사람이 아닐 수 없다. 우리에게 컴퓨터와 경쟁할 수 있는 비법도 알려주었기 때문이다. 그는 사람을 컴퓨터와 다른 존재로 만들어주는 일련의 도구 혹은 공식을 제공했다. 이 공식은 우리가 정서 지능을 연마하고, 공감 능력을 개발하고, 다른 사람들과 의미 있는 유대 관계를 맺도록 해준다. 아리스토텔레스는 인간적 유대가 없으면 공동체를 이룰 수 없다고 생각했다. 공동체를 이루지 못하면 행복할 수 없고 행복하지 않으면 번영을 누릴 수 없다는 것이다.

감정은 할 수 있다

아리스토텔레스는 논리를 고안함으로써 인류에게 스마트 머신을 만들 수 있는 도구를 제공했다. 또한 스마트 머신을 이기는 수단도 제공했다. 그는 이 수단을 수사법이라 불렀다.

아리스토텔레스는 수사법을 "말과 글로 사람들을 설득하여 더 나은 삶을 살도록 만드는 기술"이라고 정의했다. 그는 문명사회에서 성공하려면 지혜와 언변이 모두 필요하다고 생각했다. 그의 주장에 따르면 언변은 상대방의 마음에 닿아 생각을 바꾸는 것이다. 그가 제시한 기법은 지금도 화술의 토대를 이룬다. 모든 고무적인 연설, 프레젠테이션, 독려의 핵심에는 아리스토텔레스가 2,000년 전에 제시한 전략이 담겨 있다.

아리스토텔레스는 설득이 사람의 마음을 조작하는 것이라고 생각하지 않았다. 오히려 설득술을 익히지 않는 것이 부끄러운 일이라고 생각했다. 25년 동안 대학에서 아리스토텔레스를 가르친 스코트 크라이더Scott F. Crider는 그리스 철학자들이 여러 주장 중에서 진실을 가려내는 인간의 능력을 낙관적으로 바라보았다고 말한다. 진실은 거짓보다 강하기 때문이다. 크라이더는 다른 모든 조건이 똑같을 때 진실 혹은 정의가 거짓 혹은 부정보다 설득력이 약하다면 그 잘못은 말하는 사람이나 청중 혹은 둘 다에게 있다고 말한다.[3]

크라이더의 정의에 따르면 수사법은 궁극적으로 '행복을 위한 기술'[4]이다. 아리스토텔레스는 청중을 '심판'이라 불렀다. 여러 주장을 저울질하여 어느 것이 가장 큰 행복을 안길지 판단하기 때문이다. 설득의 최종 목표는 말로써 모두가 번영을 누리고 행복을 찾도록 북돋는 것이다. 아리스토텔레스는 이 목표를 이루는 2단계가 있다고 말했다. 설득의 첫 단계는 주장의 주제를 자세히 설명하는 것이다. 그다음 자신의 주장이 탄탄하고 논리적임을 증명해야 한다.

주장의 주제는 다른 사람이 하기를 바라는 일이다. 가령 창업가는 투자자가 자신의 아이디어에 투자하기를 바라고, 간부는 팀원들이 특정 제품 라인에 우선순위를 두기 바라며, 영업인은 고객이 새로운 서비스를 구매하기를 바란다.

주제는 주장에 방향을 제시하고 대화의 목표를 설정한다. 아리스토텔레스가 제시한 두 번째 단계는 주장에 설득력을 부여한다. 발화자는 논리, 신뢰성, 감정이라는 수사법적 수단을 활용하여 주장을 뒷받침해야 한다. 설득력을 얻으려면 주장이 논리적 구조(로고스)를 지녀야 한다. 또한 발화자의 인격과 품성(에토스)을 토대로 신뢰성을 확보해야 한다. 그리고 청자와 감정적 유대(파토스)를 이뤄야 한다.

논리적 추론은 대단히 중요하다. 그러나 전체 공식 중 3분의 1에 불과하다. 에토스와 파토스가 없으면 설득이 이뤄지지 않는다. 에토스는 발화자의 신뢰성과 관련있다. 아리스토텔레스는 청중의 신뢰를 얻기 위해서는 지혜, 덕성, 선의라는 세 가지 요소가 필요하다고 생각했다. 주장의 논리적 구조가 탄탄하면 지혜롭게 들린다. 도덕적이고 고결한 모습을 보이면 신뢰를 얻는다. 무엇보다 청중들을 위하는 마음이 분명하게 드러나면 선의가 전달된다.

'약장수'는 믿을 수 없는 사람이라는 인상을 풍긴다. 남의 호주머니를 터는 데만 관심이 있기 때문이다. 그들은 청중에게 도움을 주는 데 관심이 없다. 자신의 이익만 챙길 뿐이다. 즉, 에토스가 없기 때문에 비도덕적이라는 평가를 받는다.

아리스토텔레스의 설득은 인간 심리에 대한 최초의 진정한 논의로 간주된다. 파토스, 즉 감정을 대단히 중요한 요소로 삼았기 때문이다. 아리스토텔레스는 감정이 결핍되어 있으면 아무것도 중요치 않다고 생각했다. 실제로 그는 감정 결핍을 성격적 결함으로 보았다. 부정을 보면 분노하는 것이 당연하다. 부모가 죽으면 슬퍼야 마땅하다. 아리스토텔레스는 감정이 결정을 이끌어야 한다고 생각했다. 물론 그 감정이 적절하다는 전제하에서 말이다.

마틴 루서 킹Martin Luther King이 1963년에 링컨 기념관 계단에서 한 '나에게는 꿈이 있습니다' 연설은 앞서 말한 수사법적 수단 세 가지를 조화롭게 썼다. 부당한 현실에 대한 분노와 밝은 미래에 대한 희망이라는 감정적 호소가 없었다면 내용이 단조로워 20세기 최고의 연설 중 하나로 손꼽히지 않았을 것이다. 토머스 페인, 알렉산더 해밀턴, 토머스 제퍼슨이 오래전에 그랬던 것처럼 킹은 시대의 변화, 그의 경우에는 확산되는 시민권 운동에 불을 지폈다. 역사의 중요한 사건들은 수사법을 통해 감정에 호소함으로써 변화가 필요하다는 사실을 알린 저술가와 연설가, 사상가와 리더들이 촉발했다.

미국 역사에서 가장 설득력이 뛰어난 문서는 7월 4일에 발표된 독립 선언문이다. 변호사인 토머스 제퍼슨이 문안 작성을 맡았다. 논리적 구조로 정보를 전달하는 동시에 대의를 위한 감정을 자극하는 데 뛰어났기 때문이다. 설득술의 대가인 그는 거리에서 큰 소리로 읽힐 문서에서 아리스토텔레스의 세 가지 수사법적 수단을 모두 구사했다.

HBO 미니시리즈인 〈존 애덤스John Adams〉는 제퍼슨의 글이 얼마나 강력한 호소력을 지녔는지 보여 준다. 애덤스는 제퍼슨에게 이렇게 말한다.

"뜻밖이군요. 이 글은 우리의 독립뿐 아니라 모든 인간의 권리를 선언하고 있어요. 아주 잘 썼습니다. 정말로 잘 썼어요."

오늘날의 유능한 변호사들은 제퍼슨의 글을 통해 단지 사실만 나열하는 것으로는 설득이 되지 않는다는 것을 배웠다. 말과 글에서 설득력을 가지려면 케네디가 달 착륙에 대한 영감을 불어넣은 것처럼 원대하고 과감한 이상을 심어 주는 폭넓은 주제와 문장을 연결해야 한다. 제퍼슨이 묘비에 오직 세 업적만 적고 한 글자도 보태지 말 것을 분명하게 지시했다는 사실은 시사하는 바가 있다. 그 업적은 '독립선언문 기초, 버지니아 종교자유법 기초, 버지니아 대학 설립'이었다.

제퍼슨이 본 자신의 3대 업적 중 두 가지가 역사적인 글을 쓴 것이었다. 그의 묘비에 기록되지 않은 다른 사실은 3대 미국 대통령을 지냈으며, 임기 동안 루이지애나 지역을 획득하여 1에이커당 3센트에 불과한 금액으로 미국의 영토를 두 배로 늘렸다는 것이다.

생각은 중요하다. 제퍼슨은 생각을 설득력 있게 전달하면 세상을 바꿀 수 있음을 알았다.

아리스토텔레스가 2,000년 전에 수사법을 처음 가르치고, 제퍼슨이 200년 전에 독립 선언문을 기초한 이래 세상은 많이 바뀌었지만 인간의 두뇌는 바뀌지 않았다. 그때 통했던 것이 지금도 통하는 이유가 거기에 있다.

인간은 태생적으로 다른 사람들과 감정적 유대를 맺고 싶어 한다. 생각을 더한 생각은 지금 우리가 경험하는 자동화 시대를 열었다. 변화의 속도는 기하급수적으로 빨라지면서 매일 바뀌는 세상을 접하는 수많은 사람들에게 불안과 두려움을 안긴다. 그들은 하나의 직업군이 완전히 사라지고 새로운 직업군이 생기는 것을 본다. 이런 상황에서 어떻게 경쟁해야 할까? 어떻게 해야 앞으로도 의미 있는 존재가 될 수 있을까? 어떻게 해야 번영하고 번성할 수 있을까? 물론 자기 일에 전문가가 되어야 하고 빠르게 변하는 환경에 유연하게 대처해야 한다. 그러나 그것만으로는 부족하다. 그 답은 설득, 보다 구체적으로는 파토스에 있다. 팩트만으로는 행동을 촉발할 수 없다. 감정은 할 수 있다. 팩트는 사람들이 별을 바라보게 만들지 못한다. 감정은 할 수 있다. 팩트는 흥분을 자아내지 못한다. 감정은 할 수 있다. 팩트는 까다로운 문제에 대한 혁신적 해결책을 찾도록 북돋지 못한다. 감정은 할 수 있다. 파토스, 즉 감정은 미래를 얻는 열쇠다. 과학이 이 점을 증명한다.

강력한 감정 자극제

지난 10년 동안 우리는 감정에 대해 그리고 설득에서 감정이 맡는 역할에 대해 많은 것을 알게 되었다.

가령 신경 과학자들은 강한 반응을 초래하는 단어와 이미지를 '강력한 감정 자극제'라고 부른다. 공포, 기쁨, 희망, 경이를 자아내는 단어, 이미지, 물건이 거기에 해당된다. 분자 생물학자인 존 메디나John Medina에 따르면 감정을 자극하는 사건은 신경을 자극하는 사건보다 더 선명하게 기억에 남을 가능성이 있다고 한다.[5] 두뇌는 강력한 감정 자극제에 노출되면 일종의 정신적 포스트잇에 해당하는 화학 물질을 분비하여 기억해야 할 중요한 정보로 표시한다. 과학자들은 뇌 영상 촬영술 혹은 비침습적 영상 기술을 활용하여 감정이 화학 물질의 분비를 촉진하는 양상, 화학 물질이 분비되는 부위, 화학 물질이 이동하는 장소, 그에 따른 느낌을 파악한다. 메디나는 한 논문에서 이렇게 설명한다.

> 두뇌가 강력한 감정적 자극제에 노출되면 측면 뇌줄기 교뇌피개brain stem tegmentum와 청반locus caeruleus에서 생성된 뉴런으로부터 노르에피네프린norepinephrine이 분비된다. 이 부위에서 나온 뉴런은 해마hippocampus와 편도체amygdala를 비롯하여 두뇌의 폭넓은 부위로 투사된다. 노르에피네프린은 표적 세포에 도달하면 베타 아드레날린 수용체와 결합한다.[6]

쉽게 말해서 감정은 우리의 주의를 끌어당기고 감정적 기억은 잘 잊히지 않는다.

메디나 외에도 감정이 설득에 미치는 영향을 연구하는 수많은 신경 과학자 및 연구자 들이 있다. 앞으로 의사소통, 기억, 인간 행동 분야의 세계적인 전문가들을 소개할 것이다. 가령 클레어몬트 대학원Claremont Graduate University 교수인 폴 잭Paul Zak 박사는 한 사람이 다른 사람에게 이야기를 들려줄 때 어떤 화학 물질이 신경에 작용하는지 연구한다. 그는 이야기가 옥시토신oxytocin, 도파민dopamine, 코르티솔cortisol 같은 화학 물질에 따른 흥분을 초래한다는 사실을 발견했다. 심지어 그는 이야기에서 어떤 부분이 흥분을 불러일으키는지 파악하고 있다. 그에 따르면 감정을 촉발하는 설득력 있는 이야기는 두뇌에

화학적 변화를 일으켜서 신뢰와 이해를 촉진하고 개방적인 태도를 만든다.[7]

프린스턴 대학교의 신경 과학자인 유리 해슨Uri Hasson은 우리가 대화를 나눌 때 형성되는 두뇌 패턴을 연구하고 있다. 해슨은 특정 유형의 대화가 "신경 연동neural coupling"을 초래한다는 사실을 발견했다. 이는 화자와 청자의 두뇌가 연동되는 것으로, 두뇌의 같은 부위에서 같은 패턴의 활동이 이뤄진다는 뜻이다. 특히 감정을 자극하는 이야기가 이런 연동 작용을 일으킨다.

〈하버드 비즈니스 리뷰Harvard Business Review〉에 실린 연구 결과에 따르면 인공지능이 부상한다고 해서 감정이 덜 중요해지는 것은 아니다. 오히려 자동화 시대에 감정은 경력을 유지하는 데 그 어느 때보다 중요하다. 연구진은 고액 연봉을 뒷받침하는 세 가지 능력을 제시했다. 그것은 반복 작업을 신속하게 처리하는 능력, 데이터를 분석하여 행동 경로를 결정하는 능력, 고객이 그 경로를 따라가도록 돕는 능력이다. 인공지능과 머신러닝은 이 능력에서 우리를 빠르게 앞지를 것이다.

앞으로 자신의 가치를 유지하고 싶다면 인공지능이 모방하기 어려운 능력, 바로 인간을 대상으로 한 이해와 동기 부여 그리고 상호작용에 초점을 맞춰야 한다.[8]

10장에서 파토스에 대해 더 자세히 살펴볼 것이다. 구체적으로는 오랫동안 감정을 자극하는 데 활용되었으며, 지금도 아이디어를 홍보하는 데 활용할 수 있는 공식을 배우게 될 것이다. 파토스가 인간으로서 스마트 머신을 이길 수 있는 가장 효과적인 수단임을 기억하자. 파토스가 없으면 다른 사람을 설득하고, 자극하고, 고무하고, 공감대를 형성할 수 없다.

4장

파이브 스타들의 비밀

오직 인간만이 할 수 있는 유일한 일은 꿈꾸는 것입니다.
그러니 큰 꿈을 꿉시다.
—가리 카스파로프GARRY KASPAROV

'지옥 주간'이란 명칭도 실제로 겪는 고생을 표현하기에는 부족하다. 5일 반 동안 겨우 네 시간의 수면 시간만 빼고 혹독한 훈련이 이어진다. 후보생 4인 중 최종 1인이 지옥 주간에서 살아남는다. 대부분은 샌디에이고 코로나도 해변Coronado Beach에서 허리까지 오는 차가운 바닷물에 서 있어야 하는 첫날 밤에 포기한다. 달리고, 헤엄치고, 노를 저어서 목표 지점까지 간 보상은 추가로 20주 동안 혹독한 훈련을 받는 것이다. 이 과정을 견뎌낸 소수만이 세계 최고의 전사인 미 해군 특수 부대 네이비 실Navy SEAL이 된다.

육체적으로 힘들기는 하지만 지옥 주간은 체력을 테스트하기 위한 것이 아니다. 체력이 출중한 사람도 종종 탈락한다. 관건은 정신력이다. 또한 교관들은 지옥 주간에 모래 진흙을 뒤집어쓴 채 저체온증과 싸우는 와중에도 동료들을 격려하고, 고무하고, 의사소통을 나눌 줄 아는 리더를 파악한다. 네이비 실에게는 팀워크가 반드시 필요하다. 팀원들 사이에 신뢰와 협동심을 구축하는 것은 고유하고도 바람직한 능력이다. 여러 네이비 실 출신들이 전장에서 임원실로 옮겨가는 데 성공하는 이유가 거기에 있다.

사업과 전투에서 뛰어난 리더는 분명한 비전과 함께 팀원들에게 팀의 성공에 기여하는 방법을 보여주는 능력을 지닌다. 네이비 실에게는 의사소통 능력이 중요하다. 정말로 중요하다. 의사소통이 잘못되면 적을 놓치고 임무에 실패할 뿐 아니라 죽을 수 있다.

장교부터 지휘관까지, 대위부터 장성까지 말을 제대로 못 하면 네이비 실에서 승진은 물건너 갔다고 봐야 한다. 지금은 병사들에게 무조건 고지를 점령하라고 말할 수 없다. 설득해야 한다. 아무리 충성스러운 병사라고 해도 35킬로그램의 장비를 지고 샤워도 하지 못한 채 뜨거운 사막에 있으면 도대체 왜 이런 고생을 해야 하는지 의심스러워지기 마련이다.

네이비 실 출신인 레이프 배빈Leif Babin과 조코 윌링크Jocko Willink는《네이비씰 승리의 기술Extreme Ownership》에서 이렇게 말한다.

"전투에서 리더십을 발휘하려면 다양한 사람들로 구성된 팀을 이끌어서 복잡한 임무를 수행하고 전략적 목표를 달성해야 한다."[1]

배빈은 이라크에 두 번 파병된 점을 높이 평가받아 많은 훈장을 받은 장교이다. 상대를 강제로 따르게 하거나 행동을 강요하기란 어렵다. 이런 점에서 배빈은 진정한 변화를 이루려면, 대단히 복잡하거나 힘들거나 위험한 일을 해내려면, 강제로 시킬 것이 아니라 이끌어야 함을 강조한다.[2]

몇 년 전에 지옥 주간에서 살아남은 배빈은 교관이 되어 다시 코로나도 해변으로 돌아왔다. 그는 보트 훈련을 시키는 과정에서 리더십에 대한 귀중한 교훈을 얻었다. 일곱 명으로 구성된 각 팀은 90킬로그램짜리 보트를 6미터 높이의 모래 언덕 위로 끌어올린 다음 해변을 따라 장거리 이동을 해야 했다. 게다가 바다에 들어가면 경주가 펼쳐졌다. 리더로 지정한 사람에게는 명령을 접수하고 팀원들을 독려하면서 이끌어야 하는 책임을 줬다.

팀원들에게는 이겨야 할 이유가 있었다. 우선 그들은 교관을 뿌듯하게 만들고 싶었다. 둘째, 몇 분의 휴식 시간을 얻고 싶었다. 연습하는 동안 2팀이 거의 모든 경주에서 이겼다. 배빈에 따르면 "2팀은 리더의 강력한 지휘 아래 전체 팀원이 강한 의욕을 갖고 맡은 역할을 잘 해냈다. 그들은 서로의 약점을 보완했고, 서로를 도왔으며, 이기는 데서 자부심을 느꼈다."[3] 2팀의 사기는 높았고, 팀원들은 웃음을 나누었다. 반면 6팀은 거의 모든 경주에서 꼴찌로 들어왔다. 팀원들은 분노에 차 있었다. 그들은 서로에게 고함을 질렀다. 팀은 신경 쓰지 않은 채 따로 움직였다. 교관들은 팀들 간의 격차를 해소하기 위한 아이디어를 떠올렸다. 바로 두 팀의 팀원들을 놔둔 채 리더만 바꾸는 것이었다. 2팀의 리더는 6팀을 맡았고, 6팀의 리더는 2팀을 맡았다. 그러자 바로 다음 경주에서 항상 꼴찌이던 6팀이 1위로 결승선을 통과했다. 요행수가 아니었다. 6팀은 이후 대부분의 경주에서 우승했다. 이 일로 배빈은 다음과 같은 깨달음을 얻었다.

"나쁜 팀은 없다. 나쁜 리더가 있을 뿐이다. (중략) 모든 팀의 성과에 가장 큰 영향을 미치는 요소는 리더십이다."[4]

누가, 무엇을, 언제, 어디서, 왜, 어떻게 해야 하는지 분명하고 설득력 있게 임무를 제시하는 리더는 대개 더 높은 계급으로 승진한다. 최정예 네이비 실 요원들은 국방부의 일급 기밀 연구소인 방위고등연구계획국DARPA에서 개발한 첨단 기술을 활용한다. 그러나 이런 기술도 팀원들을 북돋을 수 있는 리더가 없으면 가치를 잃는다.

뛰어난 리더에게는 특별한 면이 있다. 그들은 부하들이 스스로 생각한 것보다 훨씬 많은 성과를 이루도록 설득할 수 있다.

내 이야기가 자본이다

네이비 실의 훈련장에서 북쪽으로 800킬로미터 떨어진 곳에서는 창업가들이 다른 형태의 훈련을 받는다. 그들은 네이비 실 후보생들보다 오래 자기는 하지만 큰 차이는 없다.

실리콘밸리의 유명 창업 투자 회사인 와이 콤비네이터Y Combinator는 약 100개의 신생 기업에게 각각 12만 달러를 투자한다. 이 투자를 받기 위한 경쟁은 치열하다. 투자 대상으로 선정되는 비율은 3퍼센트에 불과하다. 와이 콤비네이터는 약 7퍼센트의 지분을 받는 조건으로 창업가들에게 조언 및 지침과 함께 기존 후원 대상들로 구성된 강력한 인맥을 제공한다. 2005년 이후 총 1,000억 달러의 가치를 지니는 1,500개 기업이 와이 콤비네이터의 지원을 받았다. 우리가 들어봤을 기업으로는 에어비앤비Airbnb, 레딧Reddit, 스트라이프Stripe, 드롭박스Dropbox가 있다. 1억 달러 이상의 가치를 지니는 기업만 해도 50개가 넘는다.

와이 콤비네이터가 주최하는 대회에 참가한 젊고, 야심차고, 의욕에 넘치는 창업가들은 3개월 동안 자문들과 함께 제품 및 아이디어를 다듬는다. 그들이 준비하는 것은 데모 데이Demo Day라는 큰 행사다. 데모 데이는 창업가들의 삶에서 가장 중요한 날인 경우가 많다. 회사를 새로운 입지로 이끌어줄 수 있는 투자자들에게 제품과 아이디어를 홍보하는 날이기 때문이다. 창업가들은 이 자리에서 자신의 이야기와 미래에 대한 이상을 들려준다. 데모 데이의 핵심에는 스토리텔링이 있다. 와이 콤비네이터가 뛰어난 아이디어뿐만 아니라 뛰어난 스토리텔링 능력을 갖춘 사람을 찾는 이유가 거기에 있다. 제프 랄스톤Geoff Ralston은 내게 이렇게 말했다.

"다른 사람에게 어떤 것을 판다는 것은 곧 꿈을 파는 것입니다. 자기 이야기의 일부가 되어 달라고 요청하는 것이죠."[5]

랄스톤은 초기 웹 이메일 서비스 중 하나인 야후 메일을 만든 사람이다. 뒤이어 그는 랄라Lala라는 음원 유통 사이트를 운영하다가 애플에 매각했다. 다트머스와 스탠퍼드에서 컴퓨터 공학 학위를 받은 그는 '소프트 스킬이 곧 돈'이라고 생각한다. 사실 그는 스토리텔링이 창업가들이 반드시 갖춰야 하는 소프트 스킬이라는 표현을 별로 좋아하지 않는다. 스토리텔링은 단순한 기술이 아니라 보다 근본적인 요소이기 때문이다.

> 성공하는 기업과 창업가는 제품과 서비스 그리고 브랜드를 중심으로 내러티브를 만듭니다. 내가 당신의 삶에 영향을 미치고 싶다면, 당신에게 어떤 것을 팔고 싶다면, 내가 만든 것을 당신이 쓰도록 만들고 싶다면 당신의 내러티브에 그것을 맞춰 넣어야 합니다. 당신이 그 일부가 되고 싶을 만큼 새롭고 흥미로운 것을 만든 나의 이야기를 설득력 있게 들려줘야 합니다. 나는 당신이 이 내러티브에 동참하기를 원합니다. 인간은 이런 식으로 문명을 건설했습니다. 우리는 공통의 이야기를 통해 한데 뭉칩니다.

와이 콤비네이터는 대개 최소한 독자 생존에 불과한 기업가나 상품들을 선정한다. 여기서 말하는 MVP는 작동된다는 사실을 증명할 수 있는 최소한의 핵심 사양만 갖춘 제품을 말한다. MVP는 조언과 투자금을 발판으로 차세대 대박 제품이 된다. MVP를 홍보할 때 설득력 있는 이야기를 들려줄 수 있는 창업가는 경쟁 우위를 누린다. 3부에서 유명한 창업가들의 프레젠테이션을 도운 투자자들이 직접 들려주는 구체적인 조언을 소개할 것이다.

와이 콤비네이터의 설립자이자 대표인 샘 올트먼Sam Altman은 투자 대상을 선정할 때 뛰어난 의사소통 능력을 최우선으로 본다. 그는 분명한 의사소통을 못하는 것은 '심각한 문제'라고 말한다.[6]

창업가가 직원들을 고용하고, 독려하고, 그들에게 동기 부여하고, 자금을 확보하고, 언론을 상대하지 못하면 올트먼의 투자가 쓸모없어진다. 마음이 끌리는 사명을 제시할 수 있는 리더는 최고의 인재를 더 쉽게 끌어들일 수 있다. 올트먼은 그렇게 하지 못하는 사람을 대하면 대개 '지루해진다'라고 말한다. 탁월한 커뮤니케이터는 사람들이 잠들도록 내버려 두지 않는다.

지금까지 3,200여 명의 창업가들을 지원한 올트먼은 다음과 같은 질문을 토대로 투자 기회를 평가한다.[7]

- 많은 사람들이 사랑할 상품을 만드는가?
- 상품을 쉽게 모방할 수 있는가?
- 창업가가 '카리스마'를 지녔는가?
- 분명하고 중요한 사명을 추구하는가?

보다시피 독자 기술이나 특허 혹은 진입 장벽과 직접 관련된 것은 두 번째 질문뿐이다. 나머지 질문들은 감정적 유대와 관련되어 있다. 사람들이 회사의 상품을 사랑할까? 사람들은 평균적인 제품을 좋아하고 유용하다고 생각할 수 있다. 그러나 애정은 파이브 스타 기업들만 누릴 수 있다. 마지막 두 질문은 의사소통 능력과 관계된다. 올트먼에 따르면 창업가의 '카리스마'가 가장 평가하기 어려운 요소다. 그래서 의사소통 능력을 토대로 판단할 수밖에 없다. 끝으로 창업가가 분명하고 중요한 사명을 제시하지 못하면 다른 사람들을 끌어들이는 데 애를 먹을 것이다.

와이 콤비네이터는 평균적인 기업에 투자하지 않는다. 꿈을 가진 기업만 지원한다. 올바른 질문은 그런 기업을 찾아내는 데 도움을 준다.

올바른 질문은 세계에서 가장 수익성 좋고 존중받는 기업이자 정서적 호소에 통달한 기업, 바로 애플을 만들었다.

활력과 수익을 창출하는 공감

애플이 2001년에 첫 애플 스토어를 열었을 때 많은 전문가들은 정신 나간 짓이라고 생각했다. 한 유통 전문가는 2년 안에 문을 닫게 될 것이라고 예언했다. 〈비즈니스 위크〉는 '애플 스토어가 성공하지 못할 이유'라는 제목의 기사를 실었다. 그러나 애플 스토어가 실패할 것이라는 예측은 살짝 어긋난 정도가 아니라 엄청나게 빗나가고 말았다. 15년 후 애플은 다른 어떤 유통업체보다 높은 단위 면적 당 수익을 올렸다. 덕분에 시가총액 7,500억 달러의 세계에서 가장 높은 가치를 지닌 기업이 되었다.

전문가들이 애플의 성공을 예측하지 못한 이유는 경험을 고려하지 않고 수치만 따졌기 때문이다. 쇼핑몰의 높은 임대료를 감당하려면 돈을 더 벌어야 한다는 지적은 옳았다. 전문가들이 몰랐던 사실은 스티브 잡스와 그의 팀이 그저 컴퓨터를 팔고자 한 것이 아니었다는 점이다. 애플은 고객이 창의성을 발휘할 수 있는 도구를 제공하고자 했다. 고객과 감정적 유대를 맺을 수 있다면 매출은 자연스럽게 따라올 것이란 판단이었다.

애플은 경쟁자들이 추구하는 사명이 무엇인지 살폈다. 그들은 오직 제품을 판매하는 데 몰두하고 있었다. 애플은 '어떻게 고객의 삶을 풍요롭게 만들 것인가?'라는 질문을 제기했다. 다음은 2001년에 그들이 고객의 삶을 풍요롭게 만드는 매장을 위해 찾아낸 답이다.

- 판매 수당을 받는 영업 인력 대신 지니어스와 콘시어지를 둔다.
- 고객의 니즈에 공감하고 열정을 지닌 인재를 채용한다.
- 매장에 들어오는 고객에게 인사를 건넨다.
- 고객이 제품을 가지고 놀도록 허용한다.
- 고객의 생활권에 자리 잡는다.[8]

더 나은 질문은 더 창의적인 혁신으로 이어졌다. 고객의 삶을 풍요롭게 만든다는 이상은 15년간 애플 스토어가 나아갈 방향을 제시했다. 이 이상은 첫 매장을 연 이래 가장 비중 있는 리모델링에 착수한 2017년 5월에도 여전히 사명의 핵심에 놓여 있다.

애플의 유통 부문 부사장인 안젤라 아렌츠Angela Ahrendts는 CBS 뉴스와 가진 인터뷰에서 애플 스토어 재단장이 애플의 유산을 이어가기 위한 일환이라며 이렇게 말했다.

"애플이 하는 모든 일은 유산을 토대로 삼습니다. 우리 직원들은 우리의 영혼이며, 삶을 풍요롭게 만드는 것이 우리가 하는 일입니다."[9]

아렌츠가 주도하는 이 구조 변경은 고객들이 모여서 강좌를 들을 수 있는 타운 스퀘어town square 기능을 포함하고 있다. 그 일환으로 지니어스 바의 인문학 버전인 '크리에이티브 프로Creatvie Pros'가 만들어졌다. 크리에이티브 프로는 사진, 영상, 음악, 코딩, 미술, 디자인 등 다양한 주제로 강좌를 진행한다. 아렌츠에 따르면 이는 애플이 기술과 인문학을 결합한다는 잡스의 철학을 계승한 결과다.

아렌츠는 앞선 인터뷰에서 '공감'이 애플이 거둔 성공의 핵심으로서 매장 재단장의 배경을 이룬다고 설명했다.

"기술이 발전할수록 인간적 유대를 이루는 근본으로 돌아가야 합니다. 기술이 아무리 발전해도 우리가 서로의 눈을 들여다보고, 서로의 손을 만질 때 받는 느낌을 대체할 수 없습니다. (중략) 공감은 활력의 최대 원천 중 하나입니다."[10]

아렌츠는 패션 회사인 버버리Burberry에서 CEO로 일하다가 애플의 CEO인 팀 쿡으로부터 제의를 받았다. 그녀는 버버리에서 전통적인 오프라인 유통과 새로운 온라인 유통을 성공적으로 결합했다. 덕분에 버버리는 주가가 세 배 뛰었다. 애플의 유통 부문을 책임질 사람을 찾던 쿡은 아렌츠에게 그 자리를 제안했다.

아렌츠는 처음에 분야가 다르다는 이유로 거절했다.[11] 그러나 쿡은 기술적 능력을 보고 그녀를 영입하려 한 것이 아니었다. 애플에는 이미 충분한 기술 인력이 있었다. 쿡은 애플의 비밀 무기인 기술과 인문학의 결합을 개인 차원에서 이룰 수 있는 사람을 찾았다. 그래서 직원들에게 의욕을 불러일으키고, 고객과 공감할 줄 아는 아렌츠를 선택했다.

아렌츠는 인디애나의 소도시에서 다섯 형제자매와 같이 자라는 동안 공감 능력을 익혔다. 그녀는 영적으로 충만한 어머니와 철학에 조예가 깊은 아버지에게서 자랐다. 그녀의 아버지는 항상 자녀에게 모든 것을 가르칠 수 있지만 뚜렷한 의식을 갖고 상대를 아끼는 마음은 가르칠 수 없다고 말했다.[12]

사람을 아끼는 기업은 건강한 문화를 지닌다. 그들은 고객만족도뿐 아니라 성장률, 매출, 이익 측면에서도 경쟁자들을 앞지른다. 애플, 구글, 버진, 마이크로소프트, 사우스웨스트, 스타벅스, 자포스를 비롯하여 세계적으로 존경받는 기업이 문화를 통해 성공을 일군다. 그들에게 고무적인 리더십은 필수이다. 이 기업들을 만들거나 지금도 경영하는 사람들은 기술만으로는 충분치 않다고 믿는다. 그들은 공동체를 육성하고 경험을 창출하는 것이 자신의 역할이라고 생각한다. 아렌츠는 인간이라면 다른 사람들을 한데 묶고, 회사를 만들고, 삶을 바꿀 수 있는 역량을 지녔다고 했다. 뛰어난 리더들은 우리의 활력을 살리는 데 뛰어나다.

상대의 입장을 헤아린다는 것

과거 80년 동안 병원복은 가장 멋없고, 불편하고, 당혹스러운 의복이었다. 미국에 있는 의료기관 중 거의 50퍼센트를 대변하는 단체의 회장인 할리 피셔 라이트Halee Fischer-Wright는 병원 직원들이 종종 병원복에는 짧은 것, 더 짧은 것, 몸을 굽힐 수 없는 것, 세 가지가 있다는 농담을 한다고 전했다.

할리 피셔 라이트가 《균형을 되찾다Back to Balance》에서 소개한 사례에 따르면 2010년 디자이너 다이앤 본 퍼스텐버그Diane von Furstenberg는 클리브랜드 클리닉Cleveland Clinic과 협력하여 편안한 소재, 밝은 무늬, 의사와 간호사들의 요구 사항을 잘 반영한 새로운 병원복을 만들었다. 이후 10여 개의 다른 병원들도 클리브랜드 클리닉의 선례를 보면서 보기 좋게 환자복을 바꿨다. 오랫동안 병원들은 사람들의 감정을 신경 쓰지 않는 것처럼 보였다. 과거의 병원복은 저렴하고 내구성이 좋았다. 변화에 대한 동기의 이면에는 돈이 있었다. 병원의 목표는 돈을 아끼는 것이 아니라 '더 많이 버는 것'이었다.

2001년에 의학 연구소Institute of Medicare는 미국 의료 체계를 광범위하게 개혁해야 한다고 요청하는 〈품질의 간극을 넘어서Crossing the Quality Chasm〉라는 보고서를 발표했다. 이 보고서의 결론은 의사소통의 근본적인 단절이 의료 체계를 부실하게 만든 주된 요인이라는 것이었다.

2002년에 메디케어 및 메디케이드 서비스 센터Centers for Medicare &

Medicaid Services(CMS)는 환자의 만족도를 평가하기 위해 '파이브 스타 품질 평가 체계'라는 국가적 표준을 개발했다. 이후 2006년에 평점 공개가 의무화되었다. 덕분에 환자들은 만족도를 토대로 여러 병원을 비교할 수 있었다. 그 결과 수준이 뒤떨어지는 병원들이 타격을 입었다. 그러나 이는 뒤이어 취해진 조치가 일으킨 파장에 비하면 아무것도 아니었다. 그 조치는 바로 의료보험 급여 지급과 환자 만족도 점수를 연계한 것이었다. 수십억 달러의 돈이 좌우되는 상황에서 병원들은 환자의 경험을 개선하는 일에 나서지 않을 수 없었다.

CMS는 환자들이 더 쉽게 병원들을 평가할 수 있도록 별점 체계를 적용한다. 평가 대상은 미국 전역에 있는 3,544개 병원이다. 그중 대다수(77퍼센트)는 평균 수준으로 서너 개의 별을 받는다. 5퍼센트 미만에 불과한 168개 병원만이 대망의 별 다섯 개를 받는다. 파이브 스타 병원들이 두각을 드러내는 이유는 분명하고, 효과적이며, 공감대를 형성하는 의사소통의 가치를 아는 리더들이 이끌기 때문이다.

병원 평가는 소비자 중심 의료 제공자 및 시스템 평가Hospital Consumer Assessment of Healthcare Providers and Systems에서 나온 데이터를 토대로 삼는다. 이 조사는 하루 동안 8,700여 명의 환자들을 대상으로 32개 항의 질문을 담은 설문지를 통해 이뤄진다. 그중 적어도 3분의 2는 의사소통 능력과 관련된 것이다. 예를 들어 다음과 같은 내용을 묻는다.

- 병원에 있는 동안 의사나 간호사가 나에게 알아들을 수 있게 설명한 적이 얼마나 됩니까?

- 의사나 간호사 혹은 다른 직원이 퇴원 후에도 어떤 도움을 받을 수 있는지 말한 적이 있습니까?
- 새로운 약을 처방하기 전에 의사가 나에게 무슨 약인지 알려준 적이 얼마나 됩니까?[13]

설문에서 나온 부정적 평가의 70퍼센트는 의사소통의 단절과 직접 관련되어 있다. 이는 심각한 문제다. 부실한 의사소통은 의료 기관의 매출을 줄이고 환자의 건강을 악화시킨다. 할리 피셔 라이트는 이렇게 말한다.

"근래에 이뤄진 여러 연구는 처음부터 우리가 직감적으로 알던 사실을 확인해 준다. 의사가 충분한 시간을 들여서 환자의 눈을 바라보고, 그들의 말을 들어주고, 그들에게 배우고, 그들의 손을 잡고, 그들에게 공감하고, 그들과 소통하고, 그들에게 신뢰감을 주고, 그들의 신뢰를 얻으면, 환자들이 건강을 되찾거나 유지하는 데 필요한 일들을 할 가능성이 훨씬 높아진다. 이런 의술이 없으면 모든 의료가 더욱 힘겨운 싸움이 된다."[14]

클리브랜드 클리닉의 대표인 토비 코스그로브Toby Cosgrove는 하버드 경영 대학원 강연을 하러 갔다가 이 교훈을 얻었다. 강연 후 한 학생이 손을 들어서 자신의 아버지가 얼마 전에 심장 수술을 받은 이야기를 들려주었다. 그녀의 가족은 처음에 수술 실적이 좋은 클리브랜드 클리닉을 고려하다가 결국 다른 병원을 선택했다. 클리브랜드 클리닉은 환자들에게 공감할 줄 모른다는 말을 들었기 때문이었다.

이 말은 코스브로브에게 경종을 울렸다. 그는 병원으로 돌아오자마자 문제를 정면으로 해결하는 일에 나섰다. 우선 그는 병원의 모토를 '환자 우선'으로 바꿨다. 단순한 구호였지만 '삶을 풍요롭게'라는 애플의 이상처럼 앞으로 병원이 나아갈 지침이 되어줄 것이었다.

뒤이어 코스그로브는 디지털 기술과 사람의 온기를 결합하여 환자의 경험을 개선하는 최고경험책임자cheif experience officer라는 새로운 직책을 만들었다. 코스그로브의 지휘 아래 고객 만족도 기준 하위 8퍼센트에 속하던 클리브랜드 클리닉은 미국에서 가장 존경받는 병원 중 하나로 변신했다. 코스그로브는 단지 평점만 개선한 것이 아니라 문화 자체를 바꿨다.

클리브랜드 클리닉의 최고경험책임자인 에이드리언 보이시Adrienne Boissy는 이렇게 말한다.

"헬스케어 분야의 핵심은 소통입니다. 환자는 고통을 호소하느라 대단히 감정적인 반면 의료진은 증상을 판별해야 하는 순간 더 이성적이기 때문에 서로의 입장이 다릅니다."[15]

클리브랜드 클리닉의 리더들은 의사소통 능력도 다른 능력처럼 훈련을 통해 개선할 수 있다는 사실을 깨달았다. 그들은 4만 3,000명의 의료 인력(의사, 간호사, 행정 인력) 전체를 대상으로 워크숍을 진행했다. 직원들은 워크숍에서 하트HEART로 불리는 5단계 의사소통 모델을 따르는 법을 배웠다. 여기서 'H'는 '이야기를 듣는Hear the story' 것이다. 이 단계는 환자 모두에게는 나름의 스토리가 있으며, 그들을 단순히 환자가 아닌 특별한 한 사람으로 대우해야 한다는 사실을 상기시킨다.

클리브랜드 클리닉은 '모두가 나름의 이야기를 갖는다'라는 주제를 알리기 위해 〈공감: 간호를 위한 인간적 유대〉[16]라는 제목의 영상을 제작했다. 온라인에서 금세 수백만의 조회 수를 기록한 이 영상은 한 직원이 환자가 탄 휠체어를 밀면서 병원으로 들어오는 장면으로 시작된다. 잠시 후 '이번 진료가 너무 두려워서 오랫동안 망설였다'라는 글귀가 떠오른다. 그들을 지나 한 남자가 병원을 나간다. 화면에는 '아내의 수술이 잘됐다. 쉬기 위해 집으로 가고 있다'라는 글귀가 떠오른다. 다음 장면에서 한 여성이 링거를 꽂은 채 의자에 앉아 멍하니 허공을 바라보고 있다. 그 모습 위로 '29일째 이식할 심장을 기다리고 있다'라는 글귀가 떠오른다. 이런 식으로 엘리베이터, 대기실, 수술 준비실, 병실에 있는 사람들의 모습이 이어진다. 마지막에는 모든 의료 부문 종사자에게 당부하는 말이 나온다.

"다른 사람의 입장을 헤아릴 수 있다면, 그들이 듣는 것을 듣고, 그들이 보는 것을 보고, 그들이 느끼는 것을 느낀다면 다르게 대할 수 있지 않을까요?"

호스피털 코퍼레이션 오브 아메리카Hospital Corporation of America(HCA)는 세계 최대 의료 기업 중 하나로서 미국 의료계에서 상당한 비중을 차지한다. 구체적으로는 170개의 병원을 운영하면서 400억 달러의 연 매출을 올린다. 매일 응급실에 가는 사람 중 한 명은 HCA 계열의 병원으로 간다. HCA의 임원들은 환자 만족도 점수를 올리는 데 의사소통이 어떤 역할을 할 수 있는지 탐구하기 위해 나에게 도움을 요청했다. 환자 열 명 중 여섯 명에게 높은 점수를 받으면 최저 수준으로 떨어진다. 반면 여덟 명에게 높은 점수를 받으면 최고 수준으로 올라갈 수 있다. 다시 말해서 환자의 삶을 크게 개선하는 일을 넘어서 환자 두 명의 마음만 더 얻어도 수억 달러의 추가 매출을 올릴 수 있다.

미시적인 차원에서는 환자와 의료 인력 사이에 효과적인 의사소통이 이뤄지면 환자의 경험이 개선되고, 건강과 행복을 증진하며, 매출을 늘릴 수 있다. 거시적인 차원에서는 의사소통 능력을 향상시키면 금융 재난으로부터 나라를 구할 수 있다. 미국의 경우에도 경제학자들은 늘어나는 의료 비용이 연간 3조 달러에 이르러 장기적 재정 안정에 가장 큰 위협 요인이라고 지적한다. 단도직입적이고, 분명하며, 공감 어린 의사소통은 비용을 낮추고 의료의 질을 높일 수 있다.

이처럼 기술과 공감, 자동화와 의사소통 사이에 균형을 맞추는 것은 의료부터 접객까지 다양한 범주에서 파이브 스타가 되는 비결이다.

빅데이터의 세계에서는 큰 차이를 만드는 작은 요소들을 놓치기 쉽다.

필요 충족을 넘어 필요 예측으로

해리슨Harrison은 순식간에 10여 개의 호텔을 훑어서 적당한 호텔을 추천하고 예약까지 해준다. 해리슨이 모르는 사실은 당신의 아이가 디즈니 월드에 있는 신데렐라의 성 앞에서 사진을 찍고 싶어 한다는 것이다. 여기에 경험 많은 여행사만이 아는 비결이 있다. 당신을 위해서는 성이 잘 보이는 방을 잡고, 개장 시간 전에 디즈니 월드 안에 있는 식당에 조식 예약을 해야 한다는 비결 말이다.

해리슨은 똑똑하지만 사람이 아니라 머신러닝의 산물인 인공지능 프로그램이다. 해리슨을 개발한 사람은 유명한 여행 전문 검색 엔진인 카약Kayak의 설립자, 폴 잉글리시Paul English다. 잉글리시가 보스턴에 새로 만든 '롤라Lola'는 스마트폰 앱을 통해 여행 관련 서비스를 제공한다.

롤라가 두드러지는 이유는 해리슨처럼 머신러닝과 전문가의 맞춤식 서비스를 결합하기 때문이다. 해리슨은 고객에게 맞는 호텔과 항공편을 아주 빠르게 추천하여 롤라의 직원들이 창의적 제안에 집중할 수 있도록 해준다. 잉글리시의 표현에 따르면 이 새로운 서비스는 사람을 이용한 여행 서비스이다.

잉글리시가 2004년에 카약을 만들었을 때는 인터넷이 이미 전통적인 여행사의 필요성을 낮춘 상태였다. 그렇다고 해서 그 필요성이 완전히 사라진 것은 아니었다. 잉글리시는 여행 서비스에서 인간적 접촉을 되살리기 위해 롤라를 만들었다. 그는 인간적 요소가 자동화 시대에 롤라가 지닌 경쟁 우위라고 말한다.

접객과 서비스 분야에서 감정적 공명은 두각을 드러내는 데 가장 중요한 요소다. 이 사실은 별점 평가에서 더없이 분명하게 드러난다.

옐프는 대규모 데이터베이스를 보유하고 있다. 옐프의 서비스는 매달 수억 회에 걸쳐 소비자와 지역 업소들을 연결한다. 옐프는 2004년에 처음 생긴 이래 지금까지 식당, 호텔, 미용실, 정비소 등 다양한 분야에서 1억 2,000만 개가 넘는 리뷰를 축적했다.

평균 평점은 5점 만점에 3.8점이다. 평균 수준의 호텔은 깨끗하지만 몇 가지 부대시설이 없거나 대기 시간이 길다. 포 스타 호텔은 침대가 편하고, 직원들이 친절하며, 수영장과 온수 욕조 같은 부대시설을 갖추고 있다. 또한 깨끗하고, 편안하며, 편리하다. 그래서 충분히 받아들일 만하며, 평균 이상이다. 그러나 우리는 평균 혹은 평균 언저리의 성과를 바라는 것이 아니다. 삶과 일에서 두각을 드러내고 중대한 변화를 이루고 싶어 한다. 그렇다면 최고가 아니면 받아들일 수 없다.

한 데이터 분석가는 옐프가 축적한 대규모 데이터 중에서 외부로 공개된 데이터를 분석하여 평점의 이면을 들여다보았다. 그는 5점짜리 평점 리뷰에 담긴 긍정적인 감정이 낮은 평점에서는 언급되지 않는다는 사실을 발견했다. 가령 호텔에 5점을 준 고객들은 "다시 가고 싶다", "정말 마음에 든다", "행복한 기분을 느꼈다", "아주 친근하다", "서비스가 뛰어나다" 같은 표현을 썼다. 전 세계의 주요 호텔들은 오랫동안 알고 있던 사실을 다시 한번 확인했다. 인간적인 의사소통이 정서적 유대감을 조성하며, 긍정적 감정은 대망의 다섯 번째 별을 얻는 비결이라는 사실 말이다.

미국 전역에 있는 수만 개의 호텔 중에서 AAA가 파이브 다이아몬드를 부여한 호텔은 1퍼센트도 채 되지 않는다. 또한 AAA의 파이브 다이아몬드와 〈포브스 트래블 가이드Forbes Travel Guide〉의 파이브 스타를 모두 받는 호텔은 0.5퍼센트가 되지 않을 만큼 대단히 드물다.

〈포브스〉는 여러 부문에서 발표하는 명단으로 유명하다. 가령 해마다 미국 혹은 세계 최고의 부호 명단을 발표한다. 〈포브스〉의 명단에 오르면 명망을 얻는다. 〈포브스〉는 순위 선정 방식을 비밀로 유지한다. 호텔과 레스토랑을 평가하는 경우도 마찬가지다. 그러나 접객 산업에 종사하는 리더들의 인터뷰와 대외적으로 공개된 정보를 참고하면 〈포브스 트래블 가이드〉로부터 5점을 받는 데 가장 중요한 항목이 무엇인지 가늠할 수 있다.

키아와Kiawah 섬에 있는 생츄어리 호텔Sanctuary Hotel은 〈포브스 트래블 가이드〉에서 별 다섯 개를 받은 전 세계 154개의 호텔 중 하나다. 이 호텔은 직원들이 고객을 접할 때마다 정서적 유대를 맺도록 훈련시킨다. 그 내용은 다음과 같다.

- 고객의 이름을 기억한다. 이름을 부르면 친밀감이 높아진다. 직원들은 특별한 기억법을 활용하여 몇 호실 고객이 아니라 "존슨Johnson 부부와 그들의 네 살배기 딸 베로니카Veronica"로 기억한다.
- 먼저 인사한다. 고객을 처음 만나는 몇 초의 순간은 지속적인 인상을 남긴다. 직원들은 데스크에서 나와 먼저 인사하고, 먼저 말을 건넨다.
- 필요를 예측한다. 직원들은 고객보다 먼저 고객의 필요를 파악해야 한다. 가령 프런트 직원은 날씨를 토대로 가족 단위 고객의 필요를 예측하여 "내일 비가 온다고 하네요. 자녀

분들이 실내에서 즐길 수 있는 활동을 안내해 드릴까요?"라고 말할 수 있어야 한다. 또한 출장 중인 고객은 휴가 중인 고객과 다른 것을 필요로 한다. 가령 비즈니스 센터가 어디 있는지, 내일 오전에 회의를 할 곳은 어디에 있는지 알아야 한다. 쓰리 스타 호텔의 직원들은 고객의 필요를 충족하지만, 파이브 스타 호텔의 직원들은 고객의 필요를 예측한다.

- 매일 이야기를 공유한다. 모든 부서의 직원들은 매일 짧은 회의를 갖는다. 이 자리에서 고객이나 행사에 대한 기본 정보뿐 아니라 이야기를 공유한다. 이 이야기들은 호텔의 사명과 가치관을 강화하고, 파이브 스타 호텔에 맞는 서비스가 어떠해야 하는지 생생한 사례를 제공한다. 가령 한 고객의 차량 배터리가 방전되었다. 안전요원이 호텔 차량의 배터리와 연결하여 시동을 걸어보았으나 소용없었다. 고객은 차를 수리하느라 하루를 낭비하게 될까 걱정했다. 고객의 마음을 읽은 안전요원은 "저희 집 근처에 정비소가 있습니다. 제가 배터리를 가져와서 바꿔놓겠습니다. 비용은 손님 방 앞으로 달아두겠습니다"라고 말했다. 뜻밖의 제안에 놀란 고객은 너무나 감동한 나머지 안전 요원과 지배인에게 장문의 감사 편지를 보냈다. 이런 이야기는 다른 직원들도 고객을 감동시킬 기회를 찾도록 만든다.[17]

고객들이 열광하는 것은 대개 부드러운 시트나 맛있는 음식이 아니라 직원들로부터 느낀 감정이다.

지금까지 평균의 바다에서 두각을 드러낸 소수의 브랜드와 리더들을 살폈다. 또한 기계가 인간을 이길 수 있는 분야와 이길 수 없는 분야를 확인했다. 그리고 아이디어가 저절로 팔리지는 않는다는 사실을 배웠다.

그들은 미래 그리고 세상을 바꾸는 데 자신이 맡을 역할을 낙관적으로 바라본다는 공통점을 지닌다. 1997년에 세계 체스 챔피언이던 가리 카스파로프는 IBM이 만든 슈퍼 컴퓨터, 딥 블루에게 지고 말았다. 이 사건은 그에게 불안과 초조를 안겼다. 이후 컴퓨터는 20년 동안 놀라운 진전을 이뤘다(지금의 스마트폰이 딥 블루보다 뛰어난 연산력을 지녔다). 그러나 카스파로프는 지금 그 어느 때보다 더 낙관적이다. 기계는 작업을 더 잘, 더 빠르게 할 수 있다. 덕분에 인간은 더 가치 있는 일을 할 여유를 얻었다. 카스파로프의 말을 들어보자.

"기계는 계산하고, 인간은 이해합니다. 기계는 지시를 따르고 인간은 목적을 따릅니다. 기계는 객관성을 지니고 인간은 열정을 지닙니다. (중략) 우리가 실패한다면 그 이유는 기계가 너무 똑똑하거나 충분히 똑똑하지 않아서가 아닐 겁니다. 그 이유는 우리가 자만에 빠져서 야심을 제한하기 때문일 겁니다. 오직 인간만이 할 수 있는 유일한 일은 꿈꾸는 것입니다. 그러니 큰 꿈을 꿉시다."[18]

사람들은 그들의 이야기를 듣고 싶어 한다. 그들의 이야기를 듣다 보면 당신의 회사나 공동체에서 파이브 스타급 능력을 보이는 사람들이 누구인지 알게 될 것이다. 그들은 경외를 끌어내고, 팀워크를 촉발하고, 자신의 생각과 프로젝트에 대한 관심을 끈다. 또한 성공적인 결과로 선순환을 일으킨다. 구체적으로는 자신의 생각을 지지하도록 사람들을 설득하고, 조직의 목표를 추구하는 창의적 혁신을 일으키고, 자원, 자금, 지원을 모으며, 그 과정에서 위상과 명성을 드높인다. 이 주기는 역사 속에서 계속 반복된다.

제2부

설득의 승리자들

FIVE STARS

F I V E   S T A R S

★★★★★

5장

18분 만에 세상을 사로잡은 과학자

멋진 것만 골라 쓰는 일이
잘못된 건 아닙니다.

—닐 디그래스 타이슨NEIL DEGRASSE TYSON

닐 디그래스 타이슨은 매달 200건의 강연 요청을 받는다. 그는 그 중에서 단 네 건만 수락한다.

그의 트위터 팔로워 수는 1,000만 명이다.
그는 스티븐 콜베어Stephen Colbert가 가장 좋아하는 초대 손님이다.
그의 책은 '천체 물리학'을 다루면서도 베스트셀러에 오른다.
그가 진행하는 프로그램은 180개국에서 방영된다.

닐 타이슨은 별들을 공부하는 일을 너무나 재미있게 만드는 파이브 스타 커뮤니케이터다. 타이슨은 뉴욕시 브롱크스Bronx에서 자랐다. 그는 아홉 살 때 뉴욕 자연사 박물관에 있는 헤이든 천체 투영관Hayden Planetarium에 갔다가 별들에게 매료되고 말았다. 그날부터 우주의 끝없는 매력은 그를 한시도 놔둔 적이 없었다. 타이슨의 열정은 하버드 대학교 물리학 학사 학위, 컬럼비아 대학교 천체 물리학 박사 학위 그리고 스타 과학자로 이어졌다. 그에게는 낯선 세상을 탐구하고자 하는 내적 욕망을 자극하는 재주가 있다.

타이슨은 강연이나 인터뷰에서 자주 웃음을 터트린다. 천체 물리학에 대한 열정이 그의 매력이다. 열정은 전염성을 지닌다. 이는 과학으로도 증명된 사실이다. 타이슨은 그 점에 동의하면서도 자신은 단순한 '열정보다 더 깊은 열광'을 품고 있다고 밝혔다.[1] 그는 이를 '호기심의 표명'이라고 불렀다.

타이슨은 대단히 명민하게 호기심을 표명한다. 그는《날마다 천체 물리Astrophysics for People in a Hurry》의 첫 문장에서부터 독자를 사로잡는다.

> 거의 140억 년 전인 태초에, 우리가 아는 우주의 모든 공간과 물질과 에너지는 이 문장을 끝맺는 마침표의 1조분의 1보다 작은 부피 안에 담겨 있었다.[2]

그는 주로 복잡하거나 추상적인 내용을 익숙한 맥락에서 풀어내는 방법을 쓴다. 다음과 같은 문장이 그런 예다.

지구의 모든 산은 태양계에 존재하는 다른 산의 규모에 비하면 보잘것없다. 화성에서 가장 큰 산인 올림퍼스 산Olympus Mons은 높이가 1만 9,800킬로미터이며, 기슭의 넓이는 480킬로미터에 달한다. 이 산에 비하면 알래스카에 있는 맥킨리McKinely 산은 두더지 둔덕에 불과하다.[3]
우주에는 지구상 모든 해변의 모래알보다 많고, 지구가 생긴 이래 지나간 모든 순간보다 많으며, 지금까지 모든 인류가 내뱉은 모든 말보다 더 많은 별이 있다.[4]

타이슨은 소셜 미디어에서도 복잡한 내용을 익숙한 비유로 풀어낸다. 대개 주요 스포츠 경기를 활용하는데 특히 미식축구 경기에 빗대어 물리학을 설명하는 경우가 많다. 가령 2017년 2월 5일에 51회 슈퍼볼 대회가 열렸을 때 명왕성의 행성 지위 박탈 문제를 이렇게 설명했다.

@neiltyson 태양이 50야드 라인에 있는 미식 축구공이라면 지구는 15야드 라인에 있다. 명왕성은 1/4마일이나 떨어져 있다. 이제 논쟁은 그만하자.

타이슨이 2015년에 올린 이 멘션은 4,000회나 리트윗되었다. 그는 이 글에서 신시내티 벵갈스Cincinnati Bengals가 연장전에서 승리한 이유를 과학적으로 설명했다.

> **@neiltyson** 오늘 벵갈스가 연장전에서 기록한 필드 골은 지구의 자전에 따라 공이 오른쪽으로 1/3인치만큼 굴절되었기 때문일 가능성이 높다.

트위터는 타이슨이 의사소통 능력을 연마하는 데 도움을 주었다.

"나는 트윗을 올릴 때마다 유머, 의사소통, 학습, 계몽 등을 목적으로 삼는다. 팔로워들이 보이는 즉각적인 반응은 내 생각에 대한 대중의 반응을 단적으로 보여준다. 그래서 최대한 효과적으로 주제와 말할 수 있는 방식을 조정하는 데 참고가 된다."[5]

타이슨이 피하는 주제도 많다. 이는 과학적 재미를 살리는 방법이다. 그는 온갖 분야를 다루지 않는다. 대신 '멋진 것'만 골라서 과학적 내용을 쉽게 전달해 대중들이 과학에 관심을 갖도록 유도한다. 그는 아직 완전히(혹은 부분적으로) 대중들이 접근할 수 있는 길을 찾지 못했기 때문에 접근하지 못한 주제가 많다고 한다. 분광 분석법spectroscopic analysis이나 간섭 측정interferometry 혹은 아인슈타인의 특수 상대성 이론이 그렇다.

"이런 주제에 대해서 언제든 제게 물어보셔도 좋습니다. 하지만 제 관심사를 말하고 난 뒤, 혼란스러운 얼굴로 저를 돌아본다면 그땐 펜과 종이를 놓고 마주 앉을 필요가 있을 겁니다."[6]

과학이나 다른 복잡한 주제를 전달하는 비법은 그 내용을 번역하거나 타이슨의 표현으로는 과도한 단순화가 아니라 '열정을 갖고 설명하되 필요하면 그 개념을 모든 사람들이 이해하기 쉬운 대중문화에 내재된 요소와 연결하는 것'이다.

'영화관에 간 천체 물리학자'라는 제목의 강연은 큰 인기를 끈 타이슨의 강연 중 하나다. 그는 이 강연에서 2012년에 〈타이타닉〉을 재상영할 때 밤하늘의 풍경을 바꾸도록 제임스 캐머런 감독을 설득한 이야기를 전한다. 또한 〈그래비티Gravity〉에 나온 오류를 지적해 트위터에서 한바탕 소란을 일으키기도 했다. 그리고 〈아마겟돈Armageddon〉이 다른 어떤 영화보다 많은 물리 법칙을 어겼다고 비판했다. 그에 따르면, 이 영화에서 지구를 강타하는 소행성의 파편들은 명중률이 높아서 세계 주요 도시의 명물들만 정확하게 부순다. 이처럼 타이슨은 대중문화와 천체 물리학에 다리를 놓아 대중이 천체 물리학에 관심을 갖도록 유도한다.

타이슨은 활발한 저술, 강연, 강의, 방송 활동으로 미국 국립 과학 아카데미U.S. National Academy of Sciences로부터 공공복리 증진상을 받았다. 아카데미가 밝힌 선정 사유는 과학의 경이로움에 대한 흥미를 자극하는 데 탁월한 기여를 했다는 것이다. 여기서 핵심어는 '흥미'다. 타이슨의 말에 따르면 흥미를 자극하는 능력은 사람들이 모르고 있지만 알아야 하는 것을 알리는 모든 사람에게 필수이다.[7] 우리는 아직도 모든 주제 특히 과학에 대해 알아야 할 것이 많다.

타이슨은 사람들에게 우주적 관점을 심어주면 비범한 아이디어에 대해 열린 자세를 갖는 동시에 겸손해지도록 만든다고 믿는다. 이런 측면에서 과학을 알리는 일은 고귀한 의미를 지닌다. 그의 말에 따르면 우주에 대한 우리의 지식을 계속 넓히지 않으면 비유적으로나 축자적으로 우주가 우리를 중심으로 돈다는 유치한 관점으로 퇴행하게 된다.[8] 이런 암울한 세상에서는 국가와 민족이 자신의 영역이나 이해관계를 지키려고 서로를 향해 총을 든다. 반면 세상이 우리를 중심으로 돌지 않는다는 사실을 상기시키면 인종, 민족, 종교, 국가, 문화의 차이에 따른 문제 발생이 줄거나 많은 경우 제거된다.

사람이 큰 그림을 볼 줄 알면 지구의 문제들이 사그라진다. 타이슨이 말하는 큰 그림은 우리 모두가 서로 연결되어 있다는 것이다. 1990년에 과학 부문의 또 다른 커뮤니케이터인 칼 세이건Carl Sagan은 보이저Voyager 호에 태양계를 떠나기 전 수행할 마지막 임무를 부여하도록 나사를 설득했다. 그 임무는 바로 카메라를 돌려서 지구의 모습을 찍는 것이었다. 64억 킬로미터나 떨어진 곳에서 찍힌 지구는 겨우 0.12픽셀 크기로 거의 알아볼 수 없는 점 같았다. 그래서 '창백한 푸른 점Pale Blue Dot'이라는 명칭이 만들어졌다. 이 사진은 우리가 시간과 공간 속에서 대단히 미미한 존재이며, 지구가 우주의 중심이 아니라는 사실을 상기시켰다. 타이슨의 말에 따르면 우주에서 우리 위치를 제대로 바라보는 것은 상당히 고무적이다. 우리 모두를 만든 물질이 바로 별들로부터 왔고, 인간은 서로 달라서가 아니라 비슷해서 특별하며 (중략) 1.3킬로그램에 불과한 우리의 뇌가 이 모든 사실을 알아냈기 때문이다.[9]

타이슨은 우리가 미미한 존재라는 사실을 알림으로써 오히려 더 큰 꿈을 꾸게끔 한다.

과학을 쉽고, 재미있고, 흥미롭게 알리려면 언제나 차세대 탐구자 및 사상가 들과 교류해야 한다. 타이슨은 인공지능 시스템이 더 나은 세상을 만들 것이지만 다른 사람들이 높은 목표를 추구하도록 고무하는 능력은 대체하지 못할 것이라고 주장한다.

"황소가 사람을, 트랙터가 황소를 대체했을 때 사회가 무너지는 일은 없었습니다. 우리는 자동차 조립 라인에서 로봇이 사람을 대체하던 시대에도 살아남았습니다. 컴퓨터가 세상의 모든 두뇌를 합친 것보다 빠른 속도로 계산하기 시작했을 때 누구도 울지 않았습니다. 세계 최고의 체스 플레이어가 컴퓨터에게 진 후에도 별일 없었습니다. 퀴즈쇼에서 역대 최고의 챔피언이 컴퓨터에게 졌을 때도 우리 사회는 무너지지 않았습니다. 우리는 컴퓨터가 비행기를 조종한다는 사실을 자연스럽게 받아들입니다. 인공지능은 절벽이 아니라 우리 모두가 살아가는 모습입니다. 나는 그 안에 있는 것을 기쁘게 생각합니다."[10]

말하기와 글쓰기를 잘해야 우주 비행사?

2, 3년에 한 번씩 수천 명의 야심찬 미국인들이 세계에서 가장 까다로운 선발 과정 중 하나인 나사의 우주 비행사 선발 과정에 지원한다. 2017년에는 역대 최고인 1만 8,300명의 지원자가 몰렸다. 그중 최종 합격자는 겨우 열두 명이었다. 이처럼 우주 비행사가 되려면 하버

드에 입학하는 것보다 100배나 치열한 경쟁을 뚫어야 한다.

우주 비행사는 다양한 사람들로 구성된다. 2017년에는 군 조종사, 원자력 공학자, 박사 과정 학생, 해양 생물학자 등 다섯 명의 여성과 일곱 명의 남성이 선발되었다. 그들은 2년 동안 훈련을 받은 후 국제 우주 정류장에 배치되거나 새로 만들 오리온Orion 호를 타고 심우주 탐사에 나서게 된다.

우주 비행사가 되려면 적어도 이공계(과학, 기술, 공학, 수학) 학사 학위를 가져야 한다. 석사나 박사 학위가 있으면 더 좋다. 실제로 우주 비행사로 선발된 인원 중 거의 절반이 석사 학위나 박사 학위 소지자다. 비행사로 지원하는 경우 최소 1,000시간의 비행 기록이 필요하다. 또한 나사에서 실시하는 장시간 우주 비행을 위한 체력 시험을 통과해야 한다. 이 시험은 25미터 수영장을 세 번 왕복하는 것으로 시작된다. 뒤이어 비행복과 테니스화를 신고 세 번을 더 왕복해야 한다. 그다음 23킬로그램짜리 가방을 등에 매고 러닝머신 위에서 시속 19킬로미터 속도로 달려야 한다. 물론 우주 비행사를 궤도로 데려갈 러시아제 소유즈 우주선 안에 들어가지 못하면 아무리 체력이 좋아도 소용없다. 키가 160~190센티미터 사이가 아니면 포기해야 한다.

풍부한 경력과 높은 학력, 뛰어난 체력에 자부심을 갖는 지원자들은 나사가 또 다른 핵심 능력을 요구한다는 사실을 모르는 경우가 많다. 이 능력이 없으면 다른 모든 자격은 의미가 없다. 이 능력에 대한 평가는 지원서 접수 단계부터 시작된다. 경쟁자들 사이에서 두각을 드러내고 우주 비행사로 선발되려면 말하기와 글쓰기를 잘해야 한다.

우주 비행사 선발 과정을 감독하는 앤 로머Ann Roemer는 우주 비행사로 선발되어 경력을 쌓으려면 의사소통 능력이 대단히 중요하다고 말한다. 우주 비행사는 미국의 우주 프로그램을 알리는 공식적인 얼굴이다. 우주 비행사로 선발된 사람들은 며칠 후 자신이 선발된 이유와 나사가 하는 일의 실용적 혜택을 세상에 알리는 기자회견을 한다. 또한 훈련과 활동 과정에서도 학생부터 과학자까지 다양한 사람들을 대상으로 우주 탐사에 대한 흥미를 자극하는 강연에 나선다.

우주 비행사들은 엄청난 기술적 과제에 통달해야 할 뿐 아니라 휴스턴에 있는 통제소 그리고 우주 정거장에 있는 다른 다국적 요원들과 명확하게 의사소통을 할 줄 알아야 한다. 또한 비상시에는 알아들을 수 있게 지시를 내려야 하며, 새로운 장비를 만드는 엔지니어들에게 기술적 조언을 할 수 있어야 한다. 그리고 변화와 개선을 지지하고 강하게 말할 수 있어야 한다.

나사의 미래에 가장 중요한 우주 비행사의 자질은 대중, 국회의원, 차세대 탐험가들로부터 관심을 끌어내는 능력을 갖추는 것이다. 한마디로 말을 잘해야 한다. 우주 탐사의 미래가 거기에 달려 있다. 로머에 따르면 우주 비행사는 다음 세대에게 나사가 지금 하는 일과 앞으로 할 일에 대한 흥미를 심어줄 수 있어야 한다.[11]

우주 비행사 선발 위원회는 경력, 자격, 문장력을 중심으로 수천 건의 지원서를 평가한 후 휴스턴에서 일주일 동안 체력 시험, 이론 시험, 면접시험을 볼 약 120명의 후보를 추린다. 그중 1퍼센트가 2차 면접 대상에 오른다.

시험이 진행되는 일주일 동안 선발 위원들은 후보들의 의사소통 능력을 계속 평가한다. 다른 후보자들과 같이 저녁을 먹는 것도 단순한 사교 이상의 의미를 지닌다. 후보자들은 군대, 대학, 연구소, 의료계 등 다양한 분야 출신이다. 선발 위원들은 후보자들이 다른 배경을 지닌 사람과 편하게 소통할 줄 아는지 살핀다.

그다음에 치르는 면접시험은 대단히 중요하다. 면접관들이 던지는 단순한 질문은 설득하고, 흥미를 자아내고, 열정을 자극하는 능력을 지닌 후보자를 가려낸다. 면접관들은 "왜 우주 비행사가 되려고 하나요?"라는 질문을 자주 한다. 의사소통 능력이 뛰어난 사람은 막힘없이 서너 가지 이유를 댄다. 반면 그렇지 못한 사람은 자신이 이룬 성과를 길게 늘어놓은 다음 혼란스럽고 어수선한 대답을 제시한다. 면접관들이 1차 면접에서 자주 하는 또 다른 말은 고등학교 시절부터 시작해서 자신에 대한 이야기를 하라고 한다. 이 대목에서 이야기꾼들이 두각을 드러낸다. 그들은 긴 개인사를 축약해서 흥미로운 이야기로 담아내면서도 자신의 경험을 나사의 궁극적 목표와 연결한다.

케이트 루빈스Kate Rubins는 뛰어난 경력과 학력 그리고 전문성을 토대로 면접 과정에 이르렀다. 2009년에 선발된 그녀는 7년 동안 훈련을 받은 후 2016년에 115일 동안 국제 우주 정류장에서 275회의 실험에 참여했으며, 최초로 우주 공간에서 DNA 염기 서열을 분석했다.

루빈스는 인상적인 경력과 경험을 쌓았다. 대학에서 분자 생물학을 전공한 그녀는 스탠퍼드 의학 전문 대학원에서 종양 생물학 박사 학위를 받았다. 또한 MIT에서는 콩고에서 발생한 에볼라 바이러스 같은 질병을 연구하는 팀을 이끌었다. 이 연구는 너무나 위험해서 바이러스에 감염되지 않도록 최고 수준의 방호복을 입어야 했다. 그녀가 연구한 대상은 공기 중으로 전파되어 사람을 죽일 수 있으나 아직 백신이나 치료제가 개발되지 않은 바이러스들이었다. 그녀는 우주 비행사가 되기에 충분한 경험과 자격을 갖추고 있었다. 그러나 그녀가 두각을 드러내도록 해준 것은 의사소통 능력이었다.

루빈스는 과학을 쉽게 설명하는 능력 덕분에 나사의 스타가 되었다. 우주정류장에서 일하는 모든 우주 비행사는 자주 생방송 인터뷰를 해야 한다. 루빈스는 사람들에게 친숙한 언어로 정보를 전달하는 데 뛰어났다. 가령 한 인터뷰에서 우주 비행사가 되려면 무엇을 배워야 하는지 묻는 중학생들에게 이렇게 대답했다.

"우주 비행사가 되려면 많은 걸 배워야 해요. 내게 가장 흥미로웠던 건 비행기를 조종하는 법과 우주 정거장에서 온갖 기계를 다루는 법을 배우는 것이었어요. 정말 많은 걸 배워야 해요. 많은 걸 배우다 보면 힘들 때도 있어요. 그래도 새로운 것을 배우는 일은 즐겁고 재미있어요."[12]

문장 평가 프로그램으로 이 말이 어느 학년 수준에 해당하는지 확인했더니 초등학교 6학년이라는 답이 나왔다.

루빈스는 청중에게 맞춰서 말할 줄 안다. 가령 국립 보건원National Institutes of Health 생물학 연구원들과 대화할 때는 미세 중력 환경에서 DNA 염기 서열을 분석하기 위한 샘플을 어떻게 준비했는지 먼저 설명했다. 또한 우주 정류장에 다녀온 후 연구하고 있는 RNA 발현과 후성 유전체 텔로미어telomere 단축 현상에 대한 데이터를 이야기했다. 이런 주제는 대다수 학생 혹은 일반인들이 신경 쓰거나 이해하는 주제가 아니다. 이처럼 루빈스는 초등학교 6학년생과 생물학 연구자들에게 맞는 방식으로 말하는 법을 알았다.

의사소통 능력이 좋은 사람은 일반인도 충분히 이해할 수 있도록 과학 정보를 전달한다. 반면 의사소통 능력이 탁월한 사람은 일반인들이 과학에 관심을 갖도록 유도한다. 루빈스는 우주 정류장에서 실시하는 연구가 미래에 화성을 탐사할 대원들에게 도움이 될 뿐 아니라 지구에서 살아가는 사람들의 건강을 개선하는 데 실질적인 도움을 준다는 사실을 항상 강조한다. 가령 AP통신과 인터뷰 할 때 이렇게 말했다.

"우리가 우주 정류장에서 하는 모든 일은 인간이 우주에서 살아가는 법을 이해하는 데 도움이 될 뿐 아니라 지구에서 실시하는 연구에도 도움을 줍니다. 우주 환경에서 활용하는 의료 기술은 지구의 오지에서 그 기술을 활용하는 방법을 알아내는 데 도움이 됩니다."[13]

그녀는 닐 디그래스 타이슨처럼 과학적 사실을 친숙한 맥락에서 풀어내고 청중들의 수준에 맞춰 말한다.

도널드 페팃Don Pettit은 우주에서 인기 모바일 게임인 〈앵그리 버드〉를 즐긴다. 나사는 자격과 경력뿐 아니라 과학을 흥미롭게 만드는 능력을 보고 그를 선발했다. 페팃은 지구에서 380킬로미터 떨어진 무중력 공간을 떠다니며 이렇게 말한다.

"〈앵그리 버드〉는 단순한 게임이 아닙니다. 궤도, 속도, 가속도를 따져야 해요. 작은 새를 발사체로 봐야 합니다."[14]

뒤이어 그는 나사가 〈앵그리 버드〉 제작사인 로비오Rovio와 제휴한다고 발표한다. 로비오가 만들 〈앵그리 버드 스페이스Angry Birds Space〉는 플레이어들이 기본적인 물리학의 원리를 활용하도록 한다. 페팃은 직접 '빨간 새' 모형(〈앵그리 버드〉의 주인공)을 날려서 우주 공간에서 직선으로 나는 모습을 보여준다. 물론 중력의 영향을 받는 지구에서 날리면 궤적이 휘어질 것이다. 그는 영상에서 이렇게 설명한다.

"우주 비행사들은 이런 것들을 고려해야 합니다. 로켓을 타고 날아가 우주 정류장과 연결할 때 곡선 궤적을 그리게 되거든요. 그래서 정확하게 날아가려면 어떻게 엔진을 점화해야 할지 알아야 합니다."[15]

로머는 이렇게 말한다. "페팃 같은 우주 비행사들은 나사가 지금 하는 일과 앞으로 할 일에 대해 다음 세대가 관심을 갖도록 해줍니다. 그들은 저처럼 과학을 모르는 사람에게도 복잡한 내용을 쉽게 설명하는 법을 알아요."[16]

나사가 도입한 새로운 발표 형식

나사는 대중들에게 우주 활동을 홍보하기 위해 다른 수단도 활용한다. 그들은 광고를 할 수 없기 때문에 그들의 이야기를 들려줄 혁신적인 수단을 고안했다. 거기에는 마케팅, 소셜 미디어, 언론 홍보, 동

영상 및 그래픽 디자인, 스토리텔링, 강연 등이 포함된다.

2017년 2월, 나사는 스피처Spitzer 우주 망원경을 통해 트라피스트TRAPPIST 1라는 항성 주위로 지구 크기 일곱 행성들이 존재한다는 사실을 발견했다. 나사가 이 사실을 알리기 위해 연 기자 회견은 복잡한 정보를 대중들에게 전달하는 대가의 경지를 보여주었다. 특히 간결성, 언어, 그림이 인상적이었다.

간결성

발표는 테드 강연처럼 18분 동안 진행되었다. 너무 많은 정보를 한 번에 제시하면 단기 기억 용량이 가득 차는 '인지 적체cognitive backlog' 현상이 발생한다. 테드는 18분이 청중을 잠들게 하지 않으면서도 내실 있는 논의를 할 수 있는 '최적의 시간'이라는 사실을 발견했다. 나사도 이 18분 원칙을 따랐다.

언어

천문학자들은 겨우 40광년 떨어진 생명체 거주 가능 영역에서 일곱 개의 지구 크기 행성을 발견했다고 말하지 않는다.[17] 그들은 지구에서 12파섹parsec 떨어진 초저온 왜성, 트라피스트 1 주위에 일곱 개의 온화한 행성들로 구성된 성위가 대기를 형성하기 적절한 위치에 자리 잡고 있다고 말한다.

둘 다 정확한 설명이며, 같은 사실을 알리는 데 사용되었다. 다만 그 대상이 달랐다. 복잡한 두 번째 설명은 학계에 배포된 보고서를 위한 것이었고, 첫 번째 설명은 언론을 대상으로 한 발표를 위한 것이었다.

대중에게 정보를 전달하기 위한 나사 기자 회견에서는 전문 용어가 쓰이지 않는다. 나사는 트라피스트 1 관련 기자 회견에 나선 다섯 명의 관계자들에게 정보를 제공하는 방법을 조언했다. 다음에 나오는 말들은 관련 논문에 실리지 않았다. 그러나 기자 회견에서는 두드러진 역할을 했다. 과학자들은 동료에게 이런 식으로 말하지 않지만 대중적 관심을 불러일으킬 때는 다르다.

- 이 발견은 두 번째 지구를 발견하는 것이 가능성의 문제가 아니라 시기의 문제임을 암시합니다.
- 우리는 이 항성 주위에서 무려 일곱 개의 지구만한 크기의 행성들을 발견했습니다. 항성 주위에서 이같은 행성을 발견한 것은 이번이 처음입니다. 일곱 개 중 세 개는 생명체가 살 수 있는 지역에 자리 잡고 있습니다. 물이 존재할 수 있는 이 지역은 '골디락스 존Goldilocks Zones'이라 불립니다.
- 골디락스 존은 광속으로 날아가면 39년 후 (트라피스트 1에) 도착할 수 있습니다. 제트 항공기로는 4,400만 년이 걸립니다.
- 우리는 다른 세계에서 생명체를 찾는 일에서 엄청난 도약을 이뤘습니다. (중략) 이 행성계에 사는 골디락스에게는 자매가 많습니다.[18]

골디락스에게 자매가 많다고? 이는 과학자의 언어가 아니라 상상력을 자극하길 원하는 리더의 언어다. 이런 표현은 효과적이다.

그림

나사는 누구나 무료로 받을 수 있는 고화질 이미지와 동영상을 제공한다. 사람들이 가장 많이 받은 이미지는 어떤 논문에도 실리지 않은 것으로 우주 공간에 떠 있는 농구공과 골프공을 그린 그림이었다. 농구공은 우리의 태양, 골프공은 초저온 왜성矮星인 트라피스트 1을 나타냈다. 18분 동안 진행된 나사의 발표에서는 화려한 이미지와 아름다운 애니메이션 그리고 새로 발견된 행성의 표면에서 볼 수 있는 하늘을 묘사한 멋진 그림들이 동원되었다.

나사의 과학자들은 우주 탐사의 전문가이자 두뇌와 의사소통하는 전문가이다. 우리의 두뇌는 말로 전달되는 정보는 10퍼센트만 기억하지만 그림으로 전달되는 정보는 65퍼센트까지 기억한다.

나사의 과학자와 우주 비행사들은 '우리는 혼자일까?'라는 질문에 답하고 싶어한다. 그들은 지구의 생명에 혜택을 주기 위해 별들을 탐구한다. 나사가 망하면 이런 일을 할 수 없다. 망하지 않으려면 대중에게 계속 나사의 존재와 그 의미를 알려야 한다. 그래서 그들은 과학에 대한 흥미를 불러일으키고, 상상력에 불을 지피고, 인류에게 다른 세상을 탐험하고 싶은 욕구를 자극하기 위해 설득술을 익혔다.

과학에서의 의사소통

스웨덴의 과학자들을 대상으로 연구 계획 발표 대회를 주최하는 안데르스 살만Anders Sahlman은 서류함에 남겨진 과학은 누구에게도 도움이 되지 않는다고 말한다.[19] 살만은 2012년에 과학자들이 참가하는 〈아메리칸 아이돌American Idol〉식 행사인 '연구자 그랑프리Researchers' Grand Prix'를 시작했다. 먼저 전국의 대학과 연구소에서 지역 대회가 열린다. 이 자리에서 참가자들은 4분 동안 전문가, 언론인, 대중을 상대로 연구 계획을 발표한다. 지역 대회를 통과한 사람은 스톡홀름에서 열리는 결선에 진출한다.

심사 위원들은 4분 동안 내용 전달력, 메시지의 구조와 내용, 전반적인 발표 실력을 심사한다. 여기서 두각을 드러내려면 연구 내용을 축약하여 일반인에게 잘 설명해야 한다. 우승자들은 세상에 이름을 알리고 연구에 진전을 이룰 수 있다. 2014년 우승자인 안드레아스 올손Andreas Ohlsson은 미숙아를 치료하는 데 쓰이는 주사 바늘을 소독하는 기법을 개발했다. 이 기법은 현재 스웨덴 전역의 병원에서 쓰이고 있다.

연구자 그랑프리의 목적은 과학적 의사소통에 대한 관심을 높이고, 연구의 폭을 드러내는 것이다. 우승자의 발표 내용은 흥미롭고, 시각적이며, 단순하다. 이야기는 감정적 동요를 불러일으킨다. 참가자들은 대개 처음에는 이야기를 하는 데 주저한다. 그러다가 이야기가 발표에 생기를 불어넣는 데 따른 결과를 보고 태도를 바꾼다. 참가자들은 자신의 연구에 대한 짧은 이야기를 해달라는 요청을 받는다. 이 이야기는 시간과 공간을 초월하여 여전히 전통적인 구조로 인식되는 시작, 절정, 결말 구조를 지녀야 한다. 무엇보다 연구의 혜택을 알리고 해당 주제를 전혀 모르는 사람들도 분명하게 이해할 수 있어야 한다.

연구자 그랑프리는 오늘날의 복잡한 과학이 요구하는 협력을 통해 다양한 연구 환경에서 성공할 수 있는 과학자를 찾기 위한 것이다. 과학 분야에서 통섭적 연구는 가치관, 가정, 방법론이 다른 다양한 분야와 분과에 속한 전문가들을 한데 모아서 팀으로 진행된다. 살만의 말을 들어보자.

"지금은 의사소통이 그 어느 때보다 중요합니다. 물리학자, 사회과학자, 생물학자가 같이 협력해야 하니까요. 과거에는 모두 자기 분야에서 혼자 개별 프로젝트에 매달렸죠. 이제는 전 세계의 과학계가 열린 과학, 열린 접근, 열린 데이터를 향해 나아가고 있습니다."[20]

다른 분야에 속한 사람들과 의사소통을 잘하는 과학자는 팀에 가장 많은 가치를 부여하고 외부의 관심을 가장 많이 끌어들일 수 있다.

인지 심리학자들은 이 문제를 많이 생각했다. 인지 과학 교수인 스티븐 슬로먼Steven Sloman과 필립 펀바크Philip Fernbach는 다음과 같이 말했다.

"인류는 그 어떤 종족보다 복잡하고 강력하다. 두뇌가 혼자 하는 일뿐만 아니라 여러 두뇌가 함께 하는 일 때문이다. 오늘날 지식의 상호 의존성은 그 어느 때보다 두드러진다. 많은 과학 분야는 통섭적 성격이 대단히 강하다. 그 지식의 폭은 너무나 넓어서 연구에 필요한 지식을 모두 습득하기가 불가능하다. 그래서 과학자들은 그 어느 때보다 더 서로에게 의존해야 한다. (중략) 강력한 리더는 공동체를 고무하고 그 속의 지식을 활용할 줄 안다."[21]

인공지능 과학자인 닐 제이콥스타인은 이렇게 말한다.

"통섭적 능력이 부족한 데 따른 대가는 상당히 큽니다. 사람들을 고무하는 능력, 상상력에 불을 댕기는 능력, 행동을 촉구하는 능력. 이런 능력은 대단히 드물죠."[22]

제이콥스타인은 실리콘밸리의 유명 싱크탱크인 싱귤래리티 대학교에서 인공지능 분야를 담당한다. 그는 복잡한 주제를 다양한 청중들이 이해할 수 있도록 설명하는 능력 덕분에 과학 부문의 인기 커뮤니케이터이기도 하다. 우리의 미래를 결정할 기하급수 기술exponential technologies에 대한 그의 프레젠테이션은 특히 인기가 많다. 기업들은 싱귤래리티 대학교에서 7일 동안 제이콥스타인과 싱귤래리티 공동 설립자인 피터 디아만디스 그리고 미래학자인 레이먼드 커즈와일Ray Kurzweil로부터 새로운 통찰을 얻는 데 1만 2,000달러를 지불한다.

제이콥스타인은 기술이 지금까지 얼마나 많이 발전했으며, 얼마나 빨리 미래를 바꾸고 있는지 보여주기 위해 유추를 활용한다.

"우리는 모두 같은 문제에 직면해 있습니다. 우리는 제타바이트 규모의 정보 홍수가 일으킨 급류에 휩쓸리고 있습니다. 우리의 뇌는 이만한 정보 처리 부담을 진 채 진화하지 않았습니다. 5만 년 넘게 크게 업그레이드된 적이 없어요."[23]

제이콥스타인은 업그레이드를 하지 않아도 인간의 뇌가 쉽게 흡수할 수 있는 방식으로 정보를 제시한다. 가령 그는 내게 인공지능과 인지 시스템 같은 기술이 기하급수적으로 성장하는 반면 인간은 단선적 방식으로 생각한다고 말했다.

"저는 청중들이 있는 곳에서 이야기를 시작합니다. 대다수 청중들은 1, 2, 3, 4, 5… 라는 식으로 기술이 단계적으로 성장할 것이라고 예상합니다. 기하급수적 성장은 이와 크게 다릅니다. 2에서 4, 8, 16, 32로 나아가죠. 제가 30발짝을 걸으면 어디에 있게 될지 예측할 수 있습니다. 30미터 정도 떨어진 곳에 있겠죠. 하지만 기하급수적 수준에서 30발짝을 걸으면 10억 미터 이상 멀어지게 됩니다. 지구를 26번 도는 거리죠. 이는 실로 큰 차이이며, 직관적으로 파악하기 어렵습니다."[24]

제이콥스타인은 기하급수 기술이 얼마나 빠른 변화를 일으키는지 이해하지 못하면 미래를 만들어 나갈 수 없다고 주장한다. 단선적 세계에서 21세기는 100년 치의 진전을 이룬다. 반면 기하급수적 세계에서는 2만 년 치 진전을 이룰 수 있다. 제이콥스타인의 프레젠테이션은 사람들이 지식 간극을 메울 수 있도록 돕는다.

제이콥스타인은 다음과 같이 또 다른 강력한 유추를 제시한다.

"뇌의 표면을 펼치면 커다란 냅킨 정도의 크기가 됩니다. 앞으로 식탁보나 커다란 방 크기의 인공 뇌피질을 만들 수 있을 겁니다. 지식의 파도가 빨라지고 있기 때문에 그만한 연산력이 필요합니다."[25]

인공지능의 힘은 세상에 가치를 더한다. 인공지능의 수많은 용도를 연구한 제이콥스타인은 인공지능이 가능성의 영역을 넓힌다고 말한다. 인공지능 기술은 인간의 능력을 증폭하고, 복잡한 문제를 신속하게 해결하도록 돕는다. 또한 음악, 교통, 의료, 법률, 제조, 해양, 미생물, 행정, 생태, 교육, 미술 등 생각할 수 있는 모든 분야에 영향을 미친다. 제이콥스타인에 따르면 인공지능은 여러 분야에서 엄청난 변화를 일으킬 것이다.[26]

"컴퓨터는 인간의 감정을 읽는 법을 배울 수 있습니다. 그러나 인간의 감정을 갖지 못해요. 이는 아주 중요한 차이입니다. 우리는 세상의 모습을 결정합니다. 우리는 세상을 운영해요. 뛰어난 의사소통 능력을 갖추면 사람들이 현재 상황에서 벗어나 함께 체계적인 노력을 기울이도록 이끌 수 있습니다. 모두를 위해 더 나은 삶의 질을 만들도록 북돋을 수 있습니다."

제이콥스타인에 따르면 우리는 기계가 표정을 읽어서 공감 능력을 흉내 내도록 가르칠 수 있다. 그러나 과감하게 미래를 구축하고자 다른 사람을 고무하려면 오직 인간에게만 있는 공감 능력이 필요하다.

"실로 중요한 메시지는 쉬운 일을 하도록 고무하는 것이 아니라 지금까지 보여준 적 없었던 잠재력을 끌어내는 것입니다. 이는 항상 어렵지만 시도할 가치가 분명한 일입니다."

6장

10억 달러 투자에 성공한 창업가

의사소통 능력은 모든 기업인에게 가장 중요한 능력이다.

—리처드 브랜슨RICHARD BRANSON

케이틀린 글리슨Katelyn Gleason은 의료계가 인터넷 이전의 석기 시대에 머물러 있다고 생각한다. 병원에서는 직접 환자에게 전화를 걸어서 보험 가입 여부를 확인한다. 글리슨이 만든 엘리저블Eligible은 이 문제를 해결한다. 29세인 글리슨은 의료계에 혁신을 일으킨 공로로 〈포브스〉가 선정한 '30세 이하 의료계 주요 인물 30인'에 이름을 올렸다.

10년 전만 해도 글리슨은 의료 기술 분야에서 혁신을 일으킬 사람으로 보이지 않았다. 그녀는 뉴욕주립대 스토니브룩 대학교Stony Brook University에서 연극을 전공하는 연기자였다. 그녀의 꿈은 브로드웨이를 정복하는 것이었다. 그러나 당장 생활비를 벌어야 했기에 한 신생 의료 기업에서 영업 담당으로 일했다. 의료 기관에 인터넷 기반 서비스를 제공하는 닥터크로노DrChrono라는 기업이었다. 창업가들은 글리슨이 무대에서 편안하게 연기하는 모습에 강한 인상을 받았다. 그들은 와이 콤비네이터로부터 투자를 유치하기 위해 글리슨에게 같이 일하자고 제안했다. 글리슨 덕분에 닥터크로노는 창업계에서 모두가 선망하는 와이 콤비네이터의 투자를 받을 수 있었다.

글리슨은 닥터크로노의 설립자도 아니고, 의료 분야에 대한 지식도 없었다. 그러나 닥터크로노에서 일하는 동안 의료 분야를 더 알고 싶다는 생각을 갖게 되었다. 그로부터 1년 후인 2012년에 샌프란시스코의 아파트에서 사업을 시작한 그녀는 다시 와이 콤비네이터의 문을 두드리기로 결정했다. 물론 이번에는 설립자로서 펀딩을 받는 자리였다. 변함없는 실력을 발휘한 그녀는 160만 달러의 투자 유치에 성공했다. 현재 엘리저블은 50명의 직원을 두고 있으며, 의료비 청구 서비스 분야의 선도 기업 중 하나다.

투자자인 스콧 하틀리Scott Hartley는 《인문학 이펙트The Fuzzy and the Techie》에서 이렇게 말한다.

"글리슨은 사람을 상대하는 방법이나 자신감, 영업 능력이 연기 경험 덕분이라고 믿는다. 그녀의 연기 활동이 회사에 대한 설득력 있는 이야기를 만드는 데 도움을 주었다. 이런 이야기는 투자에 나서도록 투자자들을 설득하는 데 필수적인 부분이다."[1]

나는 글리슨의 이야기를 읽은 후 하틀리에게 연락했다. 투자자로 활동하면서 창업가들의 발표를 3,000번 이상 들은 하틀리의 경험은 이 책의 주제를 뒷받침한다. 거기에 따르면 고전 설득술을 익힌 창업가는 눈에 띄고, 앞서 나가고, 자금을 얻을 가능성이 높다.

하틀리는 이렇게 말한다.

"기술이 발전할수록 인간다움을 완성하기 위해, 특히 인문학 분위기를 조성하고자 소프트 스킬들을 익히는 것이 일자리를 지키는 최선이 될 것입니다. (중략) 중대한 문제의 해결책을 찾으려면 코드뿐만 아니라 인간적 맥락도 이해해야 합니다. 즉, 윤리와 데이터, 깊이 생각하는 인간과 딥 러닝Deep Learning 인공지능, 인간과 기계 모두 필요합니다."[2]

인공지능과 인간성의 세계를 잇는 일은 라제이 바트지니Rajaie Batjini가 인문학과 기술을 통합하는 방식으로 만든 또 다른 의료 기업의 사명이다.

복잡한 언어를 쉬운 언어로

스탠퍼드에서 역사학을 전공하고 UC 샌프란시스코에서 의학 학위를 받은 라제이 바트니지는 마셜 장학생Marshall Scholarship 으로 선발되어 옥스퍼드에서 공부할 기회를 얻었다. 해마다 30명의 미국 학생들이 영국에서 공부할 수 있는 이 장학제도는 합격률이 3퍼센트에 불과할 만큼 문턱이 높다.

2013년에 바트니지의 친구인 알리 디압Ali Diab은 심한 복통에 시달렸다. 검사 결과 내장이 꼬여서 혈류가 차단되는 심각한 문제가 발견되었다. 그래도 급히 수술한 덕분에 목숨을 건질 수 있었다. 문제는 보험사가 의료비의 상당 부분을 지급하지 않으려는 것이었다. 알리는 다른 많은 미국인들처럼 보험사와 길고 지루한 다툼을 벌여야 했다. 바트니지가 보기에 알리가 겪는 어려움은 보편적인 것이었다. 환자들은 홀로 권리를 찾아야 했고, 보험사들은 분명한 답을 주는 경우가 거의 없었다. 바트니지와 알리는 경험과 노하우를 살려서 의료비 지급 과정의 문제를 바로잡기로 결심했다.

현재 알리는 직장 의료 보험의 복잡성을 제거하는 콜렉티브 헬스Collective Health의 대표를 맡고 있다. 바트니지는 이 회사의 공동 설립자이자 헬스케어 최고 책임자다. 나와 바트니지가 이야기를 나눌 무렵 콜렉티브 헬스는 〈월스트리트저널〉이 선정한 '주목할 기술 기업' 2위에 올랐다.

바트니지는 콜렉티브 헬스의 핵심 자산을 신뢰에 둔다. 높은 접근성과 단순하고, 친숙한 의사소통을 통해 신뢰를 얻는다.[3] 콜렉티브 헬스의 보험 안내문은 초등학생정도가 읽고 이해할 수 있을 난이도로 작성된다. 그렇다. 중학생도, 고등학생도 아닌 초등학생이다.

"우리는 고객이 있는 곳으로 찾아갑니다. 대부분의 고객은 보험 용어를 잘 몰라요. 그래서 초등학생도 이해할 수 있는 용어만 씁니다.

고객은 비용 공유나 보험 상품의 구조를 모르는 것이 당연하다는 가정 하에 이해할 수 있는 언어로 말합니다. 우리가 쓰는 모든 문구는 초등학생도 쉽게 해석할 수 있습니다. 일부러 그렇게 합니다."

바트니지의 말에는 일리가 있다. 2013년에 《보건경제학저널Journal of Health Economics》에서 조사한 바에 따르면 소비자는 자신이 생각하는 것만큼 보험 용어를 잘 이해하지 못한다. 카네기 멜론 대학교Carnegie Mellon University의 보건 분야 경제학자들은 직장 의료 보험에 가입된 수백 명을 대상으로 실시한 이 조사에서 '본인 부담금'이나 '본인 부담비' 같은 기본 용어를 아는지 확인하기 위해 네 가지 질문을 제시했다. 조사 결과 모든 질문에 정확하게 답한 비율은 14퍼센트에 불과했다(짐작으로 맞춰도 정답률이 20퍼센트는 나와야 한다).[4]

10여 개의 명문대에 속한 열세 명의 학자들이 승인한 이 연구는 쉬운 글이 더 나은 결정과 더 나은 의료 성과로 이어진다는 결론을 내렸다. 그 이유는 기본적인 용어에 대한 오해가 심각한 결과를 초래할 수 있기 때문이다. 소비자들은 어떤 선택지가 있는지 이해하지 못할 때 대개 필요에 맞는 최선의 상품이 아닐 수도 있는 기존 상품을 고수한다.

콜렉티브 헬스는 박사 학위가 없어도 이해할 수 있도록 안내문을 작성한다. 가령 본인 부담금은 '보험 혜택을 받기 전까지 환자가 내는 돈'이라고 정의한다.[5] 이 문장은 초등학생도 읽을 수 있다. 부사도, 수동태도, 읽기 어려운 단어도 없다. 많은 소비자들을 혼동시키는 용어를 쉽게 설명한다.

콜센터의 상담원(회원 보조원으로 불림)들도 간단한 말을 쓰도록 교육받는다. 바트니지는 "회사 전담 변호사들은 회원들이 겪는 모든 문제를 해결해야 할 동기를 지닙니다"라고 이야기하지 않는다. 대신 "회사 전담 변호사들은 회원들이 질문거리가 생기면 도움을 줍니다"[6]라고 이야기한다. 앞에 나온 문장은 대학생 수준, 뒤에 나온 문장은 중학생 수준이다. 또한 '도움을 준다'는 '동기를 지닌다'보다 실생활 표현에 가깝다. 바트니지에 따르면 딱딱한 기업 용어는 회원들이 흔히 듣던 말과 거리가 멀다.

바트니지는 기술인이 아니지만 나름의 경쟁 우위를 갖고 있다. 그는 오래 전에 아리스토텔레스가 가르친 교훈을 알고 있다. 이해하기 어려운 정보로는 사람을 설득할 수 없다는 교훈 말이다. 콜렉티브 헬스는 데이터, 인공지능, 예측 분석과 공감 및 단순성을 결합하여 드문 위상을 확보했다.

"우리는 의사로서 데이터와 경험에 끌립니다. 그러나 임상에서 효과를 거두려면 데이터와 인간적 요소를 결합해야 합니다. 환자가 우리가 그들에게 말한 내용과 왜 이러한 치료를 해야 하는지 반복해서 되물을 때 그들의 어깨에 손을 얹을 줄 알아야 합니다."

우리가 대화를 나누던 무렵 콜렉티브 헬스는 1억 5,000만 달러의 자금을 유치했고, 260명을 고용했으며, 7만 7,000명의 회원을 확보했다. 명확한 의사소통은 이처럼 분명한 차이를 만든다.

고객과 관계를 맺다

유니레버Unilever는 무려 10억 달러에 달러셰이브클럽Dollar Shave Club을 인수했다. 당시 전문가들은 이 서던 캘리포니아의 신생 기업을 오프라인 매장에 따른 비용 없이 고객에게 직접 판매하는 새로운 방식을 만든 사례로 꼽았다. 맞는 말이었다. 그러나 달러셰이브클럽은 브랜드 충성도를 재고하도록 소비자들을 설득하는 데 성공한 사례이기도 했다.

나는 인수 뉴스가 나온 주에 이뮤직닷컴eMusic.com의 전 대표이자 달러셰이브클럽의 첫 주요 투자자였던 벤록Venrock의 파트너, 데이비드 팩맨David Pakman과 대화를 나눴다. 팩맨은 다른 많은 사람들처럼 달러셰이브클럽을 널리 알린 영상에서 창업주인 마이클 더빈Michael Dubin을 처음 보았다. 더빈은 이 영상에서 자기 회사의 면도날이 기막히게 좋다고 소리쳤다. 이 영상은 유튜브에 올라온 지 석 달 만에 500만 회에 이르는 조회 수를 기록했다.

팩맨은 시장의 맥을 짚어내는 더빈의 능력에 깊은 인상을 받았다. 더빈은 많은 소비자들이 비싸고 불편하다는 인식을 가진 범주를 단절시킬 기회를 포착했다(점원에게 면도기 진열대를 열어달라고 부탁해 본 사람들은 무슨 말인지 이해할 것이다). 팩맨에 따르면 더빈은 기존 소비재 기업들의 커다란 약점을 찾아냈다. 소비자들은 소셜 미디어 안에서 살아가는 데 그들은 여전히 전통적인 매체를 통해 메시지를 전달하고 있었다. 팩맨은 내게 이렇게 말했다.

"더빈은 기존 브랜드들이 여전히 텔레비전 광고로 소비자들에게 어필하려는 상황에서 대화 내용이 마케팅에 쓰일 수 있다는 것을 직관적으로 알았습니다."[7]

팩맨에 따르면 '대화형 브랜드'를 구축하는 일은 단지 회사의 페이스북이나 트위터 프로필에 텔레비전 광고를 올리는 것 이상의 의미를 지닌다.

"고객을 알고 그들과 관계를 맺어야 대화가 이뤄진다."

달러셰이브클럽은 처음부터 이 일을 했다.

가령 달러셰이브클럽의 직원들은 더빈의 과감한 영상에 더하여 웃기고 신랄하면서도 무엇보다 대화하듯 말하는 영상들을 만들었다. 더빈은 〈화장실 얘기를 해봅시다〉라는 제목의 영상에서 기존 브랜드들이 화장실용 물티슈 혹은 클렌징용 티슈라고 조심스레 부르는 제품을 소개한다. 350만 회 이상의 조회 수를 기록한 이 영상에서 그는 새로운 제품을 남성을 위한 뒤처리용 물티슈라 부른다. 왜 이 제품이 필요할까? 우리는 동물이 아니지만, 우리가 쓰는 제품은 원시적이기 때문이다. '원 와이프 찰리One Wipe Charlie'를 쓰면 한 번만 닦아도 깔끔하다. 이 영상은 짧고, 충격적이고, 불손하며, 공유하기 좋다. 이는 소셜미디어에서 성공하는 영상의 특징이다.

마이클 더빈은 창업가로서 탁월한 의사소통 능력으로 투자자들에게 강한 인상을 남겼다. 그는 뉴스 프로듀서와 스탠드업 코미디언을 거치면서 의사소통 능력을 연마했다.

더빈은 디지털 뉴스를 제작하면서 청중들에게 반향을 일으키는 콘텐츠를 만드는 법을 익혔다. 더빈에 따르면 새로운 회사를 세우고 새로운 아이디어를 알릴 때 사람들이 기억하게 만들 수 있다면 성공할 확률이 높아진다.[8] 그는 뉴욕시에 있는 업라이트 시티즌스 브리게이드Upright Citizens Brigade에서 즉흥 코미디를 배웠다. 8년에 걸친 즉흥 코미디 공부는 사업을 홍보하는 내용을 계획, 작성, 제시하는 일뿐 아니라 웃긴 영상을 통해 사람들에게 더 가까이 다가가는 데 도움을 주었다. 듣기 좋게 전달하면, 내용 기억이 더 잘 되는 데다가, 코미디는 일종의 리듬감이 있기 때문이다.

팩맨은 이렇게 말한다.

"온갖 소셜 미디어에 정신을 뺏기는 이 시대에 브랜드를 구축하려면 대화하듯 사람들에게 다가서서 그들이 원하는 좋은 콘텐츠를 제공해야 합니다. 그렇지 않으면 귀를 기울이지 않아요."[9]

디지털 시대에 더빈이 커뮤니케이터로서 쌓은 경험은 사람들이 보고 싶어하며, 더 나아가 친구들과 나누고 싶어하는 콘텐츠를 만드는 데 도움을 주었다.

달러셰이브클럽은 5년 만에 질레트라는 단일 브랜드가 115년 동안 지배하던 시장에서 5퍼센트의 점유율을 확보했다. 팩맨은 이렇게 말한다.

"질레트는 고객들이 자신을 어떻게 생각하는지 전혀 몰랐습니다. 고객들과 대화를 나눠본 적이 없으니까요."[10]

팩맨에 따르면 달러셰이브클럽의 성공담이 전하는 커다란 교훈은 소셜 미디어를 새로운 대화 형태를 구축하는 수단으로 봐야 한다는 것이다. 소비자들은 지난 100년 동안 소수의 신문과 잡지를 읽고, 소수의 텔레비전 채널을 시청했다. 질레트는 이런 환경에서 115년 동안 전성기를 누렸다. 그러나 이제는 시대가 바뀌었고, 사람들의 시청 습관도 바뀌었다. 인터넷과 휴대전화가 등장하면서 일방향 방송 매체에서 소셜 미디어라는 대화형 매체로 시선이 이동하고 있다."[11]

마이클 더빈은 적절한 시기에 적절한 기술로 소셜 미디어가 일으킨 흐름을 활용했다. 이 추세는 참신하고 공유하기 좋은 콘텐츠, 브랜드와 소비자 사이에 이뤄지는 양방향 대화를 중시한다. 달러셰이브클럽의 소셜 미디어 플랫폼(인스타그램, 페이스북, 트위터)은 고객의 실제 이야기를 소개하고, 고객을 초대하여 계속 의견을 청취하며, 브랜드와 지속적인 관계를 맺도록 유도한다.

마이클 더빈, 라제이 바트니지, 케이틀린 글리슨은 소프트 스킬을 통해 경쟁자들에 맞서서 두각을 드러낸 파이브 스타 창업가들이다.

미국에서만 해마다 60만 개의 사업체가 새로 생긴다. 그중에서 5퍼센트만 투자를 유치하는 데 성공한다. 창업 투자 회사는 대단히 까다롭게 투자 대상을 고른다. 갓 사업을 시작한 회사에 평균 260만 달러에 이르는 거금을 투자하기 때문이다. 그들은 투자 중 상당수는 실패할 것임을 알며, 홍보에 나선 400개의 사업 중에서 하나의 사업체에만 투자한다. 정상급 투자자들에 따르면 설득술이 뛰어난 창업가는 아이디어를 홍보하고, 매출을 늘리고, 고객을 확보하고, 인재를 채용하고, 인력을 유지하고, 동기를 부여하고, 추가 투자를 유치하는 엄청난 과제들을 해결하는 데 성공할 가능성이 높다.

최고의 창업 투자자가 말하는 의사소통 능력

〈뉴욕 타임스〉는 CB 인사이트Insights와 제휴하여 세계에서 가장 '승률이 높은' 20인의 창업 투자자를 발표한다.[12] 그중 다수는 창업에 성공하는 데 의사소통 능력이 맡는 역할에 대해 주목할 만한 말들을 남겼다.

빌 걸리Bill Gurley: 뛰어난 스토리텔러는 뚜렷한 경쟁 우위에 설 수 있다

벤치마크 캐피털Benchmark Capital(그럽헙Grubhub, 오픈테이블OpenTable, 우버에 투자)의 빌 걸리는 투자자 대상 프레젠테이션에서 파워포인트를 활용하는 것을 열렬히 선호한다. 그의 말에 따르면 파워포인트 프레젠테이션은 아이디어를 전달하는 능력을 평가하는 데 도움이 된다. 그는 '파워포인트 프레젠테이션을 변호하며'라는 글에서 이렇게 썼다.

"투자자들은 회사의 이야기만 평가하지 않는다. 그 이야기를 전달하는 능력도 평가한다."[13]

걸리에 따르면 설득력 있는 서사를 구사할 줄 아는 사람은 여러 우위를 누린다. 더 나은 인재를 고용할 수 있고, 더 과감하게 언론을 상대할 수 있고, 더 쉽게 더 많은 자금을 유치할 수 있다. 또한 사업 개발을 위해 좋은 협력 관계를 맺을 수 있으며, 강력하고 단결된 기업 문화를 구축할 수 있다.

크리스 사카Chris Sacca: 스토리텔링은 이 분야에서 우리가 하는 모든 일의 핵심이다

유력한 투자자인 크리스 사카는 지주사인 로워케이스 캐피털Lowercase Capital 을 통해 80여 개의 신생 기업 및 기성 기업들로 구성된 투자 포트폴리오를 관리한다. 트위터, 우버, 인스타그램, 킥스타터에 일찍이 투자한 것으로 유명한 그는 창업가들이 최고의 스토리텔러가 되어야 한다고 말한다.

"창업가들은 이야기를 통해 투자를 유치하고, 인재를 채용하고, 인력을 유지하고, 언론을 상대합니다. 스토리텔링은 우리가 하는 모든 일의 핵심에 있습니다."[14]

제프 조던Jeff Jordan: 모든 뛰어난 창업가는 뛰어난 이야기를 들려줄 줄 안다

제프 조던은 오픈테이블의 전 대표다. 현재 안드리센 호로위츠의 총괄 파트너인 그는 에어비앤비에 대한 2차 투자를 이끌었다. 그 역시 신비한 자질, 바로 이목을 집중시키는 설득력 있는 이야기를 할 수 있는 창업가들을 찾는다. 그의 말을 들어보자.

"모든 뛰어난 창업가는 뛰어난 이야기를 들려줍니다. 뛰어난 이야기는 사람들이 믿음을 갖게 만드는 핵심적인 요소 중 하나입니다."[15]

조던이 내린 결론은 창업가가 강력한 내러티브를 중심으로 설득력 있는 메시지를 전달하는 능력을 갖추지 못하면 투자자, 인재, 언론을 끌어들이기가 훨씬 어렵다는 것이다.

알프레드 린Alfred Lin: 문화는 조직뿐 아니라 사업을 키우는 데 대단히 중요한 요소다

알프레드 린은 세쿼이어 캐피털Sequoia Capital로 옮기기 전에 토니 세이Tony Hsieh 대표와 함께 자포스를 만들었다. 자포스는 "서비스를 통해 놀라움을 전달한다"라는 구호를 중심으로 탁월한 문화를 창출했다. 린은 스탠퍼드 강연에서 회사의 문화와 사명을 경영의 중심에 두고 자주 알리는 것이 리더의 주된 역할이라고 말했다. 리더가 문화를 일상적 습관으로 만들면 회사가 재무적 성과부터 고객 충성도, 근속율까지 여러 측면에서 혜택을 누린다. 린은 이렇게 말한다. "세상에서 가장 똑똑한 엔지니어들을 채용해도 회사의 사명에 동조하도록 만들지 못하면 의욕을 이끌어 낼 수 없습니다."[16]

프레드 윌슨Fred Wilson: 가능한 한 빨리 사람들을 대화에 끌어들여라

뉴욕시에 있는 유니언 스퀘어 벤처스Union Square Ventures(트위터, 엣시Etsy에 투자)를 만든 프레드 윌슨은 투자자 대상 홍보를 할 때 "바늘에 걸어서 끌어올리는 방법"을 쓰라고 말했다. 이 방법을 쓰려면 우선 처음에 과감한 말로 이목을 집중시켜야 한다. 긴 배경 설명으로 시간을 낭비하는 것은 좋은 생각이 아니다. 투자자들은 창업가가 대학을 졸업한 후부터 지금까지 어떻게 살았는지 관심이 없다. 시작하자마자 바로 요점으로 들어가야 한다.

윌슨은 또한 내용을 간결하게 구성하도록 권한다. 어떤 창업가들은 스무 장이 넘는 슬라이드를 준비한다. 윌슨은 새로운 아이디어를 제시하는 데는 여섯 장 내외가 이상적이라고 생각한다. 그는 블로그에 올린 글에서 이렇게 말했다. "삶에서 맞닥뜨릴 장애물처럼 투자 유치 프레젠테이션을 위한 슬라이드도 적은 것이 더 낫다. 사업 내용을 구구절절 늘어놓는 방식과 투자자의 흥미를 불러일으켜서 자극할 수 있는 방식이 있다면 어느 쪽이 어느 쪽이 더 효과적일까?"[17]

마이클 모리츠Michael Moritz: 다른 사람의 머릿속에 메시지를 각인시키는 것은 희귀한 능력이다. 그러기 위해서는 인상적이고, 분명하되, 감정적 요소를 지녀야 한다

나는 구글, 야후, 페이팔, 에어비앤비, 링크드인 등에 투자한 세콰이어 캐피털의 유명 투자자, 마이클 모리츠와 함께 뛰어난 리더들이 다른 사람들을 독려하는 방식에 대한 이야기를 나눴다. 모리츠가 보기에는 명확성이 모든 것을 결정한다. "어느 방향으로 가기를 원하는지 분명하게 알려주지 못하면 팀이나 조직은 말할 것도 없고 스스로조차 이끌 수 없습니다."[18]

매리 미커Mary Meeker: 나는 한 사람이 세상을 바꿀 수 있다는 믿음과 함께 자랐다

매리 미커는 해마다 인터넷의 현황을 알리는 〈인터넷 트렌드 보고서Internet Trends Report〉로 유명하다. 그녀는 또한 전 모건 스탠리 애널리스트로서 구글, 넷스케이프, 프라이스라인Priceline 같은 기업들의 상장을 도왔다. 지금은 실리콘밸리에 있는 창업 투자 회사, 클라이너

퍼킨스 코필드 앤드 바이어스Kleiner Perkins Caufield & Byers(KPCB)의 파트너이자 렌딩 클럽Lending Club, 스퀘어Square, 도큐사인DocuSign의 이사로 활동하고 있다.

미커는 전설적인 KPCB의 투자자, 존 도어John Doerr가 한 말에 동의한다. 그는 뛰어난 리더는 강력한 사명을 제시한다고 말했다. 그는 스탠퍼드 대학교 경영 대학원 학생들에게 상인보다 선교사에게 투자하겠다고 말하기도 했다. 그의 설명에 따르면 상인은 '돈에 대한 욕망'을 추구하는 반면 선교사는 '의미에 대한 욕망'[19]을 추구한다.

미커에 따르면 선교사는 흥미를 자극하는 방식으로 원대한 생각을 줄기차게 제시한다. 미커는 한 인터뷰에서 이렇게 말했다.

"세상의 정보를 정리하여 누구나 유용하게 활용할 수 있도록 만든다는 구글의 선언이 상당히 강력했습니다. 구글의 상장을 도울 기회가 오자 '할까?'라는 생각이 들었죠. 거절할 수도 있었습니다. 하지만 '이 회사라면 사명을 이룰 수 있을지도'라는 생각이 들었던 기억이 납니다."[20]

미커에 따르면 고무적인 리더는 사람들을 도취시키는 목적의식을 불어넣는다. 이 말은 의사소통 능력이 양호한 기업인과 탁월한 기업인을 가르는 기준임을 드러낸다.

인생을 바꾼 꿈

팀은 고등학생 시절과 대학생 시절 내내 삶의 목적을 찾으려 애썼다. 일과 삶 전반에 걸쳐 진정한 의미를 알지 못한 채 소소한 성취만 이룰 뿐이었다. '마음이 찢어질 듯' 괴로운 시간이었다. 그는 15년 동안 세상에서 자신의 자리를 찾던 끝에 스티브 잡스라는 기업인을 만났다. 팀은 당시 잡스의 모습을 이렇게 회고한다.

"그는 부적응자들, 반항아들, 문제아들, 모난 사람들 같은 특이한 사람들에게 힘을 주고 싶어 했습니다."[21]

팀은 잡스 덕분에 자신이 있을 곳을 찾았고, 처음으로 '원대한 목표에 기여하고 싶다는 깊은 욕구'를 느꼈다.

애플 CEO 팀 쿡은 2017년 MIT 졸업 연설에서 자신의 이야기를 전하면서 이렇게 말했다.

"기술은 위대한 일을 할 수 있습니다. 그러나 기술은 어떤 일도 하고 싶어 하지 않습니다. 이 부분에 우리 모두의 힘이 필요합니다. 가족, 이웃, 공동체에 대한 우리의 가치관과 헌신, 아름다움에 대한 열광, 우리의 모든 신앙이 서로 연결되어 있다는 믿음, 우리의 도덕성, 우리의 따스한 마음이 필요합니다. 저는 인공지능이 컴퓨터에 사람처럼 생각하는 능력을 부여하는 것을 걱정하지 않습니다. 그보다 사람들이 가치관이나 연민 없이, 결과에 대한 고민 없이 컴퓨터처럼 생각하는 것을 걱정합니다."

쿡의 말에 따르면 과학은 어둠 속에서 이뤄지는 탐색이며, 인문학은 우리가 어디에 있었고, 앞에 무엇이 있는지 보여주는 촛불과 같다. 팀 쿡은 꿈꾸는 사람을 만났고, 이 일은 그의 삶을 완전히 바꾸었다.

억만장자 기업인인 리처드 브랜슨Richard Branson은 이렇게 말한다.

"우리는 모두 꿈을 꾸고 다른 사람들도 꿈을 꾸도록 북돋아야 합니다. 꿈을 꾸는 것은 인간이 지닌 최고의 자질로 야망을 심어주고, 혁신을 촉진하고, 변화를 도출하고, 세상을 진전시킵니다."[22]

브랜슨은 400여 개의 자회사와 7만 명의 임직원을 둔 지주사를 경영한다. 이런 자리는 지금처럼 기술 발전 속도가 빠른 시대에 기업인이 성공하는 데 필요한 능력에 대한 고유한 관점을 제공한다.

브랜슨은 큰 꿈을 꾸는 사람들이 세상을 바꿀 수 있다고 믿는다. 다만 그 꿈을 지지하도록 다른 사람들을 설득하는 능력이 수반되어야 한다. 그는 개인 블로그와 트위터에 직접 쓴 글을 올린다. 그가 제시하는 조언 중 다수는 의사소통에 대한 통찰을 담고 있다. 그는 초등학교에서부터 말하기와 글쓰기를 가르쳐야 한다고 강력하게 주장한다. 또한 다른 사람들을 설득하는 능력이 없으면 기업인으로 성공할 수 없다고 확신한다. 50년 동안 기업 활동을 한 그는 의사소통 능력을 뛰어난 기업인들이 지닌 공통점으로 꼽는다. 그의 말을 들어보자.

"나는 의사소통 능력이 모든 기업인에게 가장 중요하다고 생각합니다. 말은 세상을 돌아가게 만듭니다. 말은 우리가 인간적 유대를 촉진할 뿐 아니라 학습하고, 성장하고, 나아가는 원천입니다."[23]

다른 길은 없다

아랍에미리트연합(UAE)에 속한 두바이와 아부다비의 지도자들은 세계화로 나아가는 추세를 파악했다. 그들은 즉각 기업인들이 미래에 대비할 수 있도록 돕는 일에 나섰다. 나는 석유가 아니라 기업가정신이 미래를 추동할 것이라는 그들의 말에 강한 인상을 받았다.

두바이는 상반되는 요소가 많은 도시다. 모래 언덕과 베두인족의 텐트가 고층 건물들을 둘러싸고 있다. 낙타들이 고급차와 함께 도로를 달린다. 1958년에 아부다비에서 석유가 발견되었다. 현재 전 세계에서 확인된 석유 매장량의 6퍼센트가 아부다비에 있다.

내가 UAE를 방문한 주에 아부다비의 셰이크 모하메드 빈 자이드Sheikh Mohammed bin Zayed 왕세제는 3,000명의 청년을 대상으로 한 강연에서 나라의 부는 땅속이 아니라 석유가 고갈된 후에도 나라를 이끌어갈 사람들의 재능에 있다며 이렇게 말했다.

"여러분은 우리보다 뛰어나야 합니다. 다른 길은 없습니다."[24]

중동 지역이 앞으로 석유 기반 경제에서 지식 기반 경제로 옮겨가면 세계적인 경쟁력을 지닌 엔지니어, 과학자, 전문가들이 필요할 것이다. 모하메드 왕세제는 이렇게 말했다.

"우리는 다른 나라의 문화와 소비자, 전통을 알아야 합니다. 앞으로 25년 정도가 지나면 우리 기업들의 수익성을 지키기 위해 다른 나라들을 상대해야 하니까요."

UAE 정부는 교육을 최우선 순위에 두고 다음 세대가 공무원이 아닌 다른 일자리를 찾도록 만들고자 한다. UAE가 번영하려면 국민들이 정부에 의존하지 않고 스스로 소득을 올릴 수 있게 도와야 한다. 학생들은 다양한 분야를 공부하고 경력이 아니라 소명을 추구하라는 권유를 받는다. 전 지역에 걸쳐 일자리를 찾는 사람이 아니라 일자리를 만들 사람을 돕는 창업 교실이 생기고 있다.

UAE의 학생들은 세계 최고의 인재들과 경쟁해야 하기 때문에 초등학교부터 사람들 앞에서 말하는 법을 배우고 고등학교와 대학교에서는 높은 수준의 설득술을 익힌다. 샤르자Sharjah에 있는 한 대학의 창업 교실에서는 게임, 온라인 장터, 학습 플랫폼, 음식 배달 서비스, 레스토랑과 호텔 업계를 위한 관리 솔루션(두바이에서는 접객 분야에 대한 연구가 활발하다), 에너지 소비를 점검하고 제어하기 위한 온라인 앱 등 폭넓은 분야에 도전하는 학생들을 가르친다. 이 학교의 최종 평가는 왕족 앞에서 3분 동안 진행하는 발표를 토대로 삼는다.

UAE의 학생들은 스토리텔링 형태로 이뤄지는 의사소통이 민족의 기원으로 거슬러 올라가는 오랜 기술임을 배운다. 아랍어로 알 하카왓Al hakawat은 '이야기꾼'을 뜻한다. 수천 년 전부터 사람들이 저녁 기도를 마친 후 모닥불 주위에 모여서 오늘날의 터키 커피와 비슷한 커피를 나눠 마시며 이야기를 나누는 전통이 형성되었다. 이 전통은 여러 세대에 걸쳐 계승되었다. 지금도 사막에서는 시를 읊는 것이 인기 있는 여가 활동이다. 나는 중동에서 사업을 하고 싶으면 이야기로 대화를 시작하라는 말을 들은 적이 있다. 또한 초대자가 이야기를 시작하면 주의 깊게 듣고 갑자기 주제를 바꾸지 말아야 한다.

《천일야화》(대중적으로는 아라비안 나이트로 알려짐)의 주인공, 세헤라자데Scheherazade는 살아남기 위해 이야기를 이어간다. 이 이야기의 가장 이른 판본은 9세기로 거슬러 올라간다. 아랍 연방 사람들에게 말은 특별한 의미를 지니며, 미래 발전을 위한 열쇠로 여겨진다.

석유는 나라를 부유하게 만들었고, 의사소통은 나라를 계속 부강하게 만들 것이다.

의사소통 능력은 두바이와 전 세계에서 대단히 높은 가치를 지닌다. 조사 결과에 따르면 국제적 기업들은 기업가 정신을 가진 인재들이 사업을 성공시키는 데 도움이 된다고 생각한다. 인사 책임자들은 이런 인재들을 찾는다. 가치 있는 생각과 통찰을 제시하여 회사의 혁신 기반을 유지할 수 있기 때문이다. 그렇다면 어떻게 이런 인재와 평범한 사람을 구분할 수 있을까? 1만 7,000명의 직장인을 대상으로 실시한 조사에 따르면 '설득력' 부문에서 높은 점수를 기록한 사람들이 대개 기업가 정신을 조직에 불어넣는다. 해당 보고서는 "말할 필요도 없이 기업인은 인재를 채용하거나 투자자 혹은 이해관계자로부터 지지를 얻기 위해 설득력, 즉 다른 사람들의 생각이나 믿음 혹은 행동을 바꾸는 능력이 뛰어나야 한다"[25]라고 말한다.

토머스 프리드먼은《늦어서 고마워Thank You for Being Late》에서 가속의 시대에는 개인이 아이디어를 통해 세상을 바꿀 수 있는 힘을 만들어 낸다고 말한다. 그의 말에 따르면 지금처럼 개인의 힘이 증폭된 적은 없었다. 그래서 이제는 한 사람이 훨씬 많은 사람을 도울 수 있다. 한 사람이 인터넷 학습 플랫폼을 통해 수백만 명을 가르칠 수 있고,

수백만 명에게 재미나 영감을 선사할 수 있고, 한꺼번에 온 세상으로 새로운 아이디어를 전파할 수 있다.[26]

역사학자들은 인류의 진보에서 중요한 의미를 지니는 사건들을 돌아보며 과거는 영웅이 세상을 활보하던 시대라고 말한다. 여전히 영웅들은 세상을 활보한다. 그들은 세상의 온갖 난제들을 해결할 아이디어를 개발하는 기업가, 혁신가, 몽상가, 실행가들이다. 그들은 적응하지 않고 두각을 드러낸다. 우리가 그들에게 매료되는 이유는 믿고 따를 수 있는 영웅이 필요하기 때문이다. 그들은 이야기를 들려주는 데 뛰어나다. 우리는 그들의 이야기가 우리의 이야기이며, 그들의 꿈이 우리의 꿈을 이뤄준다고 믿는다.

7장

탁월한 관리자가 된 평범한 팀원

사람들이 독창적인 아이디어를
받아들이게 만들려면 크게 말해야 한다.
—애덤 그랜트Adam Grant

샤론Sharon은 아직 요실금 기저귀를 찰 필요가 없는 나이임에도 한 달 동안 차고 다녔다. 직장에서도, 밤에도, 중요한 프레젠테이션을 할 때도 항상 차고 다녔다.[1]

샤론은 세계 최대의 유통업체에서 상품 기획을 한다. 이 회사는 해마다 수백만 장의 요실금 기저귀를 판다. 샤론은 상품 기획팀을 맡았을 때 팀원들에게 "제품들을 실제로 착용해 본 적이 있는지" 물었다. 누구도 손을 들지 않았다. 제품을 직접 써보는 그녀의 방식은 세계적인 인구 노화 추세로 향후 2년간 48퍼센트의 성장이 기대되는 제품

범주에 큰 변화를 일으켰다. 요실금 관련 시장의 연 매출이 70억 달러에 이르는 데에 샤론이 일하는 회사가 기여한 바가 크다.

샤론은 요실금 기저귀 아랫부분에 주름이 있어 성인이 입을 만한 속옷처럼 보이지 않는다는 사실을 발견했다. 그보다는 유아용 기저귀처럼 보였다. 실제로 기저귀를 성인에게 맞는 크기로 만들었으니 당연한 일이었다.

샤론은 내게 이렇게 말했다.

"한 달 동안 우리가 판매하는 여러 브랜드를 며칠마다 바꿔가며 사용했어요. 신입 사원을 면접할 때도, 프레젠테이션을 할 때도 입었어요. 신경 쓰이지 않았냐고요? 당연히 쓰이죠. 뒤를 가리려고 긴 재킷과 스웨터를 입었어요. 잘 맞지도 않는 데다, 바지 안으로 빠지지 않게 고정하느라 테이프를 붙이기도 했어요."

샤론은 실제 착용 결과를 고위 간부들에게 전달하고 제품을 완전히 새로 만들어야 한다고 설득했다. 그녀가 말한 요지는 이랬다.

"우리 회사는 속옷을 잘 알아요. 우리는 속옷을 비롯한 남성용 의류와 여성용 의류뿐 아니라 요실금 기저귀까지 같이 판매하는 소수의 유통업체 중 하나입니다. 이 두 부문을 통합하면 새로운 범주를 만들 수 있어요."

회사는 그녀의 조언을 받아들여 해당 제품에 대한 전면 검토가 이뤄졌다. 현재 대다수 주요 브랜드가 출시하는 요실금 기저귀는 모양과 느낌이 몇 년 전과 판이하다. 심지어 개선된 외양과 편안함을 보여주기 위해 패션모델을 고용하여 광고를 찍기도 한다.

샤론은 내게 이렇게 말했다.

"저는 더 강한 목소리를 내는 변화의 기폭제였습니다. 우리는 고객을 대변해야 하고, 제대로 된 변화를 만들어야 합니다."

샤론은 상품 기획팀을 맡았을 때 요실금 기저귀에 대해 아는 것이 전혀 없었다. 그녀는 경영 대학원을 나오지 않았고, 명문대 출신도 아니다. 그러나 그녀는 스스로의 가치를 높이는 남다른 자질, 바로 공감 능력을 갖고 있다. '공감'은 경험을 공유함으로써 다른 사람의 감정을 같이 느끼는 것이다. 샤론 이전에는 누구도 제품을 사는 고객들의 경험을 공유한다는 생각을 하지 않았다.

그렇다면 공감을 활용하는 샤론의 방식을 다른 제품에도 적용할 수 있을까? 이는 가능한 일이며, 또 실제로 이뤄졌다.

샤론은 팀원들에게 혈당 관리 키트를 보이면서 "이 제품을 써본 적이 있어요?"라고 물었다. 이번에도 역시 손을 드는 사람이 없었다. 누구도 자기 손가락을 찔러서 피를 뽑아본 적이 없었다. 그녀는 요실금 기저귀와 같은 상황이라고 생각했다.

샤론의 회사는 연간 1억 개의 혈당 관리 키트를 판매했다. 이 키트는 당뇨병 환자들이 혈당치를 측정하는 데 사용되었다. 이 시장은 샤론의 회사와 당뇨병 환자들에게 모두 중요했다. 미국인 중 약 9퍼센트는 당뇨병을 갖고 있으며, 해마다 거의 150만 명이 당뇨 진단을 받는다. 혈당치를 쉽게 측정할 수 있도록 해주는 일에는 생사의 문제가 걸려 있다. 샤론이 관심을 기울인 이유도 거기에 있었다. 회사가 판매하는 수백만 개의 제품 중에서 수백 개는 반품된다. 어떤 판매업체 대표는 "그게 무슨 문제인가요? 소량 반품률을 누가 신경 쓰나요?"라고 묻기도 했다. 샤론은 화를 내며 이렇게 대꾸했다.

"여섯 살짜리도 이 키트로 혈당 관리를 합니다. 그 수치에 따라 죽을 수도 있고, 살 수도 있어요. 그런데 왜 이렇게 읽기 어렵게 만들어야 하나요?"

샤론은 당뇨병 환자가 아니었다. 그래도 손가락을 찔러서 혈액을 검사했다. '직접 제품을 체험하기 위해서'였다. 그녀는 곧 아이들이 수치를 읽기 어렵다는 사실을 알아냈다. 그녀의 의견 제시와 지지 그리고 자발적 실험 덕분에 지금은 수치 읽기가 한결 쉬워졌다. 그녀는 이번에도 중요한 제품 부문을 철저하게 파악했다.

"데이터의 맞은편에 사람이 있다는 걸 알지 못하면 완전히 기회를 놓치게 돼요. (중략) 설득은 제가 맡은 프로젝트의 성공에 큰 역할을 했죠. 그냥 명령만 하면 되던 시절은 지나갔어요. 지시로 경영하는 스타일은 구식입니다. 조언하고, 사기를 진작시키고, 자극하고, 설득해서 원하는 곳으로 가도록 이끌어야 합니다."

샤론은 유통부터 음식 서비스까지 다양한 분야의 기업 네 곳 모두에서 자신의 가치를 드러냈다. 그녀는 각 회사에서 동료보다 빨리 승진했으며, 떠난 후에도 아까워하는 사람이 되었다. 한 회사는 일 년에 네 차례나 그녀를 승진시켰다. 어떤 동료는 같은 기간에 단 한 번도 승진하지 못했다. 현재 그녀는 1,000개의 품목을 판매하는 주요 식품 회사에서 연구개발 책임자로 일하고 있다.

나는 샤론에게 "당신을 업계에서 두드러지게 만든 것은 무엇인가요?"라고 물었다.

그녀는 "열정과 공감이에요. 고객의 입장을 앞장서서 대변했어요."라고 대답했다.

샤론은 와튼의 애덤 그랜트 교수가 '오리지널스'로 지칭한 범주의 사람이다. 독창적인 사람은 시류에 어긋나지만 궁극적으로 상황을 개선하는 새로운 아이디어를 내세운다.[2] 그들은 획기적인 아이디어를 갖고 있다. 그러나 이런 아이디어도 누군가 주창하지 않으면 의미가 없다. 사람들에게 독창적인 아이디어를 받아들이게 하려면 남보다 더 크게 말해야 한다.

샤론은 에모리 대학교Emory University의 신경 과학자 그레고리 번스Gregory Berns가 말한 '상식파괴자'에 해당한다. 번스에 따르면 이들은 다른 사람들은 할 수 없다고 말하는 일을 하는 사람이다.[3] 번스는 대다수 사람들이 느끼는 두 가지 두려움, 바로 확실성에 대한 두려움(상식파괴자는 현상에 도전하는 위험을 감수한다)과 새로운 아이디어를 소리 높여 알리는 데에 두려움을 극복하지 못해 상식파괴자가 될 수 없다고 말한다.

"완전히 새롭고 다른 최고의 아이디어를 떠올렸다고 해도 충분히 많은 사람들을 설득하지 못하면 의미가 없다."

스티브 잡스에게 도움을 받다

매슈Matthew는 미국의 주요 도시에서 일하는 토목 엔지니어이자 프로젝트 매니저다.[4] 그는 지자체에서 발주하는 사업을 맡아서 도로, 교량, 건물, 하수도 처리장 등을 만든다.

매슈는 미국에서 활동하는 30만 명의 토목 기사 중 한 명이다. 그는 학위, 자격증, 수습 기간 같은 기본 요건을 갖춘 덕에 토목직에 안착해 일하게 되었다. 그는 업계에서 두각을 드러내어 경력을 진전시키고 싶었다. 그래서 컴퓨터가 대체할 수 없고 학위로 측정할 수 없는 유일한 능력, 바로 자신의 생각을 지지하도록 만드는 설득술에 초점을 맞췄다.

매슈는 점차 사람들 앞에서 말하는 능력을 키워가면서 승진을 거듭했다. 그때마다 급여도 크게 올랐다. 매슈가 처음 얻었던 일자리는 책상에 앉아서 공식을 계산하는 기술직이었다. 그러다가 프레젠테이션 능력을 연마한 덕분에 프로젝트 엔지니어와 책임자를 거쳐 사업 개발 책임자가 되었다. 일반 엔지니어의 평균 연봉은 6만 달러, 프로젝트 엔지니어의 평균 연봉은 6만 5,000달러에서 9만 달러 사이이다. 반면 프로젝트 매니저는 10만 달러에서 25만 달러를 연봉으로 받는다. 매슈의 말하기 능력이 향상되는 만큼 연봉과 영향력도 함께 늘어났다. 매슈는 업무에서 설득이 맡는 비중에 대해 이렇게 말한다.

(1) 우리는 공학적 분석을 거쳐 고객을 위한 여러 선택지를 놓고 평가합니다. 그러고 나서 공식, 비공식 프레젠테이션을 통해 해결책을 제안합니다.

(2) 우리는 홍보 활동을 통해 새로운 고객을 확보하거나 고객 기반을 넓혀야 합니다. 최선의 방법은 업계 콘퍼런스에서 성공했거나 혁신적이었던 수행 프로젝트를 소개하는 것입니다.

(3) 우리는 거의 대부분 팀으로 일합니다. 팀 리더는 프로젝트 목표나 주요 사안 혹은 예상되는 난관을 설명하고, 정해진 시간과 예산 안에서 프로젝트를 완수하도록 동기 부여해야 합니다.

(4) 가장 중요한 프레젠테이션은 지자체를 상대로 새로운 인프라 사업을 수주하는 것입니다. 대개 최대 열개 경쟁사가 25쪽짜리 제안서를 제출합니다. 선정 위원회는 후보를 서너 개 업체로 줄인 다음 면접과 프레젠테이션 자리에 부릅니다. 우리 회사는 품질을 타협하고 싶지 않아서 최저가로 입찰하지 않는 경우가 많습니다. 그래서 프레젠테이션의 설득력이 결정적인 차이를 만듭니다.[5]

매슈는 의사소통 능력을 연마하면서 업계에 자신의 이름을 알리고 가치를 높였다. 그의 상사는 고객들에게 특히 강한 인상을 남긴 프레젠테이션을 기억한다. 새롭고, 색다르고, 설득력 넘치고, 궁극적으로는 성공적인 프레젠테이션이었다.

그러면 매슈가 어떻게 상사를 감탄시키고 대형 계약을 따냈는지 알아보자. 미국의 도시에는 보수가 시급한 도관, 교량, 도로들이 도처에 있다. 매슈는 프레젠테이션에서 매일 1만 5,000명이 이용하는 철도 아래로 지나가는 100년 묵은 상수도관을 고치는 방법을 설명해야 했다. 지름이 1.2미터인 이 상수도관은 최대 유량을 유지하는 가운데 피복을 새로 갈아야 했다.

탁월한 연설가를 보고 배우는 데 관심이 많았던 매슈는 유튜브에 올라온 스티브 잡스의 프레젠테이션 영상을 많이 봤다. 그에게 특히 인상적이었던 것은 1세대 맥북 에어 소개 영상이었다. 이 영상에서 잡스는 서류 봉투를 들고 무대에 올라왔다. 그는 봉투 안에서 노트북을 꺼내 들더니 "오늘 우리는 세계에서 가장 얇은 노트북을 소개합니다"라고 소리쳤다. 매슈는 잡스가 쓰는 방법을 그대로 따랐다. 그는 서류 봉투에 넣어둔 탄소섬유 피복을 꺼내며 "세상에서 가장 강하고 얇은 피복이 문제를 해결하는 수단"이라고 말했다. 이 인상적인 프레젠테이션 덕분에 회사는 공사를 수주하는 데 성공했다.

매슈는 내게 당시 활용한 자료를 보내주었다. 그는 설득의 여러 기법들을 능숙하게 활용했다. 설득의 가장 효과적인 수단 중 하나는 이야기를 전형적인 구조에 따라 세 부분으로 나누는 것이다. 설정은 상황을 묘사하고, 갈등은 문제를 조명하며, 결말은 해결책을 제시한다. 매슈는 이 구조를 그대로 따랐다.

먼저 매슈는 1870년에 처음 상수도관을 설치하던 당시의 사진을 보여주었다. 그 다음 문제를 설명했다. 매일 수천 명을 실어 나르는 대중교통 체계 아래로 지나는 900여 미터의 상수도관을 어떻게 보수해야 할까? 그는 프레젠테이션의 두 번째 장에서 최대한 분명한 메시지를 드러내기 위해 "문제"라고 적힌 슬라이드를 넣었다. 가로수가 늘어선 유서 깊은 거리의 사진을 보여주면서 약간의 긴장감을 더했다. 모든 공사는 거리와 도로에 최대한 지장을 주지 않는 방향으로 진행되어야 했다. 서류 봉투에서 꺼낸 신소재는 마지막에 제시하는 해결책에 해당했다. 프레젠테이션이 끝났을 때 최저가 입찰자들에게로 기울어 있던 고위층 인사들은 생각을 바꿔서 매슈의 회사에 공사를 맡겼다.

매슈의 상사는 고객들이 결정을 내리기 전부터 그의 프레젠테이션이 그때까지 본 것 중에서 가장 "놀라운 프레젠테이션"이라고 생각했다. 당시 업계 경력이 5년에 불과하던 매슈는 이 프레젠테이션을 계기로 회사와 동료들 사이에서 이름을 알리기 시작했다.

매슈는 이렇게 말한다.

"더 나은 이야기를 만들면, 새 프로젝트를 따는 데 유리합니다. 고객이 미처 인지하지 못한 중요한 문제에 대해 우리 회사가 해결책을 갖고 있다는 점을 보여주면 공사를 수주할 가능성이 크게 높아집니다. 설령 우리 회사의 입찰가가 경쟁사들보다 높다고 해도 말이죠."

매슈는 의사소통 능력을 좋은 수준에서 탁월한 수준으로 향상함으로써 두각을 드러냈다. 퓰리처상 수상자이자 유명 칼럼니스트인 토머스 프리드먼은 빠르게 변하는 이 시대를 "가속의 시대"라고 부른다. 그는 우리가 기술에 붙이는 명칭이 그 변화를 제대로 담기에는 너무

약하다고 주장한다. 데이터는 구름처럼(데이터 클라우드를 빗댄 표현) 이동하는 것이 아니라, 초신성 급으로 폭발하고 있다.

"이 초신성은 엄청나게 확장하면서 흐름의 힘을 가속한다. 지식, 새로운 아이디어, 의학적 진보, 혁신, 비방, 소문, 협력, 짝짓기, 대출, 뱅킹, 거래, 우정, 상업, 학습의 흐름은 우리가 한 번도 본 적이 없는 속도와 폭으로 세상을 휩쓸고 있다."[6]

매슈과 샤론 그리고 수많은 다른 직장인들은 이런 세상에서 흔적을 남기고 싶어 한다. 고무적인 소식은 프리드먼에 따르면 지금 세계가 개인의 힘을 증폭한다는 것이다. 이제는 한 사람이 인터넷을 통해 수백만 명에게 영감, 교육, 오락을 제공할 수 있다. 또한 한 분야를 진전시키고 세상을 바꿀 아이디어를 알릴 수 있다. 프리드먼에 따르면 중산층에 해당하는 직업은 앞으로 더 폭넓은 지식과 깊이 있는 교육 수준을 요구할 것이다. 이런 일자리를 놓고 경쟁하기 위해서는 3R, 즉 독서Reading, 글쓰기wRiting, 산술aRithmetic과 함께 4C, 즉 창의성Creativity, 협력Collaboration, 의사소통Communication, 코딩Coding이 필요하다.[7]

의사소통 능력은 기본 중 기본

하트 리서치 어소시에이츠Hart Research Associates는 대학생과 기업을 대상으로 광범위한 조사를 실시한다. 그들은 2년마다 실시하는 이 조사에서 폭넓은 범주에 속한 300여 개의 기업에게 자세한 질문을 던진다. 근래에 이뤄진 조사에서 놀라운 사실이 드러났다. 93퍼센트의 기업들은 채용 결정을 내릴 때 대학 전공보다 비판적 사고 능력과 의사소통 능력을 더 중시한다. 조사 보고서에 따르면 기업들은 앞으로 성공을 이루는 데 혁신이 대단히 중요하다고 생각한다. 현재 직원들이 직면한 문제는 과거보다 복잡해서 보다 폭넓은 능력이 요구된다고 말한다.[8] 구직자의 전공은 지원 분야와 맞는다고 해도 의사소통 능력과 비판적 사고 능력을 보장하지 않는다.

기업들은 글쓰기와 말하는 능력 부족이 고용과 승진의 큰 장애물이라고 밝혔다. 대학에서 이런 능력을 가르치는 데 더 집중해야 한다고 말한 비율이 80퍼센트에 이르렀다. 안타깝게도 다른 많은 조사에서도 의사소통 능력을 갖춘 인재가 부족할 뿐 아니라 해마다 그 수가 줄어든다는 결과가 나왔다. 기업들이 기대하는 능력과 구직자들이 보여주는 능력 사이에 커다란 간극이 존재하고 있다.

대기업을 상대로 인재 채용 소프트웨어를 판매하는 iCIMS 인사이트Insights의 최고마케팅책임자인 수전 비탈리Susan Vitale는 뛰어난 의사소통 능력을 갖춘 사람은 경쟁 우위를 누린다고 말한다.[9] iCIMS에서 실시한 조사에 따르면 구직자 중 약 90퍼센트는 면접 능력에 자신 있지만 채용 기업의 60퍼센트 이상은 지원자의 면접 능력이 부족하다고 밝혔다. 고용 전문가들은 우선 지원하는 회사와 해당 업계를 충분히 공부하라고 권한다.

비탈리는 내게 이렇게 말했다.

"구직자들은 필요한 준비를 잘 해서 왔다고 생각하지만, 회사 홈페이지에 나온 사실들을 늘어놓는 것과 자신의 경험을 중심으로 이야깃거리를 만드는 것은 다릅니다. 지금은 회사에 대한 정보를 그 어느 때보다 많이 찾을 수 있습니다. 언제 창립되었고, 누가 대표이고, 본사가 어디 있는지 아는 거로는 부족해요."

비탈리는 회사에 기여할 수 있는 가치를 분명하게 설명하고 지난 경험을 통해 고객에게 혜택을 제공할 뿐 아니라 시장에서 회사의 입지를 강화하는 데 도움을 줄 방법을 제시하라고 조언한다.

비탈리는 또한 의사소통 능력을 중요하게 여기는 추세를 짚고 넘어간다. 지원자들에게 90초짜리 영상을 요청해 시간을 아끼는 채용 담당자들이 늘고 있다. 그들은 이 영상을 토대로 면접 대상을 고른다. 지원자가 말을 잘하지 못하거나, 말투가 흐릿하거나, 복장이 부적절하거나, 배경이 깔끔하지 않으면 아무리 이력이 좋아도 면접 기회를 얻지 못한다.

iCIMS가 400명의 인사 담당자를 대상으로 실시한 조사에서 63퍼센트는 자격이 같은 두 명의 지원자가 있다면 말 잘하는 지원자를 채용하겠다고 밝혔다.

크레이그Craig는 의사소통 능력 덕분에 채용되고 승진한다는 것이 어떤 의미인지 잘 안다.[10] 5년 전에 공립 대학 경영학과를 졸업한 그는 열 곳 넘게 이력서를 보냈으나 아무런 반응이 없었다. 당시 구직 환경은 좋지 않았다. 2008년에 발생한 금융위기의 여파로 경기가 계속 나빴고, 실업률은 8퍼센트에 이르렀다. 기업들은 인력 규모를 늘릴 생각이 없었다. 특히 경력이 없는 대학 졸업자를 채용할 생각은 더욱 없었다.

크레이그에게 처음 면접 기회를 준 곳은 마케팅 인력을 충원하려던 샌프란시스코의 소프트웨어 회사였다. 힘들게 얻은 기회였지만 문제가 있었다. 샌프란시스코의 기업계는 좁은 바닥이었다. 크레이그가 면접 볼 회사에는 그의 지인이 있었다. 이 지인이 알려준 바에 따르면 그와 경쟁할 다른 지원자가 인사 담당자와 가까운 친구였다. 크레이그는 자신을 차별화하기 위해 전략을 짜서 좋은 지원자에서 탁월한 지원자가 되기로 했다.

크레이그는 회사의 경쟁사와 제품을 공부하고 제품 홍보 내용을 만들었다. 그다음 여덟 시간 동안 프레젠테이션을 연습하고 질문에 대한 답을 구상했다. 면접은 목요일에 있었다. 월요일에 합격했다는 연락이 왔다. 회사에서 제시한 연봉은 4만 5,000달러였다. 인사 담당자는 회사의 영업 담당자들보다 제품을 더 잘 설명하는 그를 놓치고 싶지 않았다. 크레이그가 처음 맡은 일은 영업팀에게 제품을 홍보하는 방법을 보여주는 것이었다.

입사한 지 18개월이 지난 후 크레이그는 리더로 성장하여 경력을 진전시키고 싶었다. 그의 전략은 기술적 능력으로 부족한 경력을 보완하는 것이었다. 그는 3개월 과정의 코딩 집중 교육을 신청했다. 이 과정을 수료한 후 그는 8, 90개 회사에 이력서를 보냈다. 그러나 한 곳도 연락을 주지 않았다. "사실 부족한 면이 많았습니다. 다른 교육생들은 4년 동안 컴퓨터 공학을 배우고 경력도 충분했어요. 나는 아무것도 없었죠. 그래서 의사소통 능력을 최고의 무기로 삼아야 한다고 생각했습니다." 얼마 후 크레이그는 기회를 얻었다. 한 B2B 소프트웨어 기업이 샌프란시스코 본사에서 면접을 보자고 제안한 것이다. 인사 담당자는 구글과 테슬라 같은 기업에서 활용하는 행동 면접behavioral interview 방식에 따라 질문을 던졌다. 이 새로운 면접 방식은 "통학버스에 골프공이 몇 개나 들어갈까요?(기술 기업들이 실제로 제시한 질문)" 처럼 머리를 굴리게 만드는 질문이 아니라 생각하고, 협력하고, 의사소통하는 방식을 살피는 질문을 제시한다. 테슬라의 CEO인 일론 머스크Elon Musk는 면접에서 던질 최고의 질문으로 이 질문을 들었다.

"지금까지 어떻게 살아왔고, 어떤 결정을 내렸으며, 왜 그런 결정을 내렸는지 말씀해 주세요."[11]

머스크는 자신이 어떤 문제에 부딪쳤고, 어떻게 해결했는지 명확하게 설명할 수 있는 사람을 찾는다.

크레이그는 면접에 대비하여 지난 삶과 관련된 중요한 이야기들을 정리하는 한편 면접을 볼 회사에 대한 모든 정보를 수집했다. 여덟 시간의 공부 끝에 그는 회사를 속속들이 알게 되었으며, 영업 담당들보다 제품을 더 잘 설명할 수 있는 수준에 이르렀다. 그의 전략은 다시 적중했다. 덕분에 연봉을 두 배 올려 새 직장으로 옮길 수 있었다.

크레이그는 새 직장에서 12만 달러의 연봉을 받으며 2년 만에 두 번이나 승진했다. 경쟁사로부터 영입 제안도 받았다. 경쟁사는 크레이그가 엔지니어들의 말을 주요 고객들이 이해할 수 있도록 번역하는 고유한 능력을 지녔다는 말을 들었다. 크레이그는 새 직장이 좋았지만 시장에서 자신의 가치를 확인할 수 있는 기회를 놓치고 싶지 않았다. 그래서 다시 면접에 나섰고, 이전처럼 면접관들을 감탄시켰다. 그들은 '여러 직능에 걸친' 크레이그의 의사소통 능력, 즉 명확한 지시로 엔지니어들을 이끌고, 엔지니어링 언어를 고객에게 맞춰서 번역하는 능력에 깊은 인상을 받았다. 그래서 40퍼센트 인상된 연봉으로 일자리를 제안했다. 이 사실을 알게 된 회사에서는 연봉을 40퍼센트 올려주는 동시에 해외 영업을 담당하는 직무까지 맡겼다. '세계적인 수준의 커뮤니케이터'를 잃고 싶지 않았기 때문이다. 크레이그는 대학을 졸업한 지 5년 만에 장차 임원이 될 재목으로 성장했다.

CEO 헤드헌터인 제임스 시트린James Citrin은 크레이그의 성공에 놀라지 않을 것이다. 시트린은 리더십 컨설팅 회사인 스펜서 스튜어트Spencer Stuart에서 일한다. 지금까지 그는 600여 명의 CEO, 이사, 최고 경영진을 물색하는 작업에 관여했다. 그는 〈로스앤젤레스 타임스〉와 가진 인터뷰에서 일자리를 얻고, 지키고, 승진하는 방법에 대한 질문을 받고 다음과 같이 2단계로 구성된 답변을 제시했다.

"먼저 문제 해결 능력, 의사소통 능력, 분석 능력처럼 가치를 더하고 리더십을 발휘하는 데 도움이 되는 능력을 연마하세요. 그다음 세상이 변하는 양상과 관련된 원칙들을 공부해야 합니다."[12]

시트린에 따르면 의사소통 능력은 탁월한 경력을 쌓을 수 있는 기반이다. 그래서 '완전한 패키지'를 갖춰야 한다. 실제로 크레이그에게는 의사소통 능력이 기본이었고, 코딩은 추가적인 역량이었다. 이제 크레이그가 경력을 통해 이룰 수 있는 일에는 한계가 없다.

30초 안에 끝내라

세계에서 가장 영향력 있는 컨설팅 기업, 맥킨지의 전무가 무대에 올라 연례 직원 모임의 시작을 알린다. '가치관의 날Values Day'로 불리는 이 행사는 회사의 사명을 강화하기 위한 것이다. 신참과 고참을 막론하고 모든 컨설턴트들은 행사에 참여해야 한다. 먼저 전무가 연설을 한다. 그는 20년 동안 맥킨지에서 근무했으며, 기술 부문 책임자로서 세계적인 기업들에게 조언을 제공했었다. 연설의 주제는 '스토리텔링'이다. 그는 컨설팅 과정에서 겪은 다섯 가지 이야기를 들려준다. 각 이야기는 회사가 중시하는 특정한 습관을 부각시킨다.

전무가 보여주는 슬라이드는 전부 사진으로 되어 있다. 첫 번째 슬라이드는 1940년에 10여 명의 남성들이 탁자 주위에 앉아 있는 흑백 사진이다. 이 사진은 맥킨지의 구성원들이 회사의 가치관을 논의하기 위해 처음 모인 광경을 담고 있다. 100개의 지사에서 6,000명(그중 다수는 여성이다. 현재 맥킨지는 여성이 일하기 좋은 10대 기업 중 하나이다)이 모인 지금과 극명하게 대비되는 모습을 보여주는 사진은 주의를 환기하는 데 상당히 효과적이다. 전무는 끝없는 도표와 차트, 글머리 기호로 이름난 세계에 살았다. 그러나 직원들에게 회사의 경쟁 우위가 데이터에만 있지 않으며 데이터 이면의 이야기를 들려주고, 고객과 교감하는 데도 있다는 사실을 알려주고 싶었다. 감정은 차트나 그래프보다 사진으로 더 잘 전달된다.

전무는 개인적 이야기와 사례 연구 그리고 컨설턴트들이 프로젝트에 성공하거나 실패한 이야기를 들려준다. 그의 연설은 방점, 차트, 그래프 없이 20분 동안 이어졌다. 이는 극단적인 사례다. 전무는 직원들이 고객에게 사진으로만 된 프레젠테이션을 하기를 바라지 않는다. 다만 프레젠테이션 능력이 맥킨지에서 쌓을 경력에 지대한 영향을 미친다는 사실을 알려주고 싶었다. 경영 대학원(대다수 직원들은 명문대에서 MBA 과정을 수료했다)에서 가르치는 프레젠테이션 방식은 전면적으로 재고할 필요가 있다.

신입 컨설턴트들은 문자투성이 슬라이드를 만드는 방법을 익힌 채 맥킨지에 입사한다. 안타깝게도 이런 슬라이드는 정보를 전달하는 데 가장 비효율적이다. 맥킨지의 고위 임원들이 신입 컨설턴트들을 재교육시키고 기존 컨설턴트들에게 조언을 제공하는 데 열심인 이유가 거기에 있다.

전무는 로버트 맥기Robert McKee라는 시나리오 작가의 말을 빌려 스토리텔링은 인간적 접촉의 주요 수단[13]이라고 말한다. 이 말은 중요한 의미를 지닌다. 3부에서 논리적 순서로 정보를 전달하는 것은 설득의 하나의 요소에 불과한 이유를 살필 것이다. 이야기를 통한 정서적 연결이 이뤄지지 않으면 설득력을 얻기 어렵다.

전무의 연설이 끝난 후 한 컨설턴트는 내게 자신의 이야기를 들려주었다. 그는 입사 첫 주에 고객에게 할 긴 프레젠테이션을 자랑스레 선보였다. 그러자 상사는 이렇게 말했다. "아직 끝난 게 아니야. 이 슬라이드 스무 장의 내용을 두 장으로 줄여. 내용도 단순하게 바꿔야 해. 초등학생이 이해할 수 없다면 너무 복잡한 거야."

알다시피 맥킨지에 들어가는 일은 어렵다. 정말 어렵다. 해마다 20만 명이 넘는 지원자 중에서 1퍼센트 미만이 채용된다. 그중 25퍼센트만 매니저가 되고, 다시 그중 25퍼센트만 준 파트너associate partner가 되며, 다시 그중 25퍼센트만 정식 파트너가 된다. 간단히 말해서 까다로운 채용 과정을 거친 100명 중에서도 단 한 명이 파트너가 된다.

파트너는 매출의 일부가 수입이므로 연간 100만 달러 이상을 쉽게 벌 수 있다. 나머지 직원들의 수입도 나쁘지 않다. 일반 직원들은 16만 달러에서 시작하여 5, 60만 달러를 받는 직급으로 올라간다. 핵심은 두각을 드러내는 것이다. 하지만 모두 우수한 학업 성적과 똑똑한 두뇌를 갖추고 세계적인 명문대에서 MBA 과정을 밟은 사람들 사이에서 어떻게 두각을 드러낼 수 있을까? 그 비결은 바로 설득술을 활용하는 것이다.

맥킨지 컨설턴트들은 모든 프로젝트에 대해 평가를 받는다. 컨설턴트들의 목표는 두각을 드러낼 수 있도록 '우수' 평점을 받는 것이다. MBA, 박사, 주목받는 분야에서 전문적 경험을 쌓은 사람, 오랜 시간을 투자한 사람들 사이에서 두각을 드러내기는 쉽지 않다. 물론 대다수 컨설턴트들이 이런 요건을 갖추고 있다. 그러나 토머스 프리드먼이 권한 "추가 요건"을 갖춰야만 우수 평점을 받을 수 있다.

우수한 컨설턴트들은 설득력이 뛰어나다. 맥킨지의 업무는 첫날부터 대단히 벅차며, 시간이 지나도 쉬워지지 않는다. 컨설턴트들은 매주 회사 안에서 일을 찾아야 한다. 그들에게 매주 새로운 프로젝트를 알리는 이메일이 전달된다. 해당 산업과 직접 관련된 경험이 없는 컨설턴트들은 기회를 달라고 프로젝트 리더를 설득해야 한다. 좋은 프로젝트와 좋은 성과는 승진의 디딤돌이다.

신입 컨설턴트들은 업무 현황을 보고하라는 말이 '30초 안에 정말로 중요한 사항만' 말하라는 뜻임을 금세 깨닫는다. 전직 컨설턴트인 슈 하토리Shu Hattori는 《세계 최고 인재들의 47가지 성공 법칙을 훔쳐라The McKinsey Edge》에서 짧은 문장으로 말하는 것이 성숙한 리더의 징표라고 밝혔다.

"임원 자리에 오르면 프레젠테이션을 최대한 간단하게 하라. 모든 부문의 임원과 고성과자들은 복잡하게 말하면 일이 복잡해진다고 생각한다. (중략) 더 적은 단어로 말하려면 연습이 필요하다. 더 적은 단어로 더 빠르게 설득하는 데 집중하면 고유한 능력을 기를 수 있다."[14]

맥킨지의 6,000여 컨설턴트들은 전 세계에 있는 100개 지사에서 일한다. 맥킨지는 미래의 리더들이 도약하는 발판으로 여겨진다. 실제로 어떤 산업에 속한 어떤 기업보다 많은 CEO들을 배출했다. 690명의 컨설턴트 중 한 명은 향후 상장기업의 CEO가 될 것이다. 반면 두 번째로 많은 CEO를 배출한 다른 컨설팅 기업의 경우 2,150명 중 한 명만 CEO가 된다.

맥킨지는 진정한 CEO 사관학교로서 미래의 CEO들에게 명확하고 간결한 의사소통이 경력을 진전시키는 데 엄청난 이점을 안긴다는 사실을 가르친다.

경력의 사다리를 오르려면

클레어Claire는 밀레니엄 세대(이 책에서는 1980년에서 1995년 사이에 태어난 세대를 지칭함)의 일원이다.[15] 경제학 및 중동학 학사 학위를 딴 그녀는 대학을 졸업한 후 대형 금융보험사에 취직했다. 그녀가 맡은 일은 투자 자문사에 보험 상품을 판매하는 것이었다. 지난 몇 년 동안 금융 서비스는 큰 변화를 겪었다. 보험 상품, 투자 상품, 노후 대비 상품이 갈수록 흔해지면서 '상품을 밀어내는 것'보다 투자자문사들이 '사업을 키우도록 돕는 일'이 더욱 중시되었다. 저비용 인덱스 펀드를 운용하는 투자 자문사들은 자신들의 가치를 고객에게 설득해야 한다. 가치를 증명하지 못하면 사업이 망한다. 클레어는 그들이 두각을 드러내도록 돕는다.

클레어의 회사는 해마다 신입 영업 담당들이 10분 동안 새로운 아이디어를 발표하는 경진 대회를 연다. 간부들은 아이디어의 창의성과 설명의 효과성을 토대로 참가자들을 평가한다. 이는 클레어가 강점을 지닌 부분이었다. 그녀는 원래 사람들 앞에서 말을 잘하는 성격이 아니었다. 그러나 책을 읽고, 테드 영상을 보고, 금융 콘퍼런스에서 접한 여러 프레젠테이션을 분석하면서 열심히 설득술을 익혔다.

클레어가 이 대회에 처음 참가했을 때 나이가 두 배나 많은 간부들과 100명의 동료들 앞에서 프레젠테이션을 했다. 그녀는 내게 이렇게 말했다.

"사람들은 몇 달이 지난 후에도 나의 프레젠테이션을 기억했어요.

효과적인 프레젠테이션을 하지 못했다면 높은 사람들에게 그만큼 인정받지 못했을 거예요."

클레어의 프레젠테이션은 처음에 분명한 주제와 의제를 제시했고, 세 가지 핵심 내용에 집중했고, 요점으로 다시 돌아가서 강렬한 표현으로 끝을 맺었다. 그녀는 칭찬을 많이 받을 수 있었던 것은 프레젠테이션의 구조보다는 이야기 덕분이라고 말한다.

나는 2016년 11월에 처음 클레어와 소식을 주고받았고, 단 몇 달 후 다시 다음과 같은 이메일을 받았다.

"얼마 전에 사업 개발부로 승진 발령이 났어요. 이제 신규 고객을 확보하는 일을 맡게 되었어요. 앞으로 제 예상 수입에 대한 긍정 신호일 것 같아요!"

또 다른 밀레니얼 세대인 마이크Mike는 농업에 종사하는 집안에서 자랐다.[16] 그의 아버지와 할아버지는 힘들게 몸을 써서 옥수수와 토마토를 길렀다. 반면 마이크는 좋은 아이디어를 떠올려 그걸 성공적으로 알리는 데서 가치를 입증해야 했다.

마이크는 성공 가도를 달리고 있다. 그는 대학을 졸업한 직후에 중간 규모 제약사에 현장 영업직으로 들어갔다. 좋은 출발이었다. 그는 6만 달러의 연봉을 받으며 순환기 관련 약들을 판매하는 데 집중했다. 첫 해가 지난 후 그에게 기회가 찾아왔다. 전체 영업 인력을 대상으로 본사에서 교육이 진행되었다. 그중에는 프레젠테이션 능력을 기르기 위한 프로그램도 있었다. 마이크는 스무 명의 동료들 앞에서 10분 동안 프레젠테이션을 해야 했다. 그의 말에 따르면 임원들이 참관하여 간부 후보들을 가려내는 자리였기 때문에 경력 관리 차원에서 대단히 중요한 순간이었다.

교육이 끝난 후 인사과에서 영업 교육 담당을 뽑는다는 공고를 냈다. 마이크는 당시 회사 내에서 별로 알려지지 않은 상태였다. 그래도 지원해 보기로 결정했다. 회사에서 더 오래 근무한 사람들을 이기기는 힘들겠지만 이름을 알릴 기회였기 때문이다. 간부들은 영업 사원 교육 때 프레젠테이션을 잘한 그를 기억하고 다른 열두 명과 함께 후보 명단에 올렸다. 나중에 알려진 사실에 따르면 그는 두 명으로 압축된 유력 후보가 아니었다. 그러나 최종 심사 과정에서 6분 동안 프레젠테이션을 하면서 상황이 바뀌었다. 마이크는 10여 차례 연습을 통해 내용을 자연스럽게 몸에 익혔다. 그의 몸짓과 말투에서는 자신감이 배어 나왔다.

마이크는 프레젠테이션에서 안정된 모습을 보였다. 그러나 특히 사람들의 주의를 끈 것은 한 장의 슬라이드였다. 마이크는 첫 슬라이드에서 트랙터 사진을 보여주었다. 그리고 농업에 종사하는 가족에 대한 이야기와 함께 농장에서 배운 가치관에 대한 이야기를 들려주었다. 그는 제약 영업을 통해 의사 및 약사와 관계를 맺는 일을 농사에 비유했다. 먼저 씨앗을 뿌리고 관계를 돌보면 나중에 결실을 거두는 이야기였다. 그는 프레젠테이션을 마칠 무렵 다시 트랙터 사진을 보여주며 이렇게 말했다.

"영업의 토대를 마련하려면 신뢰와 믿음 그리고 책임 의식을 전달해야 합니다. 이는 제가 아버지와 할아버지에게 배운 가치관이기도 합니다. 우리는 영업 담당자로서 교육받은 내용을 신뢰하고, 제품의 효능을 믿고, 책임 의식을 가져야 합니다."

마이크의 프레젠테이션이 끝난 후 최고위급 인사인 부사장은 옆 사람에게 저런 인재가 지금까지 어디에 숨어 있었냐고 말했다. 물론 마이크는 영업 교육 담당으로 선발되었다.

새 직책은 10만 5,000달러라는 높은 연봉을 안겼다. 그러나 마이크에게는 새 직책을 원한 다른 이유가 있었다. 그는 장기적인 안목으로 앞날을 내다보았다. 그의 궁극적인 목표는 10억 달러의 매출을 올리는 기업의 CEO가 되는 것이었다. 마이크는 내게 이렇게 말했다.

"CEO는 이상을 효과적으로 제시할 줄 알아야 합니다. 나는 영업 교육 담당으로서 콘텐츠를 만들고, 회사와 회사의 이상에 대해 가르칩니다. 매주 여러 차례 프레젠테이션을 하죠. 장차 CEO가 되기 위해 이보다 나은 훈련은 없어요."

사실 마이크에게 새 직책에 지원해 보라고 권유한 이전 상사는 트랙터 사진으로 시작하는 걸 좋아하지 않았다. 일반적이지 않다는 이유였다. 마이크는 그의 조언을 정중하게 들었지만 따르지는 않았다. 비범하지 않으면 두각을 드러낼 수 없었기 때문이다. 별 세 개 정도의 우수한 자료로는 부족했다. 설득술을 공부한 마이크는 우리의 뇌가 새로운 것을 좋아한다는 사실을 알았다. 뇌는 이전에 접하지 않은 것을 감지하면 보상 중추에서 도파민을 분비한다. 한 신경 과학자는 내게 우리의 뇌가 새로운 것, 명민한 것, 맛있는 것을 찾도록 만들어져 있다고 말했다. 마이크가 일반적인 프레젠테이션을 했다면 유력 후보에 올라 있던 두 명 중 한 명이 선발되었을 것이다. 마이크는 평범한 경력 혹은 좋은 경력에 만족하지 않았다. 그는 탁월한 경력을 원했으며, 비범한 프레젠테이션 능력이 자신의 비밀 무기임을 알았다.

하버드의 데이비드 데밍David Deming 교수는 노동시장에서 대인 기술이 지니는 의미를 다룬 논문을 썼다. 이 논문은 마이크와 클레어 그리고 다른 직장인들이 단절의 시대에 성공하는 이유를 말해준다. 많은 사람들은 자동화, 빅데이터, 인공지능, 머신러닝이 여러 분야에서 인간을 대체할 것이라고 두려워한다. 그러나 데밍은 이런 우려가 지나치다고 말한다. 그가 제시하는 하나의 이유는 아직 컴퓨터가 인간적 교류를 모방하는 데 대단히 서툴기 때문이다.[17]

데밍은 1980년부터 2012년 사이에 미국에서 일자리가 얼마나 늘었는지 살폈다. 그 결과 뛰어난 대인 기술을 요구하는 일자리가 경제에서 차지하는 비중이 늘어났고, 해당 부문의 임금도 급증했다는 사실이 드러났다. 데밍이 말하는 대인 기술은 칵테일파티에서 수다를 떠는 것이 아니라 팀을 이끌고, 다양한 집단과 협력하고, 동료와 고객들을 설득하는 것을 말한다.

"사회적 맥락에 대응하는 인간의 기술은 수천 년에 걸쳐 진화했다. 직장에서 이뤄지는 교류는 구성원들이 서로의 강점을 활용하고 변화하는 환경에 유연하게 적응하는 팀 작업을 수반한다. 이런 비일상적 교류는 인간이 기계를 상대하는 데서 지니는 우위의 핵심이다."

데밍은 의사소통, 협력, 설득을 요구하는 일자리가 앞으로 계속 늘어날 것이라며 이렇게 말한다.

"경영 컨설턴트 같은 직업을 생각해 보세요. 물론 경영 컨설턴트로 일하려면 분석 능력이 뛰어나야 합니다. 그러나 데이터를 분석하고, 프레젠테이션을 구성하고, 고객과 대화하고, 설득력 있는 글을 쓰는 등 다른 일들도 해야 합니다."[18]

데밍은 직장인들에게 폭넓고 다양한 기술을 습득할 것을 권한다.

"인간은 언제 경로를 바꿔야 할지 알고 예측할 수 없이 변하는 환경에 유연하게 적응할 수 있습니다. 또한 다른 문제에 다르게 적용할 수 있는 다양한 수단을 갖고 있습니다. 코딩 능력과 의사소통 능력처럼 동떨어진 두 가지 능력을 모두 잘하면 아주 좋을 것입니다."

인간적인 더 인간적인

하버드 익스텐션 스쿨Harvard Extension School은 직업 능력 개발과 개인적 발전을 위한 성인 교육을 목적으로 1910년에 설립되었다. 기술 분야에서도 소프트 스킬에 대한 수요가 높다.[19] 특히 의사소통 능력은 IT 기업을 비롯하여 여러 기업들이 가장 바라는 능력이다.

하버드 대학 IT 부서의 책임자인 벤 고체린Ben Gaucherin은 기술 부문에서도 소프트 스킬이 대단히 중요하다고 오랫동안 생각했다고 말한다. 그의 설명에 따르면 이공계 교육은 너무 기술적 능력에만 집중한다. 그의 경험으로 볼 때 기술 분야에서 성공하는 사람은 기술적 능력이 뛰어나면서도 일반인이 이해할 수 있도록 전문적 내용을 쉽게

풀어낼 줄 안다.[20]

버닝 글래스 테크놀로지는 〈인간적 요소The Human Factor〉라는 보고서에서 기업들이 소프트 스킬을 갖춘 인재를 찾는 데 어려움을 겪는다고 밝혔다.[21] 현재 4만 개의 기업들이 버닝 글래스에 구인 광고를 올린다. 버닝 글래스는 1년 동안 올라온 2,500만 개의 구인 광고를 분석하여 주로 원하는 기술이 무엇인지 확인했다. 대부분의 기술직은 정보 기술, 의료, 엔지니어링 분야에 속했다. 분석 결과 '소프트 스킬'이라는 표현은 대단히 부정확했다. 의사소통 능력은 '기본 능력'으로 간주되어야 했다. 기술직에서 성공하는 데 반드시 필요한 능력인데도 그런 사람을 찾으려면 대단히 어렵기 때문이다. 보고서의 결론에 따르면 기업들이 전통적인 요건에서 벗어난 능력을 요구하는 경우 그 능력은 매우 중요하고 찾기 어려운 것일 가능성이 높다. 또한 분석 결과 글쓰기 능력과 말하기 능력도 성공적인 경력의 토대이지만 찾기 어려운 것으로 드러났다. 이러한 능력은 거의 모든 직군에서 필수이고, IT와 엔지니어링 같은 분야에서도 공통 요건에 따라 예상보다 훨씬 더 많이 요구한다.

기술 부문 조사 기업인 가트너Gartner가 실시한 조사에서 485명의 최고정보책임자(CIO)들은 최고위직까지 오르게 해준 세 가지 리더십 속성을 말해 달라는 요청을 받았다. 기술적 능력의 순위는 12위에 그쳤다. 혁신 능력과 조직 관리 능력도 상위권에 들지 못했다. CIO들은 사업에 대한 깊은 이해력을 성공에 도움을 준 최고의 속성으로 꼽았다. 두 번째로 중요한 속성은 결정에 영향을 미치는 의사소통 능력이었다.

앤디 브라이언트Andy Bryant는 인텔의 이사회 의장이다. 그는 인텔과 포드 같은 기업에서 최고 재무 책임자로 오래 일했다. 그의 증언에 따르면 프로젝트를 추진하는 데 필요한 자금을 이사회에 요청했다가 빈손으로 돌아서는 CIO들이 많다. 그가 제시하는 주된 패인은 설득력 부족이다.

브라이언트에 따르면 의사소통 능력이 뒤떨어지는 경우 대개 다음과 같은 양상으로 대화가 진행된다.

> CIO: 자금을 주지 않으면 우리는 죽습니다. 모든 게 끝나요.
>
> 이사회: 아주 센 발언이군요.
>
> CIO: 우리에게는 ○○달러가 필요해요. 그 돈이 없으면 보안에 문제가 생깁니다. 그러면 상당한 위약금을 물어야 합니다.
>
> 이사회: 그럼 ○○달러를 주면 보안이 확실해지나요?[22]

합리적인 CIO라면 누구도 마지막 질문에 확답을 줄 수 없다. 그 결과 요청한 자금을 받지 못하게 된다. 브라이언트는 다음과 같은 접근법을 권한다. 우선 CIO는 어떤 사업을 하고 있는지, 어떤 문제를 해결하고 있는지, 회사가 직면한 보안 문제가 무엇인지, 저렴한 해결책과 값비싼 해결책은 무엇인지 모두 설명해야 한다. 이렇게 대화의 맥락을 잡으면 자금을 요구할 필요가 없다. 대신 교사처럼 이사회를 가르치기만 하면 된다. 그러면 이사회는 협박받거나 강요당하는 느낌이 아니라 판단에 필요한 정보를 습득한 느낌을 받는다. 기술적인 분야부터 예술적인 분야까지 설득은 두각을 드러내는 데 도움을 준다.

메시지를 머리에 각인시키다

억만장자 투자자이자 실리콘밸리의 유명 창업 투자 회사인 세콰이어 캐피털의 회장, 마이클 모리츠는 구글, 야후, 페이팔, 링크드인, 에어비앤비에 대한 성공 투자를 이끌었다.

모리츠는 맨체스터 유나이티드의 감독을 지낸 알렉스 퍼거슨Alex Ferguson과 함께 《리딩Leading》이라는 책을 썼다. 두 사람은 이 책에서 정상에 오르려면 어떤 자질들이 필요한지 밝혔다.

1970년대 말에 〈타임 매거진〉기자였던 모리츠는 조직의 운명을 바꾸고 불가능한 일을 이루도록 북돋는 능력을 갖춘 사람들에게 관심을 가졌다. 그는 크라이슬러의 전설적인 CEO, 리 아이아코카Lee Iacocca를 처음 만나던 때를 기억한다. 당시 대다수 전문가들은 크라이슬러가 망하리라 예측했다. 모리츠는 아이아코카가 회사에 활력을 불어넣어서 역사상 가장 두드러진 브랜드 중 하나로 변신시키는 모습을 지켜보았다. 그는 그 모습을 보고 한 개인이 조직을 이끌어서 운명을 바꾸는 힘을 지닌다는 사실을 믿기 시작했다.[23]

그렇다면 조직을 이끄는 데 필요한 가장 중요한 능력은 무엇일까? 모리츠가 보기에는 설득력이 필수다. 다른 사람들이 행동에 나서게끔 설득하는 능력이 없으면 어떤 일도 일어나지 않는다. 모리츠의 말을 들어보자.

"어느 방향으로 가기를 원하는지 분명하게 알려주지 못하면 팀이나 조직은 말할 것도 없고 개인조차 이끌 수 없습니다. 축구 경기에서 후반전을 대비하든, 회사의 향후 5개년 계획을 세우든 리더는 어디로 가기를 원하는지 분명하게 알려줘야 합니다."

모리츠와 퍼거슨에 따르면 회사에서 두각을 드러내는 사람은 복잡한 내용을 명확한 말과 방향, 지시로 바꾼다. 모리츠는 퍼거슨에 대해 이렇게 말한다.

"그는 짧고 간결하게 지시를 내립니다. 병원이나 제철소 혹은 다른 어느 곳에서 일하는 사람이라도 세 가지 이상의 지시는 기억하기 어렵거든요. 장황한 지시는 간결한 지시처럼 목표를 맞추지 못합니다."

모리츠는 두 명의 스탠퍼드 학생이 사무실로 찾아와 그때까지 들었던 다른 어떤 사업 계획보다 간결한 사업 계획을 들려준 일을 기억한다. 두 학생의 이름은 세르게인 브린Sergey Brin과 래리 페이지Larry Page였다. 그들은 모리츠에게 "구글은 누구나 쉽게 구할 수 있도록 세상의 모든 정보를 정리합니다"라고 말했다. 이 말 하나로 구글은 최초의 대규모 투자를 받을 수 있었으며 모리츠와 구글 창업가들이 억만장자의 길에 오를 수 있었다. 지금도 모리츠는 한 문장으로 사업이나 아이디어를 설명할 수 없다면 너무 복잡하다고 생각한다.

모리츠는 설득술을 익히는 일이 쉽지 않다는 사실을 상기시킨다. 회사에서 성공을 거두는 사람들은 오랜 시간에 걸쳐 설득술을 연마한다. 또한 설득술을 개선하려는 노력을 멈추지 않는다. 모리츠는 이렇게 말한다.

"원래 시가 소설보다 훨씬 쓰기 어렵습니다. 사람들은 대부분 집중하지 않고, 한눈을 팔고, 기억력이 부실합니다. 그래서 메시지를 머리에 각인하는 능력은 아주 드뭅니다. 그러기 위해서는 메시지가 인상적이고, 분명하고, 생생할 뿐 아니라 감정적 요소를 지녀야 합니다."

리더의 자리에 오르고 싶다면 메시지를 머리에 각인하는 능력을 길러야 한다. 그러면 그 일을 잘하는 리더들을 만나보도록 하자.

8장
성공 가도를 달리는 리더

모든 리더십은 생각을 다른 사람들에게 전달하는 데서 발휘된다.

—찰스 쿨리CHARLES COOLEY, 미국 사회학자

커제는 아시아 전역에 불안한 분위기를 퍼트린 '끔찍한' 경험을 했다. 그는 세계 1위 바둑 기사다. 엄밀하게 말하자면 2017년 5월까지는 그랬다. 그때 그는 구글의 자회사인 딥 마인드Deep Mind가 만든 알파고AlphaGo에게 패했다.

가리 카스파로프가 1997년에 체스 대결에서 딥 블루라는 슈퍼컴퓨터에게 진 일은 서구에 충격을 불러일으켰다. 그러나 얼마 후 〈뉴욕타임스〉에 실린 기사에 따르면 아시아 사람들은 이를 대수롭지 않게 받아들였다. 어차피 체스는 바둑보다 덜 복잡하기 때문이었다. 어떤 기계도 바둑 고수를 이길 수는 없었다. 바둑은 약 2,500년 전에 고안된 가장 오래된 게임이자 가장 복잡한 게임이었다. 바둑에서 둘 수 있는 수는 우주에 있는 원자보다 많다는 말도 있다. 한 천체 물리학자는 슈퍼컴퓨터가 카스파로프를 이긴 후에도 바둑 고수를 이기려면 100년이 걸릴 거라고 예측했다. 그러나 불과 20년 만에 그런 일이 일어났다. 그 일이 그토록 '끔찍했던' 이유가 거기에 있다.

알파고가 커제를 이긴 지 얼마 되지 않아서 구글의 CEO, 선다 피차이Sundar Pichai는 고전 설득술을 활용하여 일련의 최신 기기들을 소개했다.

선다 피차이는 세계에서 가장 스마트한 엔지니어다. 수학적 사고방식을 가진 그는 한 번이라도 건 적이 있는 모든 전화번호를 기억한다. 피차이는 인도 공과 대학Indian Institute of Technology에서 금속 공학을 전공했다. 이 학교는 50만 지원자 중에 단 2퍼센트 미만만 들어갈 수 있을 만큼 경쟁이 치열하다(하버드의 합격률은 지원자 중 6퍼센트이다). 뒤이어 피차이는 스탠퍼드와 와튼에서 소재 공학, 엔지니어링, 경영학 학위를 받았다. 그는 2004년에 구글에 입사하자마자 빠르게 승진했다. 그는 세계에서 가장 인기 있는 웹 브라우저인 크롬을 개발한 데 이어 안드로이드 사업부와 검색 및 지도 사업부를 이끌었다. 그리고 2015년에 마침내 CEO 자리에 올랐다. 피차이의 세계는 빅데이터, 머신러닝, 인공지능을 중심으로 돌아간다. 그러나 그가 리더로서 지닌 최고의 자질은 복잡한 문제를 이해하기 쉽게 만드는 것이다.

피차이는 인도 남부의 도시로서 고대와 현대가 만나는 첸나이Chennai에서 태어났다. 첸나이에는 아시아 최대 규모의 IT 산업 단지가 있으며, 가장 오래된 무용의 발상지이기도 하다. 이곳에는 오랜 사원 바로 옆에 고층 건물이 솟아 있다. 레스토랑에서는 전통 음식과 함께 최신 요리를 제공한다. 또한 현대 음악가들이 수천 년 된 오랜 전통 음악을 활용하여 혁신적인 비트와 리듬을 만들기도 한다.

설득도 고대와 현대의 교차로에서 이뤄진다. 피차이는 두뇌 친화적인 프레젠테이션을 통해 생각을 전달하기 때문에 효과적인 의사소통에 뛰어나다.

슬라이드는 광고판이다

피차이는 1년에 한 번씩 구글 I/O로 불리는 개발자 콘퍼런스에서 기조연설을 한다. 그는 먼저 구글의 기술이 우리의 삶을 개선하는 양상과 구글이 어떻게 더 나은 미래를 실현하는지 설명한다. 그의 프레젠테이션은 고전 설득의 법칙을 따르기 때문에 마치 대가의 경지를 보여주는 듯하다.

시각적 스토리텔링은 구글에서 중요한 역할을 한다. 구글 직원들은 아이디어를 과감하고 신선한 스타일로 제시하는 교육을 받는다. 이야기는 그림과 함께 들려주는 것이 가장 좋다. 구글에서는 글자와 방점을 피한다. 피차이가 보여주는 슬라이드는 대단히 깔끔하다. 광고 디자이너들이 페이지 전체를 문자로 채우지 않듯이 피차이는 과다

한 단어나 숫자로 슬라이드를 어지럽히지 않는다.

한 조사 결과에 따르면 파워포인트 슬라이드에는 평균 40자가 들어간다. 피차이가 2017년 구글 I/O에서 한 프레젠테이션에서는 열두 번째 슬라이드 전까지 40자 이상의 글자가 들어가지 않았다. 대신 사진, 영상, 애니메이션이 그 자리를 채웠다. 텍스트가 나올 때도 피차이는 가능한 한 적은 단어를 썼다. 가령 첫 슬라이드에는 구글의 주요 제품(검색, 유튜브, 안드로이드 등)을 나타내는 일곱 개의 로고가 나오고 텍스트는 '10억 이상의 사용자'라고만 되어 있다. 피차이는 매달 10억이 넘는 사용자들이 각각의 제품을 사용한다고 설명한다. 다섯 번째 슬라이드에는 다섯 개의 단어가 들어간다. 다른 슬라이드에는 프레젠테이션의 주제를 뒷받침하는 '모바일 퍼스트에서 AI 퍼스트로'[1]라는 문장만 들어가 있다. 이 문장은 구글이 나아갈 방향의 중대한 전환을 가리킨다. 구글은 지금까지 모바일 기기를 위한 도구를 개발하는 데 역점을 두었다. 그러나 앞으로는 집, 차, 사무실, 거리에서 사람들을 연결하는 인공지능 시스템을 개발하는 데 집중할 것이다.

인지 과학자들은 우리가 생각만큼 멀티태스킹을 잘하지 못한다고 말한다. 뇌는 두 가지 일을 동시에, 똑같이 잘하지 못한다. 프레젠테이션의 경우 화면에 나온 문자를 이해하는 동시에 발표자의 말까지 듣지 못한다. 그림이 글보다 인상에 잘 남는 이유가 거기에 있다.

워싱턴 대학교의 의과 대학의 존 메디나는 설득 그리고 뇌가 정보를 처리하는 양상에 대해 폭넓은 연구를 진행했다. 그의 조언은 슬라이드에서 글자를 줄이고 그림을 늘리라는 것이다. 주의를 기울여야 하는 여러 정보를 동시에 처리하는 일이 생리적으로 불가능하기 때문이다.[2] 그는 사람들이 흔히 너무 많은 정보를 동시에 전달하는 실수를 저지른다고 말한다. 이런 말은 직관과 어긋난다. 그러나 연구 결과가 드러내는 사실은 분명하다. 슬라이드에는 적은 정보를 담을수록 좋다.

슬라이드 디자인 전문가인 낸시 두아르테Nancy Duarte는 3초 규칙을 따를 것을 권한다. 청중이 슬라이드의 핵심을 3초 안에 파악할 수 없다면 너무 복잡한 것이다. 두아르테의 말을 들어보자.

"슬라이드를 광고판이라고 생각하라. 사람들은 차를 운전하고 가다가 광고판에 담긴 정보를 처리할 때 도로에서 잠깐만 눈을 뗀다. 마찬가지로 청중들이 말에 집중하고, 슬라이드는 잠깐만 보도록 만들어야 한다."[3]

방점이 찍힌 광고판을 본 적이 있는가? 방점은 슬라이드를 구성하는 간편한 수단이지만 효과는 가장 뒤떨어진다.

크리스 앤더슨Chris Anderson은 《테드 토크TED Talks》에서 각 슬라이드에 제목과 여러 방점을 단 전통적인 파워포인트 프레젠테이션은 청중의 흥미를 잃게 만든다며 이렇게 말한다.

"우리는 강연자가 이런 강연 자료를 들고 오면 음료를 대접하고 같이 컴퓨터 앞에 앉아서 하나씩 삭제해도 되는지 부드럽게 묻는다."[4]

피차이가 만든 슬라이드는 쓸데없는 것들을 삭제하는 테드의 규칙을 준수한다.

완벽한 팀은 교감이 먼저다

구글은 지구상에서 가장 최신의 툴을 만드는 회사이다. 그러나 구글의 최고 리더들은 가장 오래된 설득술을 따른다. 프라사드 세티Prasad Setty가 그중 한 명이다. 기계 공학을 전공하고 맥킨지에서 컨설턴트로 일한 세티는 피차이처럼 첸나이 출신이다. 구글에서 인사 분석 담당 부사장인 세티는 데이터에 기초한 통찰을 통해 직원들의 행복도와 생산성을 높이는 일을 한다.

세티는 직원들에게 이렇게 묻는다.

"우리는 난해한 분석 업무에 많은 시간을 들입니다. 하지만 어떻게 해야 그 업무를 인상적인 활동으로 만들 수 있을까요? 어떻게 해야 우리의 메시지가 반향을 일으키도록 의사소통을 더 잘할 수 있을까요?"[5]

그는 의사소통을 할 때 청중들에게 어떤 지식과 감정을 전달하고 어떤 행동을 유도하고 싶은지 자문해야 한다고 말한다.

세티에 따르면 사람들은 이 문제를 제대로 살피지 못하는 경향이 있다.

"우리는 사람들이 알아야 할 것들 대신 우리가 해온 일들을 말합니다. 허세 가득한 전문 용어들을 늘어놓으면서 말이죠. 박사들이 한 일을 이해하려면 박사 학위가 있어야 합니다. 우리는 과학과 분석학을 이야기할 때 감정은 생각조차 하지 않습니다. 객관성과 합리적 사고를 추구하려면 모든 감정을 배제해야 한다고 생각하는 것 같아요. 그러면 머릿속에 남는 말을 하기 어렵습니다."[6]

세티는 구글에서 인력 운영부라고 부르는 부서에서 일한다. 2012년에 인력 운영부는 회사에서 가장 높은 성과를 내는 팀들의 습관을 파악하는 야심 찬 프로젝트에 착수했다. '프로젝트 아리스토텔레스Project Aristotle'라는 이름의 연구가 3년간 진행되었다.[7] 연구 결과 아리스토텔레스가 옳았다는 결론이 나왔다. 아리스토텔레스의 설득술은 고대에 그랬던 것처럼 지금도 여전히 유효했다.

프로젝트 아리스토텔레스를 이끈 사람은 줄리아 로조프스키Julia Rozovsky다. 그녀의 팀은 200여 명의 직원들을 인터뷰하고, 180개 팀을 분석하고, 250가지 속성을 살폈다. 그녀는 성공적인 팀을 만드는 재능과 기술의 이상적인 조합을 파악할 수 있을 거라 자신했다. 무엇보다 그녀의 팀은 로즈 장학생, 엔지니어, 데이터 전문가, 박사 학위 소지자들을 모은 '드림팀'이었다. 그러나 놀랍게도 그녀는 "우리가 완전히 틀렸다"라고 인정했다.

로조프스키는 팀에 '누가 있느냐'보다 팀원들이 서로 '어떻게 소통'하는지가 더 중요하다는 사실을 발견했다. 당연히 팀원들과 교감하는 리더는 성공적인 상호 작용의 촉매 역할을 했다. 연구 결과 성공적인 팀은 다음과 같은 속성을 지니고 있었다.

- **심리적 보장**: 팀원들은 위험을 감수해도 된다고 느낀다. 분명하게 의견을 밝히고 팀원들 앞에서 취약한 모습을 보이는 데 거리낌이 없다.
- **명확성**: 팀원들에게 분명한 목표와 역할이 있다.

- **일의 효과**: 팀원들은 자신의 일이 중요하다고 생각하며, 어떻게 대의에 기여하는지 안다.

심리적 보장은 성공적인 팀에서 볼 수 있는 가장 중요한 속성이었다. 로조프스키는 팀원들이 서로에 대해 더 안심할수록 실수를 인정하고, 협력하고, 새로운 역할을 맡을 가능성이 높다고 말한다. 심리적 보장이 강한 팀에 속한 사람들은 다양한 아이디어의 힘을 활용하고, 더욱더 많은 매출을 일으키며, 종종 임원들로부터 두 배 이상 높은 평점을 받는다.

구글 직원들은 데이터를 좋아하며, 그 데이터를 토대로 행동에 나서고 싶어 한다. 프로젝트 아리스토텔레스의 연구 결과는 권장되는 능력을 뒷받침하도록 키트와 함께 회사 전체에 배포되었다. 이후 1년 동안 300개 팀에 속한 3,000명의 직원들이 새로운 소프트웨어를 활용하기 시작했다.

전 세계에 걸쳐 새로운 틀을 받아들인 팀들은 즉각 효과를 누렸다. 그들이 인사팀에 보내는 피드백에서 몇 가지 공통점이 드러났다. 〈뉴욕 타임스 매거진〉에 이 실험 기사를 실은 찰스 두히그Charles Duhigg에 따르면 첫째, 심리적 안전감과 감정적 대화는 서로 연관되어 있다. 차례대로 말하며 공감하는 것처럼 심리적 안전감을 만드는 행동들은 우리가 개인으로서 유대를 맺으려 할 때 종종 의존하는 불문율의 일부다. 인간적 유대는 다른 곳에서 중요한 만큼 일터에서도 중요하다. 사실은 더 중요할 때도 있다.[8] 두히그는 모든 것을 정량화하고 최적화

할 수는 없다는 사실을 프로젝트 아리스토텔레스가 상기시킨다고 말한다. 효과적인 일터는 종종 리더와 팀원의 경험과 정서적 소통을 토대로 만들어진다. 성공적인 리더는 팀원들이 승리자가 된 기분을 느끼도록 해준다.

두히그는 프로젝트 아리스토텔레스에 깊은 관심을 가진 매트Matt라는 간부를 인터뷰했다. 매트는 구글에서 자신이 하는 일에 열정을 품고 있었다. 문제는 팀원들이 잘 협조하지 않는다는 것이었다. 매트는 프로젝트 아리스토텔레스를 통해 밝혀진 사실을 참고하여 팀원들이 회의를 시작할 때 서로에게 열린 자세를 갖도록 북돋웠다. 그는 자신부터 먼저 나서서 암 치료를 받고 있다는 사실을 털어놓았다. 뜻밖의 소식에 팀원들은 큰 충격을 받았다. 뒤이어 놀라운 일이 일어났다. 팀원들은 한 명씩 개인적인 이야기를 하기 시작했다. 그들은 서로에게 열린 자세로, 솔직히 이야기했다. 매트는 전체의 일보다 각 팀원에게 더 나은 업무 방식을 제시하기로 약속했다. 뒤이어 팀원들은 더 자주 대화를 나누고 적극적으로 아이디어를 교환하겠다고 약속했다.

지금 구글에서 진행되는 많은 회의는 팀원들을 이어주는 팀 구축의 정서적 요소인 이야기와 경험을 나누는 일로 시작된다. 이야기를 들려주고 스스로 취약성을 드러내는 리더는 팀원들도 앞에 나서서 말하도록 만든다. 목표와 이정표를 분명하게 제시하는 리더는 팀원들의 신뢰를 얻는다. 팀원들의 역할이 왜 중요하고, 어떻게 큰 그림과 이어지는지 보여주는 리더는 최선을 이끌어낸다.

구글이 전 세계에 걸쳐 완벽한 팀을 구성하기 위한 데이터를 수집

하던 기간에 한 정신과 의사 출신의 CEO는 로스앤젤레스에서 비슷한 일을 하고 있었다. 그는 그 결과를 토대로 의료 산업을 변화시켰다.

UCLA 대학 병원의 부활

데이비드 파인버그David Feinberg는 의료 보험 급여만큼 스타벅스의 고객 서비스에 대해서도 편안하게 이야기한다. 이런 점이 그를 의료 부문의 스타로 만들었다. 그는 꾸준하게 업계 외부에서 창의적 아이디어를 찾고 설득술을 익혀서 동기를 부여하기 때문에 성공한 리더가 되었다.

파인버그는 펜실베이니아에 있는 가이징어 헬스Geisinger Health의 회장 겸 CEO로서 12개의 병원과 3만 명의 임직원을 관리한다. 가이징어 헬스를 맡기 전에는 UCLA 대학 병원을 전국에서 가장 높은 평가를 받는 병원 중 하나로 만들었다.

파인버그가 UCLA 대학 병원의 대표를 맡았을 때는 환자 만족도가 높지 않았다.[9] 사실 바닥권에 가까운 수준이었다. 어떤 조사에서 세 명의 환자 중 두 명은 친구나 가족에게 UCLA 대학 병원을 추천하지 않겠다는 결과가 나왔다. 그러나 파인버그가 대표를 맡은 7년 동안 환자 만족도가 급상승했다. 현재 UCLA 대학 병원은 미국의 모든 병원 중에서 최상위 1퍼센트에 속한다.

무엇이 이런 변화를 일으켰을까? 파인버그는 말한 것을 실천했고,

계속 돌아다녔다. 매일 두세 시간씩 환자들을 방문하여 휴대전화 번호가 적힌 명함을 돌렸다. 그는 한 병실을 방문했을 때 휴대전화 번호가 적힌 다른 병원장들의 명함이 있는 것을 보고 자신이 방법이 통하고 있음을 알았다.

파인버그는 가이징어에서도 돌아다니기를 멈추지 않았다. 나와 통화하던 날 하루 전에는 (사무실에서 1시간 30분 거리인) 산하 병원의 대기실에서 어떻게 환자들을 접수하는지 30분 동안 관찰하기도 했다. 그는 담당 직원이 일하는 모습에 깊은 인상을 받은 나머지 직접 칭찬하고 병원장에게 편지를 써서 그 사실을 알렸다. 어느 때든 병원 주방의 요리사나 직원 식당의 영양사 혹은 복도에서 마주친 간호사와 이야기하는 그의 모습을 볼 수 있다. 또한 그는 항상 환자들과 대화를 나누고, 직원들이 병실에서 임무를 수행하도록 돕는다. 현장을 잘 살펴야 한다는 소신 때문이다.

파인버그는 현장을 살필 때 직원들이 의사소통 프로그램을 제대로 활용하는지 살핀다. 그가 UCLA 대학 병원의 대표 시절에 만든 이 프로그램의 명칭은 시아이케어CICARE(see, I care)다. 시아이케어는 모든 환자(혹은 고객)에게 항상 탁월한 서비스를 제공하도록 직원들을 교육한다. 또한 효과적인 의사소통 프로그램으로서 가이징어, UCLA 대학 병원 그리고 다른 정상급 병원에서 동료, 환자, 방문자와의 모든 상호작용에 지침을 제공한다. 그 내용은 다음과 같다.

시아이케어(CICARE) 각 프로그램의 정의

유대Connect	좋은 첫 인상을 남기고 친근하게 이름을 부르며 인사한다.
소개Introduce	자신의 이름과 직무를 소개한다.
의사소통Communicate	어떤 일을 할 것인지 설명한다.
허락 요청 및 예측 Ask Permission and Anticipate	"들어가도 되겠습니까?", "지금 검사해도 되겠습니까?" 등 허락을 구하는 질문을 하고 환자의 필요와 우려를 예측한다.
대응Respond	환자의 필요나 요청에 즉각적으로, 긍정적으로 대응한다.
탁월한 마무리End with Excellence	일을 마무리하고, 다음 단계를 소개하고, 다음에 누가 올지 설명한다.

파인버그는 UCLA 대학 병원에서 이 프로그램을 도입할 때 전국적으로 퍼질 것이라는 생각을 하지 못했다. 그는 가이징어에서 처음 직원회의를 열었을 때 의사소통 훈련 프로그램이 있는지 물었다. 그러자 한 젊은 의사가 스탠퍼드 대학 병원에서 배운 시아이케어를 도입하자고 제안했다. 그는 파인버그가 시아이케어를 만든 사람이라는 사실을 몰랐다. 스탠퍼드 대학 병원의 대표는 UCLA 대학 병원에서 일한 적이 있었다. 그래서 새로 부임한 병원으로 시아이케어 프로그램을 같이 가져온 것이었다. 시아이케어는 파인버그 같은 파이브 스타 커뮤니케이터만이 만들 수 있는 최고의 의사소통 훈련 프로그램이다.

최고스토리텔링책임자의 탄생

파인버그는 스토리텔링은 리더로서 가장 중요한 도구라고 말한다.

"저는 제 자신을 최고스토리텔링책임자chief storytelling officer라고 생각합니다."

파인버그는 UCLA 대학 병원의 CEO로서 첫 회의를 열었을 때 공감이 중요하게 다뤄지지 않는다는 사실을 발견했다. 회의는 통계치, 도표, 차트, 매출 그래프로 시작되었다. 환자에 대한 논의나 이야기는 없었다. 파인버그는 구글이 드러낸 사실을 확인했다. 자신의 일이 큰 그림에, 이 경우에는 환자에게 어떤 영향을 미치는지 모르면 성과에 관심을 덜 가진다는 사실 말이다.

파인버그는 의제를 바꿨다. 모두가 환자의 경험과 관련하여 개인적으로 접한 좋고 나쁜 이야기를 나눠야 했다. 파인버그는 한 걸음 더 나아가 월례 회의를 시작할 때 환자를 초대하여 이야기를 들려주거나, 환자가 쓴 편지를 읽었다. 그의 말을 들어보자.

"의료 부문에서 우리가 접하는 이야기는 할리우드에서 만드는 이야기보다 낫습니다. 병으로 힘든 시간을 보내는 실제 사람들의 이야기니까요. 문제를 제대로 해결하면 정말 기분이 좋아요."

파인버그는 대표로 일한 8년 동안 UCLA 대학 병원을 완전히 탈바꿈시켰다. 덕분에 전국 최고의 병원으로 꾸준히 꼽히게 되었다. 파인버그는 말 그대로 최악의 병원을 최고의 병원으로 만들었다. 그러나 이런 성적도 그에게는 여전히 실망스러웠다. 그는 이렇게 말했다.

"환자 만족도 부문에서 UCLA 대학 병원이 하위 39퍼센트에서 상위 1퍼센트로 올라간 건 사실입니다. 100명의 환자 중 85명이 우리 병원을 추천한다는 뜻이죠. 하지만 나머지 15명의 환자와 가족들은 만족시키지 못했어요."[10]

다른 부문에서도 파인버그의 성공을 따라할 수 있을까? 가능하다. 실제로 성공한 사례도 있다. 파인버그가 가이징어의 대표를 맡은 첫해에 모든 부문에 걸쳐 환자 만족도가 높아졌다. 환자 유치도 역대 최고치를 기록했고, 임직원 참여도도 전년보다 높았다. 그러나 이번에도 충분치 않았다. 결코 만족하는 법이 없는 파인버그의 열정은 탁월한 성과를 이끌어냈다. 그는 "우리의 성과가 더 낫다는 것은 다른 의료기관과 비교했을 때 그렇다는 겁니다"라고 말한다. 그의 목표는 가이징어를 최고의 의료 기업으로 만드는 것이 아니라 모든 산업을 통틀어 최고의 경험을 제공하고 싶어 한다. 위엄, 존중, 친절, 배려로 사람들을 올바로 대하는 모범을 보이는 것이다.

구글 직원들이 원대한 목표에 기여한다는 기분을 느끼고 싶어 했던 것처럼 파인버그도 직원들이 특별한 일에 기여한다는 기분을 느끼도록 했다. UCLA 대학 병원은 강력한 사명 선언을 새로 만들었다. 환자 한 명 한 명 고통을 덜고, 건강을 촉진하고, 친절을 베풀어서 인류를 치유한다는 내용으로, 파인버그는 당시 UCLA 대학 병원이 '친절'을 사명 선언에 넣은 최초의 병원이란 점에 자부심을 갖고 있다.

갤럽은 환자들이 병원에서 겪는 최고의 경험과 최악의 경험에 대한 조사를 실시했다. 그 결과 병원 운영을 성공으로 이끄는 두 가지 주요 요소 중 하나가 '명확한 사명과 이상을 지닌 가치관'이라는 사실이 밝혀졌다.[11] 다른 하나는 '강력하고 가시적인 리더십'이었다. 리더가 실천하지 않으면 사명 선언은 큰 의미가 없다.

구글과 UCLA 대학 병원은 완전히 다른 분야에 속한다. 하나는 인공지능을 구축하고, 다른 하나는 인공관절을 삽입한다. 그러나 두 조직의 리더들은 성공하는 팀을 만드는 법이라는 같은 과제에 직면했다. 그들은 설득술을 활용하여 정서적 유대를 강화하는 것이 팀을 보다 생산적, 참여적, 협력적으로 만들고 궁극적으로 성공을 이끌어낸다는 같은 결론에 이르렀다.

스카프로 말하라

데이비드 록David Rock은 하드 데이터를 통해 리더들에게 회사를 변화시키는 소프트 스킬을 가르친다. 록은 경영지 〈스트래티지 플러스 비즈니스Strategy+Business〉에 실은 글에서 인간의 뇌가 사회적 기관이라고 주장했다.

"동물의 뇌가 우선 포식자에게 대응한 다음 먹이를 찾도록 만들어졌듯이 인간이 지닌 사회적 뇌는 우선 핵심적인 문제에 대응한 다음 다른 기능을 하도록 만들어졌다."

여기서 말하는 다른 기능은 참여, 협력, 생산성, 열정, 창의성 등 높은 성과를 내기 위한 토대를 형성한다. 록은 뇌가 성공하는 팀을 만드

는 데 도움을 주는 양상을 설명하기 위해 스카프SCARF라는 말을 만들었다.[12]

위상Status

우리는 다른 팀원들과 비교당하는 것을 좋아하지 않는다. 이런 비교 행위는 위협에 대한 반응 기제를 자극한다. 첨단 두뇌 촬영술을 통해 확인한 결과 사회적 위상이 위협받을 때 고통과 연계된 두뇌 부위가 활성화된다. 반대로 우리는 자신의 가치를 인정받을 때 엄청난 기쁨을 느낀다. 록에 따르면 우리는 사회적 교류가 우리의 위상을 높이는지 아니면 낮추는지 계속 평가한다. 오랫동안 경제학자들은 위상을 높여주는 유일한 방법은 승진, 보너스, 연봉 인상이라고 믿었다. 물론 이런 요소도 일정 역할을 한다. 록은 비용이 덜 드는 다른 방법으로 진심을 담은 구체적인 칭찬 세례를 권한다. 칭찬받을 때 스스로에 대한 위상이 더 높아졌다고 인식하기 때문이다.

나는 책 집필을 위한 자료 조사를 하면서 전 세계 5성급 호텔을 소유하고 운영하는 CEO들을 인터뷰했다. 그들은 인간의 심리와 행동을 이해할 수 있기 때문에 업계 최고의 자리에 올랐다. 나는 그들 중 다수가 이야기의 힘을 활용하여 접객 산업에 변화를 일으키고 있다는 데 깊은 인상을 받았다.

스토리텔링으로 별 다섯 개짜리 경험을 만드는 양상을 파악하려면 먼저 자존감과 관련된 심리를 이해해야 한다. 고무적인 리더들은 사람들이 자신에 대해 좋은 기분을 느끼도록 만든다. 자존감을 높여주면 존경심과 충성심을 얻을 수 있다. 5성급 호텔의 경영자들은 일일 직원회의에 이야기라는 요소를 넣는 경우가 많다. 그 결과는 놀랍고 마술적이다. 반면 평균적인 호텔의 경영자들은 회의 자리에서 직원들이 업무를 하는 데 필요한 정보만 제시한다. 5성급 호텔의 회의에서는 직원들이 뛰어난 고객 경험에 대한 이야기를 나눈다. 대개 한 직원이 다른 직원의 이야기를 전하거나, 간부가 팀원의 이야기를 전하는 경우가 많다.

팀원들이 나누는 이야기는 훌륭한 서비스의 사례를 제공함으로써 교육적 기능을 한다. 또한 심리적 측면에서도 도움이 된다. 즉, 직원들의 사기를 높이고 최선의 행동을 이끌어낸다. 이야기의 주인공이 된 직원은 공개적으로 칭찬을 받고 모범으로 떠받들어진다. 이렇게 자존감을 높여주는 일은 대인관계에 큰 도움이 된다.

명확성Certainty

사람들은 모르는 것을 싫어한다. 불확실성은 뇌의 편도체에 깊이 자리 잡은 위협 반응을 유도한다. 형편없는 영화도 끝까지 보게 되는 이유 중 하나도 이 때문이다. 아무리 재미없어도 주인공에게 무슨 일이 일어나는지 확인해야 한다. 록에 따르면 다음에 무슨 일이 일어날지 모르는 상황은 신경계에 더 큰 노력을 요구하기 때문에 매우 피곤해질 수 있다. 이 경우 기억력, 활력, 성과에 지장이 생기고 적극성이 떨어지게 된다. 록이 제시하는 해법은 더 많이 공유하라는 것이다. (프로젝트 아리스토텔레스를 통해 밝혀진 대로) 계획을 말해주고, 왜 어떤 결정을 했는지 설명하고, 개별적 성과가 어떻게 팀과 큰 그림에 기여하는지 모두에게 알려야 한다.

세계 최대의 선물거래소인 CME 그룹의 리더들은 현대 기술과 관련된 변화가 종종 직원들에게 불안과 혼란을 안기고 사기를 저하시킨다는 사실을 발견했다. 나는 시카고에 있는 CME에서 수천 명의 트레이더들이 어깨를 맞대고 서 있던 8,000제곱미터 넓이의 거래장을 본 적이 있다. 그들은 화려한 색상의 재킷을 걸치고 수신호를 나누며 매수 주문이나 매도 주문을 외쳤다. 그러나 지금은 한 명도 남아 있지 않다. 희미하게 빛나는 10여 대의 컴퓨터 모니터 앞에 한두 명이 조용히 앉아 있을 뿐이다.

거래장은 금융사의 일부다. 사람들은 160년 넘게 직접 얼굴을 맞대고 금, 은, 원유, 소, 옥수수, 삼겹살 같은 상품을 거래했다. 아마 많은 사람들이 〈대역전Trading Places〉 같은 영화의 무대나 CNBC의 화려하고 생기 넘치는 배경으로 거래장을 접했을 것이다.

컴퓨터를 이용한 매매가 시작되면서 거래장에서 이뤄지는 거래가 줄어들었다. 그에 따라 CME 그룹은 시카고와 뉴욕의 거래장을 닫기로 결정했다. 이 소식은 향수 어린 기억을 불러일으켰다. 한 트레이더는 고함 소리가 그립다고 말했다. 과거, 문화, 우정을 회고하는 트레이더들의 이야기가 줄을 이었다. 텔레비전 뉴스에서는 밀, 옥수수, 소, 돼지를 실은 기차가 시카고의 하치장으로 들어서는 모습을 담은 1874년의 사진을 보여주었다. 농부들은 이 상품들을 거래하고 가격 변동에 대비했다. 이런 이야기는 실로 사람들의 마음을 움직였다.

현실에서 전자 매매로 가는 변화는 수년간 진행되었다. 대다수 트레이더들은 이미 집에서 편안하게 컴퓨터로 거래했다. 거래장이 문을 닫으면서 60명이 일자리를 잃었지만 일련의 신기술은 새로운 일자리들을 만들었다. CME 그룹에서는 인사, 회계, 마케팅, 데이터 분석 부문에서 10여 개의 일자리가 생겼다. 그러나 변화는 직원들이 느끼는 불확실성을 초래했다.

CME 그룹에서 직원들을 대상으로 실시한 설문 조사는 리더들에게 경종을 울렸다.[13] 설문 결과 많은 직원들은 혼란스러워하고 있었다. 대표적인 반응은 다음과 같았다.

- 우리의 프로젝트는 회사의 목표와 이상에 어떤 영향을 미치는가?
- 회사의 이상은 무엇인가?
- 어떤 일을 하라는 지시를 받지만 왜 해야 하는지 설명해주지 않는다.
- 목적의식이 없다.

리더들은 이런 결과를 접한 후 변화를 알리는 일을 더 잘해야겠다고 생각했다. 그들은 회사의 이상을 분명하게 제시하지 못했고, 직원들의 일상적인 역할이 그 이상을 실현하는 데 어떻게 도움이 되는지 알려주지 못했다. 리더들과 직원들 사이에 신뢰와 참여를 끌어내는 데 가장 효과적인 수단은 대단히 고전적인 소통 수단인 개인적 이야기를 공유하는 것이었다.

CME 그룹은 인트라넷에 수백 시간에 달하는 영상을 올린다. 전 세계 11개 지사에서 일하는 직원들은 이 영상을 통해 교육을 받고 분기 재무제표를 확인한다. 각 영상은 약 500회의 조회 수를 기록한다. 설문을 통해 의사소통을 강화해야 할 필요성이 드러난 후 '임원들과의 만남'이라는 새로운 영상이 제작되었다. 임원들은 자유 시간에 어떤 일을 하는지, 가족에 대한 이야기나 좋아하는 책 같은 요청에 답했다. 이 영상은 금세 인기를 끌면서 재무 자료보다 네 배나 많은 조회 수를 기록했다. 한 직원은 "파워포인트 프레젠테이션에는 관심이 가지 않지만, 이 영상들은 달라요"라고 말한다.

CME 그룹은 커다란 변화가 일어나는 시기에는 이전보다 많은 의사소통이 필요하다는 사실을 배웠다. 직원들은 어떤 일을 왜 해야 하는지 알고 싶어 한다. 이제 리더들은 프레젠테이션을 할 때도 메시지의 정서적 측면을 고려한다.

자율성Autonomy

사람들은 자신의 삶에 대한 통제권을 갖고 있다는 느낌을 받고 싶어 한다. 이런 성향은 직장으로도 이어진다. 사람들이 창업에 나서거나 이직을 하는 주된 이유 중 하나는 일과 삶의 균형을 이루기 위해서다. 록에 따르면 자율권이 줄어들었다는 인식은 쉽게 위협 반응을 초래한다. 반면 자율권 인식이 커질수록 즐거움은 늘고 스트레스를 줄어든다. 팀원들에게 선택권을 줄 때 팀이 더 많은 성공을 거둔다.

나는 네바다에 있는 자포스 본사를 방문한 적이 있다. 토니 셰이는 샌프란시스코의 아파트에서 신발을 판매하는 소규모 사이트이던 자포스를 온라인 고객 서비스의 표준을 세운 세계적인 기업으로 성장시켰다. 자포스 직원들은 세계 어느 나라, 어느 기업에서 본 직원들보다 행복했다. 직원들은 셰이가 자율권을 주기 때문에 회사를 아낀다. 그들은 자율적 판단에 따라 고객을 위하는 올바른 일을 했다. 가령 콜센터는 정해진 대본을 따르지 않았고 시간제한도 두지 않았다. 실제로 셰이는 자포스의 이름이 유명해지기 시작한 초기에 기자들 앞에서 직원들이 서비스를 얼마나 잘하는지 시험했다. 그는 기자들이 보는 가운데 자포스에 전화를 걸어서 피자처럼 회사에서 팔지 않는 상품을 주문했다. 상담요원은 전화를 건 사람이 사장인 줄 몰랐다. 그래도 셰이가 해결책을 찾도록 최선을 다해 도와주었다. 이런 일은 항상 강렬한 인상을 남겼다.

지금도 자포스에 전화를 걸어서 신발이나 의류를 사는 고객들은 빨리 통화를 끝내야 한다는 압박을 받지 않는다. 그의 말에 따르면 한 직원이 전화로 고객을 응대하기 위해 두 시간을 쓴 적도 있었다. 셰이는 그 직원에게 왜 한 명에게 그렇게 오랜 시간을 들였냐고 묻지 않았다. 대신 "고객이 만족했나요?"라고 물었다. 최고 수준의 고객 서비스를 제공하는 브랜드는 직원들이 고객에게 가장 이익이 되는 일을 하도록 권한을 부여한다. 자포스는 콜센터를 마케팅 부서의 연장선으로 본다. 대본을 따르지 않는 통화는 고객의 충성심을 얻는 데 도움이 된다. 자포스는 직원들에게 통화가 끝난 후 감사 편지를 쓰라고 권유한다. 이런 편지는 고객과 교감하는 또 다른 수단이 된다.

자포스는 좋든 나쁘든 모든 소식을 직원, 협력 업체, 하청 업체와 공유한다. 일일 브리핑과 통화 통계치는 직원뿐 아니라 나 같은 방문자도 볼 수 있도록 화이트보드에 게시된다. 투명성이 운영의 근간을 이룬다. 과거에는 라스베이거스 시내에 있는 셰이의 콘도도 방문객들에게 개방했다. 투명한 리더가 되고 싶다면 견학을 원하는 사람들에게 집을 공개할 수 있는지 생각해 보라. 셰이는 소신을 실천에 옮겼다.

연관성Relatedness

우리의 오랜 뇌는 우리가 새로운 사람을 만날 때마다 위협 및 생존 모드에 들어간다. 그리고 친구인지 적인지 신속하게 구분한다. 데이비드 록은 내실 있는 협력은 신뢰와 공감을 나누는 건강한 관계에 따라 달라진다고 말한다.[14] 강한 교감은 관계를 다지는 행동을 촉진하는 신경 전달 물질인 옥시토신을 분비한다.

지노 블레파리Gino Blefari는 인연을 믿는다. 그는 매사추세츠 서부의 작은 산악 지역 드문드문 마을과 시내가 있는 버크셔Berkshire에서 태어났다. 이곳에서는 청소업체, 설비업체, 인쇄업체 등 온갖 업체가 버크셔라는 이름을 쓴다.

이태리 출신의 노동자인 블레파리의 부모는 캘리포니아 서니베일Sunnyvale로 이사를 갔다. 블레파리는 가족 중 처음으로 대학을 졸업했다. 그는 지역 대학의 부동산 강좌를 이수하고 1980년대 중반에 부동산 중개인으로 경력을 시작했다. 이후 2002년에 직접 인테로Intero

라는 부동산 회사를 차렸다. 인테로는 사업 첫 해에 2,400만 달러 규모의 거래를 성사시켰다. 2003년에는 55억 달러로 매출이 늘었다. 덕분에 전국에서 가장 빨리 성장하는 부동산 회사가 되었다. 급기야 창업 10년 만에 북미에서 일곱 번째로 큰 규모를 자랑하게 되었다. 당시 북미에는 8만 개의 부동산 회사가 있었으며, 인테로보다 순위가 높은 여섯 개 회사는 역사가 수십 년에 이르렀다.

2014년 5월 17일, 블레파리는 인테로를 버크셔 해서웨이Berkshire Hathaway에 매각하면서 다시 버크셔와 인연을 맺었다. 현재 그는 미국에서 가장 빨리 성장하는 부동산 중개 회사 중 하나인 버크셔 해서웨이 홈 서비스Berkshire Hathaway Home Services의 CEO다.

부동산은 사회적 유대가 성공의 열쇠인 분야다. 집을 사는 일에는 감정적 요소가 수반된다. 고객들은 설령 예산을 초과하더라도 마음에 드는 집과 사랑에 빠진다. 부동산 분야에서 성공하는 중개인과 리더들은 정서적 유대의 대가다. 지노 블레파리도 그중 한 명이다.

나는 블레파리를 처음 만나 점심을 먹는 자리에 많은 질문을 준비하고 갔다. 그러나 점심을 다 먹을 때까지 두어 가지 질문밖에 하지 못했다. 대신 내가 블레파리의 질문에 답했다. 그는 내 가족, 성장 배경, 희망, 꿈에 대해 물었다. 나중에 알고 보니 그가 이런 질문을 한 데는 나름의 이유가 있었다. 그는 최고의 인재를 채용하고, 유지하고, 고무하는 것이 주된 임무인 부동산 기업의 리더로서 신뢰를 구축하려 하고 있었다.

블레파리가 리더로서 두각을 드러내는 이유는 직원들이 더 나은 리더가 되도록 도와주는 데 집중하기 때문이다. 그의 말을 들어보자.

"직원들이 개인적으로 성장하도록 도와주면 고객을 더 잘 섬기게 됩니다. 그 관계에서는 신뢰, 존중, 도덕성이 모든 것입니다."[15]

공정성Fairness

신경 과학자인 매슈 리버먼Matthew Lieberman에 따르면 우리는 수백만 년에 걸쳐 뼛속까지 사회적 종으로 진화했다.[16] 리버먼의 연구는 우리의 뇌가 사회적 입지에 대한 위협을 감시하도록 만들어졌음을 보여준다. 우리는 모두 소속감을 느끼고 싶어 한다. 집단 내에서 차지하는 위상이 흔들리면 우리의 뇌는 마치 신체적 고통을 느낄 때처럼 반응한다. 우리는 공정하지 않은 대우를 받고 싶어 하지 않는다. 리버먼은 공정성에 대한 인지적 욕구는 변연계limbic system에 강력한 반응을 일으켜서 공격성을 촉발하고 신뢰를 무너뜨린다고 한다.

데이비드 록은 스카프SCARF 모델에서 리버먼의 연구를 참고하여 투명성에서 공정성이 나온다는 사실을 보여준다. 그의 말을 들어보자.

"제때에 정보를 공유하는 리더는 감원을 단행하는 시기에도 직원들의 동기와 적극성을 끌어낼 수 있다. 직원들이 공정하게 감원이 이뤄졌으며, 특정한 집단이 특혜를 누리지 않았고, 감원 결정에 일리가 있다고 인식하면 사기를 높게 유지할 수 있다."

스카프 모델은 우리의 뇌가 사회적 유대를 강화하도록 만들어진 양상을 토대로 삼기 때문에 효력을 지닌다. 모든 분야의 고무적인 리더들은 인지하든 아니든 스카프 모델을 활용한다.

우리는 인드라Indra에 대한 몇 가지 사실을 안다. 그녀는 상수도가 없는 인도의 한 도시에서 자랐다. 그녀의 엄마는 새벽 세시에 일어나 다른 주민들처럼 냄비나 양동이에 물을 받아왔다. 인드라는 하루 세 통의 물로 갈증을 달래고 목욕과 빨래까지 해결해야 했다.

인드라는 50달러만 가지고 미국으로 건너와 학비를 벌기 위해 시간당 3.85달러를 받고 자정부터 새벽 다섯 시까지 일했다. 매달 셋째 수요일 아침 아홉 시에 인드라의 딸이 다니는 학교에서 학부모 조찬 모임이 열렸다. 그러나 인드라는 일을 하느라 한 번도 참석한 적이 없었다. 그녀는 미안한 마음에 당시 열한 살이던 딸에게 엄마가 못 가서 속상한지 물었다. 그녀의 딸은 "괜찮아요. 엄마는 꿈을 좇고 있으니까요."[17]라고 대답했다. 현재 펩시코PepsiCo의 CEO인 인드라 누이Indra Nooyi는 젊은 직원들에게 꿈을 좇으라고 조언한다.

우리는 인드라가 경영자로서 가장 중대한 변화에 대응하는 동안 스토리텔링과 소통 방식이 직원들에게 동기를 부여한 결정적 요소였음을 아는 사람이라고 생각한다. 그녀는 사업 환경의 변화가 지닌 모든 측면을 설명하면서 엄청난 변화의 속도에 대해서 말한다. 사람들이 먹는 것부터 먹는 방식까지 식음료 사업의 모든 것이 변화와 단절에 직면해 있다. 인드라는 리더에게 주어진 과제는 앞을 내다보고 너무 늦기 전에 변화를 이루는 것이라고 말한다.[18]

그렇다면 리더는 미래를 보지 못하는 팀 전체와 조직이 아직 할 필요가 없다고 여기는 일을 하게끔 만들어야 한다. 리더는 비전을 수립해 사람들이 이루도록 그들을 이끌어야 한다. 그러려면 동기부여가 관건이다. 인드라의 말을 들어보자.

"우리는 같은 생각을 가진 소수의 직원들만 이끌면 되는 신생 기업이 아닙니다. 우리 회사에는 26만 명의 직원들이 있습니다. 회사가 나아갈 방향을 바꾸는 결정을 내릴 때는 어떤 일을 할 것이고, 그 일을 왜 하며, 그 일이 그들에게 어떤 영향을 미칠 것이고, 왜 이 여정에 동참해야 하는지 말해주어야 합니다."

인드라에 따르면 리더는 평생 공부해야 한다. 특히 의사소통 능력을 연마하는 것은 최선의 투자로서 일찍 할수록 좋다. 그녀의 말을 들어보자.

"말하기든 글쓰기든 의사소통 능력은 아무리 많이 연마해도 부족합니다. 리더는 계속 직원들을 이끌어야 합니다. 크고 작은 규모의 집단을 이끄는 법과 글로 간결하게 핵심을 찌르는 법을 배우세요."[19]

인드라는 예일대 대학원에 들어갔을 때 쉽게 학위를 딸 것으로 생각했다. 인도 최고의 경영 대학원을 나왔을 뿐 아니라 물리학, 화학, 수학 학위까지 갖고 있었기 때문이다. 그러나 2학년으로 올라가는 데 필요한 발표 시험을 통과하지 못했다. 결국, 여름 학기에 재수강을 해야 했다. 그녀는 어떤 일이든 실패하는 것을 좋아하지 않았기에 최선을 다했다. 노력은 커다란 차이를 만들었다.

인드라는 첫 발표 시험에 떨어졌지만 실력을 연마하는 데 매진했다. 이제는 의사소통 능력이 성공하는 데 큰 밑거름이 되었다고 말한다.

작고한 미국의 에세이 작가이자 소설가인 데이비드 포스터 월리스David Foster Wallace는 진정한 리더는 모든 사람에게 영감을 주는 신비로운 자질을 지녔다고 말했다. 월리스가 내린 리더십에 대한 정의는 다음과 같다.

"진정한 리더는 우리가 나태와 이기심, 나약함, 두려움에 따른 한계를 극복하고 혼자서 할 때보다 더 나은 일을 하도록 돕는 사람이다."[20]

월리스의 말에 따르면 진정한 리더의 권위는 우리가 부여하는 권력에서 나오며, 우리가 권력을 부여하는 이유는 그들이 우리에게 안기는 느낌 때문이다. 우리는 훌륭한 리더와 함께 할 때 받는 느낌을 좋아한다. 우리는 그들이 더 열심히 노력하고, 우리의 한계를 밀어붙이고, 상상했던 것보다 더 큰 꿈을 꾸도록 우리를 설득하는 방식을 좋아한다.

9장

전 세계에 파장을 일으킨 테드 스타

> 프레젠테이션 능력은 소수가 선택적으로 갖추는 특별한 능력이 아니라 21세기의 핵심 능력이다.
>
> —크리스 앤더슨CHRIS ANDERSON

리처드 투레레Richard Turere는 사자와 공존하는 방법을 찾아낸 열두 살 소년이다. 또한 그는 청중들을 매료시키는 능력을 지녔다.

투레레는 케냐 나이로비Nairobi에 산다. 그의 가족은 야생동물 보호구역에 인접한 목장에서 소를 키운다. 해당 구역은 울타리가 없어서 얼룩말을 사냥하러 나선 사자들이 소를 죽이는 일이 잦았다. 투레레는 이 문제를 해결할 방법을 찾아냈다. 바로 여분의 전자 부품을 조합하여 마치 횃불처럼 보이도록 만든 점멸등이었다.

투레레의 발명에 대해 알게 된 테드 토크 주최 측은 밴쿠버에서 열리는 연례 콘퍼런스에 투레레를 초대해 관련 이야기를 소개하고자 했다. 그러나 몇 가지 문제가 있었다. 우선 수줍음이 많은 투레레가 테슬라 CEO인 일론 머스크, U2의 보노, 구글의 공동 창립자 세르게이 브린이 섰던 무대에서 강연을 한다는 사실에 심한 부담감을 느꼈다. 투레레는 비행기를 타 본 적도 없다. 주최 측은 투레레와 함께 이야기를 만들고, 슬라이드를 구성하고, 강연 연습을 도왔다. 덕분에 투레레 무대는 성공적이었고, 후한 환대와 마땅한 기립 박수를 받았다.

인터넷에는 독립적으로 진행되는 소규모 강연인 테드엑스TEDx의 영상을 비롯하여 1만 3,000편이 넘는 테드 영상이 올라와 있다. 모든 테드 강연이 뛰어난 것은 아니다. 테드 무대에 초대받았다고 해서 청중과 교감하거나 테드 사이트에서 인기를 끌 것이라는 보장은 없다. 두각을 드러내고 스타가 되는 강연자들은 특정한 자질을 갖추고 특정한 습관을 들이기 위해 노력한다. 리처드 투레레가 증명한 대로 강연 기법은 나이와 상관없이 습득할 수 있다.

발표를 잘 하는 법

테드의 '큐레이터'이자 대표인 크리스 앤더슨은 초등학교에서 발표하는 방법에 대해 가르쳐야 한다고 주장한다. 발표를 잘 하는 방법은 누구나 습득할 수 있으며, 그 어느 때보다 지금 더 필요하다. 앤더슨의 말을 들어보자.

"지금은 올바른 생각을 제대로 전달하면 빛의 속도로 전 세계에 파장을 일으키면서 수백만 명의 머릿속에 같은 생각을 심어줄 수 있는 시대다. 이런 변화를 촉발하는 방법을 아는 일은 엄청난 혜택을 안겨준다. 리더 혹은 주창자에게 연설은 공감을 끌어내고, 흥분을 자아내고, 지식과 통찰을 나누고, 꿈을 나누기 위한 열쇠다."[1]

테드는 2006년부터 강연 영상을 인터넷에 무료로 풀었다. 덕분에 독창적인 생각을 가진 사람들이 수백만 명에게 그 생각을 전달할 수 있는 토대가 마련되었다. 이 토대는 사람들의 목소리를 키워 대중 강연에 혁명을 불러 일으켰다. 테드 토크는 연설과 발표의 기준으로 여겨진다. 테드 전국 콘퍼런스에 초대받는 기회는 얻기도 힘들뿐더러, 그 자리에서 전 세계 수백만 명이 감동하는 강연을 해내는 건 더욱 힘들다. 강연 영상은 강연 원고와 함께 온라인으로 배포된다. 연구자들은 이 영상들을 분석하여 두드러지는 강연과 평범한 강연의 차이를 파악할 수 있다. 하이테크 데이터 분석 수단을 통해 분석한 결과 청중과 교감한 강연자들은 실제로 고전적인 화술을 활용한 것으로 밝혀졌다. 최고의 테드 강연자들은 이미 특별한 집단에서도 자신을 차별화한다. 그들이 지닌 다섯 가지 공통점은 다음과 같다.

항목마다 그림을 바꾼다

테드 주최 측은 신중하게 강연자를 선정한 다음 최고의 발표 내용을 만들도록 돕는다. 특히 슬라이드를 만들 때 절대 어겨서는 안 되는 지침이 있다. 바로 방점을 쓰지 않는다는 것이다.

가령 리처드 투레레의 7분짜리 강연에는 17장의 슬라이드가 사용되었다. 1분당 두 장 이상의 슬라이드를 쓴 셈이다. 모든 슬라이드는 이야기를 보완하는 사진으로 구성되었다. 7분짜리 강연에 17장은 기업의 프레젠테이션에서 흔히 쓰는 양보다 훨씬 많다. 기업에서는 차트, 도표, 그래프, 텍스트로 슬라이드를 채우기 때문이다. 그래서 양이 많으면 청중들에게 부담이 된다. 테드 주최 측은 투레레와 함께 두드러진 강연 자료를 만들었다. 테드 강연이 세계적으로 인기를 끈 데는 그럴만한 이유가 있다. 일반적인 프레젠테이션과 다르기 때문이다.

사람들은 그림을 좋아한다. 그림은 인류가 동굴에 살던 시대로 거슬러 올라가는 오랜 의사소통 수단이다. 이 장에서 다룰 각 내용은 3부에서 자세히 살필 것이다. 우선은 숱한 연구 결과 그림이 텍스트보다 훨씬 효과가 좋고 인상에 강하게 남는다는 점을 기억하자.

청중을 웃게 만든다

투레레는 불과 열두 살에 미국을 처음 방문한 자리에서도 문화와 언어의 간극을 메우는 유머를 활용할 줄 알았다. 그는 처음에 사자들을 겁주기 위해 외양간 주위에 허수아비를 세웠다. 그의 말을 들어보자.

"… 사자들은 아주 영리해요. 첫날에는 허수아비를 보고 그냥 돌아가요. 하지만 둘째 날에는 다시 와서 '이건 안 움직여. 그냥 서 있기만 해'라고 생각해요."[2]

이 말에 청중들은 웃음을 터뜨렸다. 결국 허수아비 작전은 실패로 돌아갔다. 투레레는 다른 방법을 찾아야 했다. 신경 과학자들에 따르면 뇌는 우스운 말을 들으면 도파민, 세로토닌, 엔도르핀처럼 기분을 좋게 만드는 화학 물질을 분비한다. 또한 유머는 강력한 전염성을 지닌다. 웃음은 서로에게 이 사람은 좋아해도 된다는 신호와도 같다. 테드는 모든 강연자에게 '웃음은 좋은 것'이라는 지침을 제시한다.

샤룩 칸ShahRukh Khan은 이 지침을 굳이 상기할 필요가 없었다. 그는 2017년에 테드 강연에서 아직은 보톡스가 필요 없는 51세의 영화배우라고 자신을 소개했다. 칸은 발리우드의 최고 인기 배우로서 전 세계에서 여덟 번째로 많은 출연료를 받는다. 그의 인기는 거대한 인도의 영화 시장을 넘어선다. 그가 출연한 80편의 영화는 전 세계에서 수억 명의 팬들을 모았다. 트위터 팔로워만 해도 2,400만 명에 이른다.

칸은 사람들 앞에서 공연하는 데 대단히 능숙하다. 그가 테드 무대에 서서 어떤 화술을 동원하는지 보는 것만으로 도움이 된다. 그의 화술의 강점이 유머라는 건 알아차릴 수 있다. 그는 보톡스 농담으로 문을 연 후 1분 동안 여섯 번의 웃음 포인트를 만든다. 코미디 워크숍에 가면 분당 네 번에서 여섯 번 정도 긴밀한 간격으로 관객을 웃기라고 가르친다. 칸은 높은 빈도로 웃음을 유발하면서 청중을 사로잡는다. 다음은 청중들을 웃긴 그의 농담이다.

- 저는 수백만 명의 인도 사람들에게 꿈을 팔고 사랑을 퍼뜨립니다. 그들은 제가 세계 최고의 연인이라고 생각하죠. 다른 사람들에게 말하지 않는다고 약속하면 제가 그렇지 않다는 걸 인정하겠습니다. 하지만 절대 제가 먼저 나서서 그게

아니라고 말하지는 않아요.

- 여기 계신 분들 중에 제 영화를 아직 보지 못한 분들이 많다고 하네요. 그분들에게는 참 안된 일이죠. 그렇다고 해서 제가 스타로서 마땅히 가져야 할 자기 집착에서 벗어난 건 아닙니다.[3]

칸은 유머의 이면에서 진지한 주제를 다룬다. 그는 자신이 자기 집착에 빠진 스타라는 농담 속에 인류가 미래 세대를 위해 다른 사람들과 지구를 돌보는 데 집착해야 한다는 교훈을 담는다.

"인류는 저와 비슷합니다. 온갖 새로운 것들과 씨름하면서 제대로 해나가고 있는지 고민하는 나이 든 영화배우와 비슷하죠."

칸의 유머감각을 이길 유일한 테드 스타는 켄 로빈슨Ken Robinson이다. 로빈슨은 배우가 아니라 교육자다. 또한 은막의 스타도 아니다. 그러나 그의 테드 강연은 수많은 코미디 영화보다 더 많은 웃음을 유발한다. "학교는 창의성을 죽이는가?"라는 그의 강연 영상은 1,829만 조회 수를 기록하면서 테드 사이트에서 가장 많은 인기를 끌었다.

설득을 연구하는 신경 과학자들은 웃음이 기억을 새기는 데 도움을 준다고 말한다. 로빈슨이 구사한 유머는 짤막한 이야기나 일화의 형태를 띠기도 하고, 자기비하의 형태를 띠기도 한다. 가령 "디너파티에 가서 교육계에서 일한다고 하면… 그런데 사실 교육계에서 일하면 디너파티에 갈 일이 별로 없어요. 애초에 초청하는 사람이 없거든요."[4]라는 식이다.

유머는 언제나 청중의 참여를 이끌어낸다. 가장 깊이 자리 잡은 원초적인 감정을 자극하기 때문이다. 반드시 코미디언이어야만 테드 무대에서 성공하는 것은 아니다. 그러나 약간의 유머는 두각을 드러내는 데 도움이 된다. 로빈슨은 상대가 웃는다면 자신에게 귀 기울이고 있는 것이라고 말한다.

개인적 이야기를 나눠라

댄 애리얼리Dan Ariely의 이야기는 우습지 않다. 그는 고등학교 3학년 때 폭발 사고로 70퍼센트가 넘는 신체 부위에 3도 화상을 입었다. 3년 동안 수많은 수술과 재건 과정을 거치는 동안 그의 꿈은 모두 날아가 버렸다.

애리얼리는 치료를 받으면서 엄청난 고통에 시달렸다. 간호사가 붕대를 갈 때마다 상처에서 반창고를 빨리 뗄 때와 같은 고통이 느껴졌다. 심지어 매일 한 시간씩 그런 고통이 이어졌다. 그는 간호사에게 붕대를 천천히 떼어 달라고 부탁했다. 그러면 붕대를 가는 시간은 두 시간으로 늘어날지 몰라도 고통을 줄일 수 있었다. 그러나 간호사는 붕대를 빨리 떼는 편이 나으니 견디라고 대꾸했다.

애리얼리는 퇴원한 후 대학에 들어가 인간의 행동과 심리, 경제학을 공부했다. 그가 선택한 연구 주제는 인간이 고통을 경험하는 양상으로서 개인적 경험과 밀접한 관련이 있었다. 그는 일련의 실험을 통해 자신의 직관이 옳았음을 발견했다. 그를 담당한 간호사들은 좋은 의도로 붕대를 빨리 떼는 편이 고통을 최소화한다고 믿었다. 그러나 더 긴 시간에 걸쳐 서서히 붕대를 제거하여 고통의 강도를 줄이는 데 집중하는 것이 옳았다. 그는 자신의 경험과 행동경제학자로서 연구한 내용을 정리하여 《상식 밖의 경제학Predictably Irrational》이라는 베스트셀러를 펴냈다. 또한 그는 여섯 차례나 테드 무대에 오른 테드 스타이기도 하다.

애리얼리는 2009년 테드 강연에서 먼저 화상 병동에서 겪은 경험을 이야기했다. 이 영상은 입소문을 타면서 그의 생각과 연구 내용을 전 세계 사람들에게 알렸다. 이후 그의 강연 영상들은 총 183만 회가 넘는 조회 수를 기록했다. 덕분에 그는 사람들이 특정한 행동을 하는 숨겨진 이유를 설명하는 유명 인사가 되었다. 그러나 그의 테드 강연이 성공을 거두는 요인은 비밀이 아니다. 테드 큐레이터인 크리스 앤더슨에 따르면 최고의 공감을 이끌어내는 이야기는 강연자 혹은 강연자와 가까운 사람에 관한 개인적인 이야기다. 실패, 어색함, 불운, 위험, 재난에 대한 솔직한 이야기는 청중들의 이목을 끌어당긴다.[5]

우리 뇌의 오래된 부분은 이야기를 좋아한다. 현재 신경 과학자들은 과학적 방법으로 우리가 오랫동안 알아온 사실, 바로 이야기가 깊고 의미 있는 유대를 이루는 최선의 도구라는 사실을 증명하고 있다.

〈그레이 아나토미Grey's Anatomy〉, 〈스캔들Scandal〉 같은 인기 드라마를 제작한 숀다 라임스Shonda Rhimes는 2016년 테드 강연에서 개인적인 이야기를 들려주었다. 그녀는 유력한 텔레비전 프로듀서라면 당연히 능숙하게 해야 할 일들을 두려워했다고 털어놓았다. 그녀는 이 일들에 도전하기로 극복하고자 했다.

그녀의 말을 들어보자.

"실험을 했어요. 1년 동안 과거에 두려워하던 모든 일을 시도했어요. 나를 긴장시키고, 어색하게 만든 모든 일을 억지로 받아들였어요. 강연을 하고 싶지 않았지만 받아들였어요. 생방송에 나가고 싶지 않았지만 받아들였어요. 연기를 하고 싶지 않았지만 받아들였어요. 모두 망설여졌지만 시도했습니다."[6] 그러자 '놀라운 일'들이 일어났다. 두렵던 일들을 막상 해보니 두려움이 줄어들었다. "강연에 대한 두려움, 사람을 만나는 일에 대한 두려움이 사라졌어요. 놀라웠습니다. '할게요'라는 말의 힘이 제 삶을 바꿔놓았어요."

라임스는 〈포브스〉 창간 100주년을 축하하는 글에서 사람들 사이의 유대를 강화하는 스토리텔링의 힘에 대해 이야기했다.

"무한한 목소리와 선택의 세계에서 사람들을 한데 모아서 좋은 이야기를 들려줄 수 있는 사람은 커다란 힘을 지닌다."

라임스와 애리얼리는 생각을 증폭시키는 이야기를 들려줄 수 있기 때문에 힘을 지닌다. 스토리텔러들은 테드 무대를 통해 베스트셀러와 성공적인 경력, 강력한 사회 운동의 전기를 마련했다. 팩트만으로는 성공을 이끌지 못한다. 이야기가 성공을 이끈다. 팩트는 운동을 이끌지 못한다. 이야기가 운동을 이끈다.

쉽게 따라올 수 있는 내용으로 만들어라

최고의 테드 강연들이 전염성을 지니는 데는 이유가 있다. 이 강연들은 청중을 설득하는 데 필요한 기술을 토대로 준비되고 실행되었다.

능숙한 테드 강연자들은 유머를 활용하고, 이야기를 들려주고, 쉽게 따라오고 기억할 수 있도록 내용을 구성한다.

– 주제를 한 줄로 제시하라

크리스 앤더슨은 보기 좋은 슬라이드와 카리스마 넘치는 무대 위의 모습도 모두 좋지만 진정한 교훈이 없다면 기껏해야 청중을 즐겁게 만드는 데 그칠 뿐이라고 말한다.[7] 많은 강연자들은 핵심 주제를 중심으로 프레젠테이션을 계획하지 않는다. 그저 파워포인트나 다른 익숙한 프로그램을 열어서 모든 슬라이드에 요점을 나열할 뿐이다. 주제는 없고 요점만 있다. 최고의 테드 강연자들은 핵심 주제를 중심으로 프레젠테이션을 구성하며, 강연 내내 주제를 반복한다. 다음은 몇 가지 주제의 예다.

"우리는 왜 사랑하고 바람을 피우는가"- 헬렌 피셔Helen Fisher

"기후 위기 피하기"- 앨 고어Al Gore

"알츠하이머병 예방법"- 리사 제노바Lisa Genova

나는 주제를 '트위터 친화적 헤드라인'이라 부른다. 16만 개가 넘는 강연 중에서 140자를 넘는 주제를 가진 강연은 하나도 없기 때문이다. 대다수 주제는 이보다 훨씬 짧다.

근래에 신경 과학자들은 초반에 주제를 제시하면 프레젠테이션을 따라오기 쉽다는 사실을 발견했다. 주제를 처음에 분명하게 밝히는 프레젠테이션은 중간이나 마지막에 제시하거나 아예 제시하지 않는 프레젠테이션보다 훨씬 인상적이고 영향력이 크다. 시작 부분에서 밝히는 주제는 나머지 내용에 틀을 부여한다.

인권 변호사인 브라이언 스티븐슨Bryan Stevenson은 테드의 30년 역사에서 가장 오랜 기립박수를 받은 강연을 했다. 이 강연에서 그는 첫 40초 동안 정체성이라는 단어를 세 번 언급하면서 "오늘 저는 정체성의 힘에 대한 이야기를 하고 싶습니다"라고 주제를 밝힌다. 그리고 뒤이어 3의 규칙이라는 또 다른 기법을 활용하여 주제를 뒷받침한다.

– 3의 규칙을 활용하라

테드 2017 행사 첫날, 특별 손님이 위성 연결을 통해 등장했다. 행사 전까지 비밀에 부쳐진 그의 정체가 프란치스코 교황으로 드러나자 소셜 미디어에서 난리가 났다. 교황이 테드 강연을 한 것은 사상 최초였다. 주최 측은 1년 넘게 이 행사를 기획했고 로마를 수차례 방문했다.

프란치스코 교황은 직접 강연 주제와 방식을 정했다. 그에게 주어진 시간은 다른 강연자와 같은 18분이었다. 그래서 그는 세 가지 메시지를 선택했다.

(1) 우리 모두에게는 서로가 필요하다. 우리는 힘을 합침으로써만 미래를 건설할 수 있다.

(2) 평등과 사회적 포용이 과학적, 기술적 진보의 일부여야 한다.

(3) 우리에게는 따스한 혁명, 가슴에서 시작되는 운동이 필요하다.[8]

프란치스코 교황이 이 메시지를 선택한 데는 이유가 있다. 그는 신학 대학에서 화술을 배웠다. 그가 최고로 기억하며 모든 연설에서 적용하는 설득의 요소는 3의 규칙이다.

3의 규칙은 그 기원이 아리스토텔레스와 동시대 연설가들까지 거슬러 올라가는 고전 수단이다. 신경 과학자들은 그들이 직관적으로 알았던 사실, 바로 단기(작업) 기억에는 서너 개의 요소만 담을 수 있다는 사실을 증명했다. 프란치스코 교황을 비롯한 많은 테드 스타들은 다음과 같이 세 개의 요소만 제시했다.

- 레일라 호테잇Leila Hoteit은 여성 기업인이 중동에서 성공을 거두는 과정에서 얻은 세 가지 교훈을 전한다.
- 스튜어트 러셀Stuart Russell은 보다 안전한 인공지능을 만들기 위한 세 가지 원칙을 제시한다.
- 모나 찰라비Mona Chalabi는 잘못된 통계를 파악하는 세 가지 방법이 있다고 말한다.
- 교사인 램지 무살람Ramsey Musallam은 학생들에게 의욕을 불어넣는 세 가지 방법을 제시한다.

최고의 테드 강연자 중 다수는 때로 '3요소'로 불리는 3의 규칙이 설득력 있는 글과 말의 토대를 이룬다는 사실을 발견했다.

청중들에게 새로운 것을 배우게 될 것이라고 약속하라

조회 수 기준으로 상위 25개의 테드 강연 영상을 분석한 결과 분명한 추세가 드러났다. 바로 청중들에게 지금까지 몰랐던 것을 알려준다고 약속한다는 것이다. 각 강연은 새롭거나 신선하거나 놀라운 방식으로 소개된다. 몇 가지 예를 보자.

- 정말 학교가 창의성을 죽일까? 켄 로빈슨의 강연을 통해 알아보자.
- 당신이 오르가즘에 대해 모르는 열 가지 사실. 매리 로치Mary Roach가 설명한다.
- 뛰어난 리더는 한 가지 질문으로 행동을 이끌어낸다. 사이먼 사이넥Simon Sinek이 그 방법을 알려준다.
- 우리의 행동을 이끄는 보이지 않는 힘은 무엇일까? 토니 로빈스Tony Robbins가 그 정체를 드러낸다.
- 사람들이 귀를 기울이게 만드는 화술이 있다. 줄리언 트레져Julian Treasure가 보다 멋있게 말하는 법을 가르쳐준다.
- 놀라운 연구를 통해 일이 잘 풀리지 않을 때도 사람들이 행복한 이유가 밝혀졌다. 댄 길버트Dan Gilbert가 심리적 면역계의 비밀을 파헤친다.

학습은 중독성을 지닌다. 측두엽에 있는 아몬드 모양의 회색 물질인 편도체 때문이다. 뇌가 새로운 정보를 접하면 편도체는 천연 '저장 버튼' 역할을 하는 도파민을 분비한다. 이는 새로운 것을 배울 때 짜릿함을 느끼는 이유를 설명한다. 우리는 타고난 탐험가다. 1985년에 타이타닉 호의 잔해를 발견한 로버트 발라드Robert Ballard는 "심해의 놀라운 숨겨진 세계"라는 테드 강연으로 기립박수를 받았다. 그는 강연 후 나와 가진 인터뷰에서 이렇게 말했다.

"모든 강연에서 해야 할 일은 정보와 교훈과 영감을 제공하는 겁니다. 사람들에게 세상을 바라보는 새로운 방식을 제시해야만 영감을 안길 수 있습니다."[9]

사람들에게 새로운 관점을 부여하면 수백만 년에 걸친 진화의 힘을 활용할 수 있다. 우리 선조들에게 주위를 둘러싼 세상에 대한 호기심이 없었다면 인류는 오래 전에 멸종했을 것이다. 탐험하고, 새로운 것을 배우고, 두드러지는 것에 이끌리는 성향은 우리의 DNA에 깊이 새겨져 있다. 청중들에게 새로운 것, 곱씹을 것을 제공하라.

오늘날에는 평균으로 충분치 않으며, 평균보다 약간 나은 능력도 마찬가지다. 세상을 앞으로 밀고 나아가는 사람들은 세상의 변화를 지켜보는 데 만족하지 않는다. 앞장서서 이끌고 싶어 한다. 다만 자기 생각을 설득력 있게 제시할 수 없다면 이 사실도 무의미하다.

제3부

상위 1퍼센트가 사용하는 말의 기술

FIVE STARS

F I V E S T A R S

10장

파토스 원칙을 기억하라

사람들이 죽는 이유는 우리가 서로를 이해할 수 있는 방식으로
소통하지 못하기 때문입니다.
과장된 말처럼 들리지만 저는 그렇게 생각하지 않습니다.
—앨런 앨다ALAN ALDA

오리건 대학 육상 코치인 빌은 어느 날 기쁜 소식을 들었다. 부유한 동문이 운동장에 폴리우레탄 트랙을 새로 깔도록 100만 달러를 기부한다는 것이었다. 그러나 기쁨은 잠시뿐이었다. 선수들의 운동화가 폴리우레탄 트랙에서는 탄력을 받지 못한다는 사실을 알게 되었기 때문이다. 빌은 아침을 먹다가 주방에 있는 와플용 틀에 눈길을 돌렸다. 매일 쓰는 물건이었지만 한 번도 자세히 본 적은 없었다. 빌은 와플용 틀의 격자형 패턴을 운동화에 적용하면 탄력을 받기가 용이할지 모른다는 생각을 떠올렸다.

빌은 와플용 틀을 차고로 가져가 우레탄을 부은 다음 가열했다. 우레탄의 접착력이 너무 강해서 와플용 틀이 아예 붙어버리는 바람에 첫 시도는 실패로 돌아갔다. 새 와플용 틀을 사서 다른 소재로 시도했지만 역시 실패하고 말았다. 그래도 빌은 포기하지 않았다. 다만 와플용 틀을 쓰는 것은 포기했다. 대신 스테인리스강판에 구멍을 뚫은 다음 고무로 격자형 패턴을 찍어냈다. 이 고무를 운동화 바닥에 바느질로 붙였다. 처음 이 운동화를 신은 선수는 토끼처럼 달렸다. 주방에서 와플용 틀을 바라보던 그 순간 육상 코치 출신의 나이키 창업가인 빌 바우먼Bill Bowerman은 사람들이 달리는 방식에 일대 변화를 일으켰다.

아마 당신은 그 유명한 '와플 이야기'를 들은 적이 있을 것이다. 나이키 공동 창립자 필 나이트Phil Knight는 이 창업 비화에 기업 정신을 불어 넣었다.

나이키는 1980년에 상장되었다. 나이트는 임원들과 함께 뉴욕으로 가서 투자자들에게 소위 광고 한 편 찍듯이 그럴싸하게 회사의 비전을 설명하는 자리를 가졌다.

나이트는 보우먼의 이야기로 프레젠테이션을 마쳤다. 그는 자서전인 《슈독Shoe Dog》에서 당시를 이렇게 상기했다.

"나는 그의 두뇌, 기개, 마법의 와플 틀에 대해 이야기했다. 뉴욕 사람들에게 우리가 오리건 출신이지만 만만하게 보면 안 된다는 사실을 알려주고 싶었다. 겁쟁이들은 아예 시작도 하지 않았고, 나약한 사람들은 중간에 포기했다. 우리만 남았다."[1]

그들의 메시지는 명확했다.

나이트는 시카고, 댈러스, 샌프란시스코, 로스앤젤레스에서 같은 이야기를 반복했다. 그렇게 7일 동안 12개 도시를 돌았다. 그가 들려준 이야기는 나이키 브랜드를 정의하는 혁신의 정신을 단적으로 보여주었다.

지금 있는 나이키 캠퍼스 자체가 회사의 이야기와 역사를 드러낸다. 각 건물과 도로에는 국부들의 이름이 붙었다. 임원들은 젊은 직원들이 듣고 싶어 하는 회사의 기원에 대한 이야기를 들려준다. 고위 임원들은 회사의 공식 스토리텔러다. 그들은 필 나이트가 플리머스 밸리언트Plumouth Valiant의 트렁크에 신발을 싣고 다니며 팔던 이야기, 마법의 와플용 틀에 대한 이야기, 자동차 사고로 사망했지만 나이트가 거의 숭배 대상으로 떠받드는 오리건의 전설적인 육상선수 스티브 프리폰테인Steve Prefontaine에 대한 이야기를 한다.

나이키에서 과거의 영웅담은 미래의 혁신에 영감을 준다. 나이키의 이야기 문화를 다룬 미 경제 전문 매체 〈패스트 컴퍼니Fast Company〉는 나이키의 규모가 커지던 시점에 회사의 사명이 더욱 중요해지고 있음을 자연스레 느끼는 것의 중요성에 대해 시사한 바 있다.[2] 나이키는 직원 캠프파이어 형태로 신입 사원들에게 한 시간 동안 프레젠테이션을 통해 자신의 이야기를 나누는 프로그램을 시작했다. 현재 나이키의 이야기는 기업 문화의 모든 측면에 스며들어 있다. 신입 사원들은 일주일 동안 본사에서 열리는 '루키 캠프Rookie Camp'에 참가한다. 그들은 유진Eugene(미국 오리건주 서부에 위치한 도시)에서 하루를 보내며 회사의 과거를 알아가는 시간을 갖는다. 보우먼이 선수들을 지도하던 트랙과 프리폰테인이 차 사고로 사망한 현장을 방문한다. 한 교육 담당 간부는 이렇게 말한다.

"우리는 지금 하고 있는 일을 지난 유산과 연결합니다. 나이키가 왜 존재하고, 토대가 무엇이며, 오늘 우리가 어떤 존재인지 이해하면 모든 제품의 뿌리가 선수들의 성적을 개선하려는 노력에 있다는 사실을 알게 되죠. 이 점은 빌 보우먼이 선수들을 위해 운동화를 만들던 때와 달라진 게 없습니다."[3]

나이키 캠퍼스를 방문한 사람들은 모든 건물에 창업주 혹은 창업에 도움을 준 선수들의 이름이 붙는다는 사실을 알게 된다. 심지어 한 건물에는 보우먼이 쓴 와플 틀도 전시되어 있다. 이는 필 나이트가 원한 것이었다. 그는 나이키를 단순한 브랜드 이상의 존재로 격상시킨 사람들을 알리고 싶어 한다.

"나는 우리 회사의 건물을 빌딩으로 보지 않는다. 의미를 부여하면 모든 건물은 사원寺院이 된다."[4]

이야기는 설득에 활용할 수 있는 최선의 도구다. 필 나이트는 이 점을 알고 탁월한 리더들의 도구함에 파토스라는 비밀 무기를 추가했다. 아리스토텔레스에 따르면 파토스는 감정에 호소하여 청중을 설득하는 것이다. 이야기는 가장 직접적인 호소의 수단이다. 나이키의 직원들은 과거의 이야기를 기억함으로써 미래를 그리는 단초를 얻는다.

감정을 자극하면 기억은 오래간다

앨런 앨더는 에미상을 여섯 차례나 받은 배우이다. 과학에 관심이 많은 그는 PBS의 과학 프로그램인 〈사이언티픽 아메리칸 프런티어〉를 진행하게 되었다. 이 프로그램을 통해 11년 동안 수많은 과학자들을 인터뷰한 그는 최고의 아이디어를 가진 사람들이 의사소통 능력은 끔찍한 경우가 많다는 사실을 발견했다. 그래서 이 시급한 문제를 해결하기 위해 스토니 브룩 대학교Stony Brook University에 앨런 앨더 과학 커뮤니케이션 센터Alan Alda Center for Communicating Science를 만들었다.

앨더의 말을 들어보자.

"당신이 회사를 운영한다고 치자. 당신 생각엔 스스로가 고객이나 직원과 밀접하게 소통해 그들이 당신의 말을 이해한다고 여긴다. 하지만 현실은 그렇지 않다. 게다가 고객과 직원 둘 다 당신을 떠나고 있다. 당신이 과학자라면 돈을 가진 사람들을 납득시키지 못해 기금 지원을 받지 못한다. 당신이 의사라면 요구가 많은 환자들을 귀찮아한다. (중략) 그렇지만 반드시 이런 결말을 맞이할 필요는 없다."[5]

그의 말에 따르면 의사소통에서 우리가 놓치는 요소는 공감, 즉 배우들이 '연결'이라고 말하는 것이다. 앨더는 다른 사람의 입장이 되어 소통하는 데 실패하면 개인의 경력과 공동체 나아가 온 세상에 심각한 문제가 생긴다고 분명하게 말한다.

회계사는 내가 이해하기 어려운 말로 세법을 설명한다. 보험 상담사는 현실과 거리가 먼 표현으로 보험 상품을 설명한다. 사실상 모두가 다른 모두를 오해하고 있다. 항상, 완전히 그런 것은 아닐지라도 일을 엉망으로 만들기에는 충분하다. 서로 이해할 수 있도록 의사소통을 하지 못하는 바람에 사람들이 죽어간다. 과장된 말이 아니다. 환자가 의사의 말을 납득하지 못하고 지시를 따르지 않으면, 엔지니어들이 댐이 무너질 위험성을 제대로 알리지 못하면, 부모가 치명적인 약물을 피하도록 자녀를 설득하지 못하면 모두 심각한 결말을 맞을 수 있다.[6]

우리가 서로 소통하는 양상에 대한 앨더의 탐구는 학습과 기억 부문의 유수 신경 생물학자인 제임스 맥고James McGaugh와의 만남으로 이어졌다. UC 어바인 교수인 맥고는 어떤 기억이 생생해서 지워지지 않는 반면 다른 기억은 쉽게 잊히는 이유를 줄곧 연구하고 있다.

맥고는 앨더에게 첫 키스를 기억하냐고 물었다.[7] 앨더는 그때를 선명하게 기억하고 있었다. 대부분의 사람들은 그렇다. 당신도 아마 그때 어디에 있었는지, 그곳이 어땠는지, 심지어 어떤 냄새가 났는지 기억할 수 있을 것이다. 맥고는 이렇게 말했다.

"우리는 감정과 연결된 것들을 기억합니다. 모든 노벨상 수상자들은 시상식에서 어디에 있었고, 무엇을 했는지 정확하게 기억합니다. 그 광경이 머릿속에 새겨졌다고, 두뇌에 '각인'되었다고 말하죠. 기쁜 일이든 놀라운 일이든 기억은 감정을 자극할 때 오래 남습니다."

감정은 뇌가 중요한 사건을 기억하고 나머지는 잊도록 돕는 오랜 기제다. 어차피 모든 일이 똑같이 중요하지는 않기 때문이다. 모든 일을 똑같은 강도로 기억한다면 제대로 생활하기 어려울 것이다. 저장해야 하는 기억이 있고, 그럴 필요가 없는 기억이 있는 법이다.

맥고는 다른 한편 약간의 스트레스가 기억을 뇌에 새기는 작용을 한다고 말한다. 어디서 약간의 스트레스를 찾을 수 있을까? 그 열쇠는 우리 모두가 원래부터 갖고 있던 자원을 활용하는 데 있다. 이것은 이미 우리의 DNA 안에 깊이 자리 잡고 있으며, 원시 사회부터 오늘날까지 사회적 유대를 위한 신경 화학 물질 분비를 자극한다.

이 수단이 바로 스토리텔링이다. 이야기에 긴장, 갈등, 난관을 넣어 약간의 스트레스를 통해 청중들을 사로잡을 수 있다. 우리가 이야기에 빠져드는 이유는 이야기의 형태로 생각하고, 이야기 속에서 세계를 이해하고, 이야기를 통해 생각을 나누도록 만들어졌기 때문이다.

뇌는 이야기에 끌린다

프린스턴 대학교의 신경 과학자 유리 해슨은 스토리텔링의 놀라운 효과에 대해 말한다. 그는 스토리텔링의 힘을 안다. 그의 연구팀은 뇌 영상 촬영술을 활용하여 이야기를 들려주고 듣는 사람들의 뇌에서 일어나는 일을 관찰한다.

내가 당신에게 실제 이야기를 들려준다고 잠시 상상해 보라. 내 아버지인 프란체스코 갤로Francesco Gallo에 대한 이야기다. 2차 대전 때 포로로 잡힌 아버지는 에티오피아에 있는 삭막한 수용소에서 쌀과 물만으로 5년을 버텼다. 아버지가 내게 준 가르침은 지금까지 생생하게 남아 투지와 끈기 그리고 희망을 갖고 인생을 살도록 했다.

이제 당신의 두피에 작은 전극들이 붙어 있다고 상상해 보라. 당신과 나는 다른 네 명의 참가자와 함께 해슨의 뇌 영상촬영 실험 중이다. 우리는 모두 같은 기기에 연결되어 있다.

해슨은 내가 이야기를 시작하기 전에 당신의 뇌를 촬영한다. 이 영상은 뇌파의 변화를 보여준다. 우리의 뇌는 우리가 어둠 속에 조용히 앉아 있을 때도 항상 활동한다. 다만 당신의 뇌파는 다른 네 명의 뇌파와 많이 다르다는 점이 중요하다. 아직은 서로 동조하는 뇌가 없다.

나는 이야기를 시작한다. 해슨은 이야기가 진행되는 동안 뇌파의 변화를 살핀다. 소리를 처리하는 청각 피질에서 당신의 뇌파와 다른 네 명의 뇌파가 오르내린다. 그러다가 갑자기 놀라운 일이 일어난다. 해슨의 표현에 따르면 실험 대상자들이 이야기에 결부된다. 다시 말해서 당신의 뇌파가 다른 네 명의 뇌파와 같이 오르내리고, 같은 부위로 혈류가 흘러간다. 당신은 이야기를 하는 나와도 동조한다. 해슨은 이를 신경 동조neural entrainment 혹은 청자와 화자 사이의 두뇌 정렬이라 부른다.

해슨은 이야기가 두뇌 정렬을 초래한다는 사실을 증명하기 위해 나의 이야기를 러시아어로 녹음한 다음 러시아어를 모르는 사람에게 들려준다. 이 경우 소리를 처리하는 청각 피질에서 뇌파의 변화가 일어나지만, 두뇌 정렬은 이뤄지지 않는다. 청자가 이해할 수 있는 이야기만이 두뇌 정렬을 초래한다. 완전하고, 흡인력 있고, 일관된 이야기를 해야만 전두엽과 두정엽 같은 고차원적 부위로 더 깊이 반응이 일어나며, 모든 청자가 비슷한 반응을 보이게 된다.[8]

근래에 드렉셀 대학교Drexel University의 생리 의학자들은 기능적 근적외선분광기fNIRS라는 보다 진전된 도구를 통해 실험실보다 덜 형식적인 환경에서 자연스럽게 대화하는 두 사람의 뇌를 관찰했다. 이 기기는 빛을 활용하여 신경 활동을 측정하고 뇌의 여러 부위로 흘러가는 혈류를 보여준다. 이 연구는 해슨의 연구를 토대로 삼되, 우리가 서로에게 이야기를 들려줄 때 뇌에서 일어나는 변화를 보다 정확하게 파악하는 것을 목표로 삼았다. 연구 결과는 해슨의 주장을 뒷받침했다. 화자가 실제 겪은 이야기를 들려줄 때 청자의 뇌는 화자의 뇌와 동조했다.

최신 기술을 이용한 여러 연구에서 우리가 오랫동안 직관적으로 알았던 사실이 증명되었다. 인간의 뇌는 이야기에 끌린다. 인류는 서로 의사소통을 시작할 때부터 이야기를 나눴다. 인류학자들은 우리 선조들이 불을 다스릴 수 있게 된 것이 인간 개발의 중대한 이정표였다고 생각한다. 불로 음식을 요리하면 뇌의 크기를 늘리는 데 필요한 단백질을 얻을 수 있다. 모닥불은 하루의 길이를 늘였다. 낮에는 사냥과 채집을 하던 우리 선조들은 모닥불 주위에 둘러앉아서 이야기를 나눴다. 이야기는 다른 사람들에게 잠재적 위협을 알렸고, 연장을 만드는 새로운 방법을 가르쳤고, 상상의 나래를 펼 계기를 마련했다.

이제 우리는 파토스, 즉 정서적 호소가 설득의 필수 요소임을 안다. 이야기가 정서적 호소를 위한 최고의 도구라는 점도 안다. 그렇다면 모든 이야기가 동일한 효력을 지닐까 아니면 더 강한 효력을 지니는 이야기가 있을까?

해슨의 연구에 따르면 청자와 화자의 공통점을 부각하는 이야기가 더욱 강력한 두뇌 정렬을 초래한다. 내가 당신과 나눈 공통점을 찾아내면 세계를 나의 시각으로 보도록 설득할 가능성이 커진다.

역경 극복은 좋은 소재

마윈Jack Ma의 부모는 중국의 핑탄评弹 배우였다. 400년의 역사를 지닌 핑탄은 음악과 스토리텔링을 결합한 공연 예술이다. 배우가 생생한 단어와 이미지를 통해 청중의 감정을 자극하는 언어 예술이기도 하다. 그는 부모가 연습하는 모습을 보면서 많은 영향을 받았다. 스토리텔링에 매료된 그는 영어 교사가 되었다. 중국에서 그의 수입은 월 12달러에 불과했다. 적은 월급은 단칸방의 월세를 낼 수 있는 유일한 수단이었다. 그는 교사를 그만두고 중소기업과 전 세계의 소비자들을 이어줄 온라인 상거래 회사를 차렸다. 현재 그가 설립한 알리바바는 세계 최대 가상 쇼핑몰이다. 덕분에 그는 중국 최고의 부자이자 세계 30대 부호 중 한 명이 되었다.

초기 알리바바 직원들은 마윈을 마음을 뒤흔들 수 있는 강력한 화술을 지닌 사람으로 기억한다. 그가 제시한 이상은 전염성을 지니고 있었다. 저술가로서 알리바바 자문을 지낸 던컨 클라크Duncan Clark는 부모에게 물려받은 마윈의 스토리텔링 능력을 성공의 핵심 요소로 꼽았다. 그의 말에 따르면 마윈은 난관을 극복하고 불리한 여건을 이겨낸 이야기를 들려주면서 무뚝뚝한 임원을 비롯한 청중들을 울릴 수 있다.[9] 마윈은 아무렇게나 이야기를 하는 것이 아니라, 청중과 교감할 수 있도록 이야기를 맞춘다. 가령 특정 국가에서 인기를 끈 영화에 나온 말을 인용하거나 청중들이 아는 영웅담을 활용한다. 던컨에 따르면 중국 청중들을 대상으로 이야기할 때는 좋아하는 무협지나 중국의 혁명사에서 이야깃거리를 끌어온다.[10] 미국에서는 미국인들을 감동시키려 조지 워싱턴과 체리 나무 이야기를 한다.

던컨은 이렇게 말한다.

"마윈은 사람들의 감정에 호소하는 능력이 탁월하다. 그는 주로 어린 시절이나 창업 초기 시절을 소재로 삼는 많은 이야깃거리를 갖고 있다. 잘 살펴보면 그가 17년 동안 근본적으로 같은 이야기를 했다는 사실을 알 수 있다. 그러나 청중의 분위기와 기대에 맞게 메시지를 은근하게 비틀기 때문에 매번 신선한 이야기처럼 만드는 데 성공한다."[11]

마윈은 자신의 실패담을 통해 어떤 난관에 부딪히더라도 꿈을 계속 추구하도록 다른 사람들을 고무한다. 그가 자주 언급하는 이야기 중에는 대입 시험에 두 번 떨어진 이야기가 있다. 당시 그는 수학 과목에서 120점 만점에 1점을 받았다. 하버드에 열 번 지원해 번번이

퇴짜를 맞았다. KFC를 비롯한 30군데 기업에 지원했다가 모두 떨어졌다. 파산 직전에 몰린 적도 있었다. 이런 실패담은 끈기를 가져야 한다는 중요한 교훈을 전한다. 마윈은 이렇게 말한다.

"절대 포기하지 마세요. 오늘은 힘들고, 내일은 더 힘들지만 모레는 해가 뜰 겁니다."[12]

소박한 출발은 좋은 이야기를 만든다. 삶이나 경력 혹은 사업에서 역경을 극복한 적이 있다면 다른 사람들과 이 경험을 나눠야 한다. 우리는 고생 끝에 성공한 이야기를 듣고 싶어 하기 때문이다. 거기에는 나름의 필요성이 있다. 고생은 삶의 일부다. 심리학자들의 말에 따르면 우리는 고난에서 의미를 찾는 경향이 있다. 역경을 이겨낸 성공, 비극을 극복한 승리의 이야기는 우리 내면의 불꽃을 당긴다. 고난은 자연의 일부이기 때문이다. 압도적인 불리함을 극복하고 성공한 이야기는 최선을 다하고 싶은 마음이 들게 만든다.

마윈은 1994년에 나온 영화 〈포레스트 검프Forrest Gump〉에서 받은 감명을 자주 말한다. 톰 행크스가 연기한 포레스트 검프는 계속 꿈을 좇고 고난에 대응한다. 그는 지능이 낮지만, 결코 자신이 부족하다고 생각하지 않는다. 그는 영원한 낙관론자다. 마윈은 이런 모습을 보고 자신의 이야기와 꿈을 얻었다고 말했다. 이 영화는 그에게 절대 포기하지 말라는 가르침을 주었다. 이것이 이야기의 힘이다. 이야기는 우리의 정신을 고양하고 희망을 불어넣는다. 마윈의 카리스마는 "잭 매직Jack Magic"으로 불린다. 그가 부리는 진정한 마술은 이야기를 엮어서 우리의 상상력을 자극하는 능력이다.

자선 사업이 아니라 공감 사업

다른 사람들의 마음을 여는 열쇠를 얻고 싶다면 이야기를 들려주어라. 이야기는 새 차의 열쇠를 안기기도 한다.

1997년에 필 월Phill Wall은 남아프리카 요하네스버그에 있는 고아원을 방문했다가 18개월 된 조드와Zodwa라는 소녀를 만났다. 에이즈 환자인 엄마에게 생후 9개월 만에 버림받은 소녀였다. 필과 아내인 웬디는 8개월이 걸리는 절차를 거쳐 조드와를 입양하려 했다. 그러나 조드와의 할머니가 나타나 그녀를 키우겠다고 나서면서 입양이 무산되었다.

필와 웬디는 이 일로 크게 낙담했지만 다시 마음을 추스르고 고아들을 돕는 일에 나섰다. 그들은 고아들의 삶을 바꿔주는 자선 단체인 위시호프WeSeeHope를 설립했다. 필과 웬디는 부모가 없는 아프리카 아이들을 돕는 데 인생을 바치기로 결심했다.[13] 현재 위시호프는 2,000만 달러의 기금을 모아서 연간 15만 명의 아이들을 돕고 있다.

필 월은 잠재적 기부자인 청중과 공통점을 만들기 위해 입양에 실패한 이야기를 들려준다. 그의 말을 들어보자.

“사람들은 다른 사람의 이야기와 공명共鳴하는 요소를 자기 내면에서 찾고자 합니다. 저는 다른 부모들에게 제가 도와주지 못한 아이의 이야기를 전합니다. 엄마나 아빠가 없는 수많은 아이들의 삶을 바꾸고 싶다고 말하면 사람들은 그 이야기에서 공감할 수 있는 부분을 찾아냅니다.”

월은 자선 사업을 하는 것이 아니다. 그는 '공감 사업'을 한다.

1998년에 월과 웬디는 집을 사려고 모아둔 7,000달러와 다른 사람들에게 수천 달러를 빌려 자금을 마련했다. 그들은 대규모 청중에게 자선 활동에 대한 강연을 해달라는 요청을 받았다. 강연이 끝난 후 청중들에게 1,300장의 봉투가 배포되었다. 봉투에는 10달러짜리 지폐가 들어 있었다. 월과 웬디는 청중들에게 선택지를 제시했다. 청중들은 봉투를 되돌려주거나, 그냥 갖거나, 재능과 기술 그리고 인맥을 활용하여 10달러를 100달러로 바꿀 수 있는 창의적 아이디어를 제안할 수 있었다. 이후 5개월 동안 1,300명에게 배포된 1만 3,000달러는 위시호프를 설립하는 데 필요한 200만 달러로 불어났다.

월은 어느 날 10달러가 든 봉투를 받은 사람으로부터 갑자기 전화를 받았다. 그는 10달러를 갖는 대신 차 한 대를 주기로 했다. 심지어 그 차는 고급 스포츠 쿠페인 애스턴 마틴 DB7였고, 경매에서 4만 3,000달러에 팔렸다.

월은 이렇게 말한다.

"인간 정신의 핵심에는 이야기와 목적의식이 있습니다. 사회에서 가장 심각한 결핍은 의미의 결핍입니다. 사람들은 이야기에 매료되고 거기서 자신의 모습을 볼 때 대단히 너그럽고 관대해집니다."

과학 연구에서는 대개 이견이 존재한다. 그러나 설득에 관해서는 신경 과학자들 사이에 거의 만장일치가 이뤄지는 지점이 있다. 이야기가 생각을 서로에게 전달하는 최고의 수단이라는 것이다. 이야기는 화자에게 주의를 기울이고, 공감하고, 이해하고, 그들의 생각에 흥분하게 만드는 신경 화학 물질을 분비시킨다. 인간은 이야기를 좋아할 뿐 아니라 들어야 한다. 이야기는 거부할 수 없는 힘을 지닌다. 스토리텔러는 사람들을 사로잡는다.

나는 어느 날 직장인들을 대상으로 의사소통 워크숍을 진행하다가 중소기업에서 중간 관리자로 일하는 이선Ethan을 만났다.[14] 이선은 경력을 쌓아 프로젝트 담당 과장에서 사업개발 담당 임원이 되고 싶어 했다. 그러기 위해서는 자신감 있게 프레젠테이션을 할 줄 알아야 했다. 그래서 상사의 권유로 더 큰 계약을 따낼 수 있도록 워크숍에 참여한 것이었다.

이선의 회사는 난관에 직면해 있었다. 같은 지역 경쟁사들이 지나치게 낮은 입찰가를 제시하여 사업을 수주하고 있었다. 게다가 그렇게 사업을 수주한 다음에는 공사 중간에 단가를 올려서 다른 회사들의 신뢰도에 먹칠을 하고 있었다. 선정위원회는 업체들을 믿지 못하면서도 압력 때문에 최저가 입찰자를 고를 수밖에 없었다.

이선의 회사는 개방적이고 투명한 절차를 따르는 데 자부심을 갖고 있었다. 또한 입찰가가 높아도 장기적으로는 비용을 줄여준다는 증거(로고스)를 제시할 수 있었다. 그러나 그것만으로는 사업주를 설득할 수 없었다.

아리스토텔레스가 설득의 토대라고 말한 3요소를 기준으로 볼 때 이선의 회사는 로고스, 즉 증거로 주장을 뒷받침하는 데 강점이 있었다. 문제는 에토스와 파토스를 보강하는 것이었다.

에토스는 화자의 인성에서 나온다. 이선은 도덕적이고 정직한 사람이었다. 다만 내성적이고, 말수가 적으며, 낯을 가렸다. 이런 면들이 사람들에게 보일 진면목을 가렸다. 이선에게는 파토스, 즉 정서적 호소 능력도 부족했다. 그는 워크숍에서 직위와 직무 외에는 자신에 대한 어떤 정보도 말하지 않았다. 질문에 대한 대답은 단답형으로 그쳤다. 다른 참가자들이 그의 마음을 열려고 노력했지만 몇 마디밖에 끌어내지 못했다.

그러나 이틀에 걸쳐 다른 참가자들의 이야기를 들은 후 변화가 생겼다. 이선은 정서적 호소에 쓸 만한 개인적 이야기를 찾았다. 그는 앞으로 나가 새로운 '홍보'를 시험했다. 우선 그는 사업주의 우려를 살피는 일부터 시작했다. 그다음 공통점을 찾기 위한 개인적 이야기를 들려주었다. 대강의 내용은 다음과 같았다.

> 건설은 만만찮은 사업입니다. 재정 위험이 뒤따르고, 안전 및 건강 문제도 제기되며, 시간적 제약도 있습니다. 그래서 유능한 업체에게 사업을 맡기고 싶으실 겁니다. 저희가 드린 자격 자료를 참고해 주십시오. 거기에는 저희의 연혁, 인증 내역, 사

업 이력, 추천서가 들어 있습니다. 저는 오늘 그 이면에 있는 이야기, 아버지가 제게 가르친 교훈을 말씀드리고 싶습니다. 제가 건설 다음으로 좋아하는 일은 항해입니다. 지금까지 쭉 요트를 탔습니다. 저의 아버지도 뱃사람이었습니다. 열네 살 때 저희 가족이 살던 섬에 폭풍이 닥쳤습니다. 저희 가족은 유리창에 판자를 덧대고 폭풍에 대비했습니다. 다행히 폭풍은 섬을 빗나가 바다에 머물렀습니다. 직접적인 타격은 없었습니다. 저는 실력있는 항해사였습니다. 여덟 살 때부터 전국을 돌며 대회에 참가했고 좋은 성적을 냈습니다. 사실 약간 우쭐하기도 했죠. 저희 가족에게는 작은 배가 있었습니다. 저는 부모님에게 배가 괜찮은지 확인해 보겠다고 말했습니다. 여전히 바람은 거셌고 큰 파도가 쳤습니다. 그런 상황에서 바다에 나가는 건 어리석은 짓이었죠. 하지만 저는 친구에게 같이 요트를 타고 가보자고 설득했습니다. 한동안은 재미있었습니다. 큰 파도가 뱃머리를 덮쳐서 요트가 가라앉기 전까지는 말이죠. 우리는 해안까지 헤엄을 쳐야 했습니다. 어떤 사람이 우리를 보고 저의 아버지를 불렀습니다. 간신히 해안에 닿으니 아버지가 수건을 들고 기다리고 있었습니다. 아버지는 제게 수건을 건네며 깊은 프랑스 억양으로 이렇게 말했습니다. "네가 아무리 잘나가는 항해사라도 아직 뱃사람이 되려면 배울 게 많아." 그때 저는 아버지가 가르친 교훈을 잊고 있었습니다. 재능, 지식, 경험이 아무리 풍부해도 절제력, 판단력, 의지로 뒷받침해야 한다는 교훈 말입니다. 그렇지 않으면 많은 문제에 부딪힐 수 있습니다.

〈아메리카 갓 탤런트America's Got Talent〉나 다른 비슷한 프로그램을 본 적이 있다면 이선의 이야기에 다른 참가자들이 어떤 반응을 보였을지 감을 잡을 수 있을 것이다. 출연자가 기대를 뛰어넘는 공연을 하면 카메라는 놀라고 기뻐하는 관중과 심사 위원들을 비춘다. 이선이 이야기를 마친 후에도 같은 반응이 나왔다. 다른 참가자들은 웃으며 서로를 바라보았고, 일부는 발표 도중에 박수를 쳤다. 한 여성은 팔에 돋은 소름을 가리키기도 했다. 이선은 방어적인 태도를 버리고 자신의 성격과 성장배경이 지닌 흥미로운 측면을 드러냈다. 덕분에 청중의 존경심을 이끌어낼 수 있었다. 누구나 사람들에게 들려줄 만한 이야기가 있다.

이선의 이야기에는 약간의 스트레스가 있다. 그는 험한 바다에 배를 끌고 나가는 대목에서 극적인 긴장감을 자아냈다. 스트레스는 이야기를 더욱 인상적으로 만들고 청중과 교감하는 데 도움을 준다. 신경 과학자인 래리 케이힐Larry Cahill이 그 사실을 증명한다.

케이힐은 UC 어바인에서 제임스 맥고와 함께 기억에 대한 연구를 진행한다. 그는 소위 '얼음물 실험'으로 유명하다. 이 실험에서 연구자들은 피실험자들에게 일련의 슬라이드를 보여주면서 감정적 반응을 살폈다. 뱀, 총, 꽃 등 여러 가지 대상의 사진을 담은 슬라이드는 다양한 감정적 반응을 촉발했다. 피실험자들은 슬라이드를 모두 본 후 얼음물에 손을 담가야 했다. 이는 스트레스 호르몬을 분비시키기 위한 것이었다.

일주일 후 기억력을 측정하는 후속 실험이 이어졌다. 그 결과 얼음물에 손을 집어넣은 피실험자들은 통제집단보다 훨씬 생생하게 슬라이드의 내용을 기억했다. 스트레스 호르몬이 기억을 확고하게 심는 데 도움을 준 것이다. 이 실험 결과가 주는 교훈은 무엇일까? 바로 약간의 스트레스를 더하여 감정을 자극하라는 것이다. 약간의 감정적 요소만 있어도 이야기의 힘이 강화된다.

상대를 움직이는 세 가지 이야기

행동을 촉구하기 위한 모든 대화나 프레젠테이션에서 할 수 있는 세 종류의 이야기가 있다.

- 개인적 경험에 대한 이야기
- 고객에 대한 이야기
- 브랜드나 회사의 역사에 있었던 중요한 사건에 대한 이야기

개인적 경험에 대한 이야기

역경을 딛고 성공했거나, 비극을 이기고 승리한 개인적 경험에 대한 이야기는 강력한 힘을 지닌다. 고난과 성공을 수사적 도구로 활용

하면 더 깊고 의미 있는 유대를 맺을 수 있다.

한 번은 월마트에서 일하는 고위 임원이 내가 진행하는 워크숍에 참가한 적이 있었다. 그녀는 신규 입사자 연수에서 회사의 문화를 알려주는 역할을 맡았다. 신입 사원 연수의 규모는 대단히 크다. 월마트에는 200만 명이 일하고 있으며, 매달 신규 채용에 1만 명 넘게 지원한다. 아칸소 주 벤튼빌Bentonville에 있는 본사에서 근무할 평직원부터 간부, 임원까지 모든 신규 입사자들은 이 임원의 강연을 들어야 한다.

회사에 대한 팩트와 수치는 충분했다. 그러나 우리는 그녀가 신규 입사자들과 교감할 수 있도록 개인적 이야기를 들려주기로 결정했다. 그녀는 대화를 나누던 도중에 나를 바라보며 이렇게 말했다.

"'돈을 아끼고 더 나은 삶을 사세요'라는 우리 회사의 슬로건에 담긴 진짜 의미를 아세요?"

나는 그 의미가 궁금해졌다.

"제 형부는 루게릭병 환자예요. 저는 형부를 간호하는 언니를 도왔죠. 매달 병원비가 많이 들었어요. 그래서 언니에게 돈을 아껴야 하니 월마트에서 물건을 사자고 했어요. 그때는 제가 월마트에서 일하기 전이에요. 그 결과 같은 물건을 사는데도 매달 300달러나 아낄 수 있었어요. 그 돈으로 휠체어에 앉아서 탑승할 수 있는 승합차를 샀어요. 덕분에 형부가 더 많은 자유를 누릴 수 있었죠. 형부는 그 차를 타고 조카의 대학 졸업식에도 참가했어요. 제 조카가 결코 잊을 수 없는 일이었죠."

이야기가 끝난 후 같은 자리에 있던 사람 중 일부는 눈물을 훔쳤다. 나는 그녀에게 형부의 사진이 있는지 물으며 이렇게 말했다.

"그 이야기를 들려주고 형부의 사진을 보여주면 누구도 회사의 사명이 고객에게 어떤 의미를 지니는지 잊지 않을 겁니다."

그녀는 신규 입사자 연수에서 나의 조언을 따랐다. 강연이 끝난 직후 한 사람이 다가와 지금까지 본 강연 중에서 가장 감동적이었다고 말했다.

몇 주 후 그녀는 내게 이렇게 말했다.

"딱 하나 불만이 있어요. 같이 점심을 먹자는 사람들이 너무 많아졌어요. 이제는 요청을 부드럽게 거절하는 법을 배워야겠어요."

월마트 CEO인 더그 맥밀런Doug McMillon은 주주 회의에서 이렇게 말했다.

"우리 월마트 사람들은 이야기를 좋아합니다. 이야기에는 특별한 힘이 있어요. 우리는 이야기하기를 좋아하며, 이야기를 기억하고, 반복하고, 전달합니다. 기록하기도 하죠. 우리는 함께 회사의 이야기를 써 내려 갑니다."

자신이 만들어낸 변화이야기

전 세계 손꼽히는 회계기업 중 하나로서 가장 빠르게 성장 중인 KPMG는 스토리텔링이 직원들에게 목적의식을 부여한다는 사실을 발견했다. 수천 명의 간부와 직원들을 대상으로 조사한 결과 "강력한 목적의식이 직원들의 참여를 이끌어내는 데 필수적"[15]임이 드러났다. 그래서 KPMG는 모두가 브랜드의 오랜 역사와 영향력을 이해할 수 있도록 스토리텔링을 임원 연수의 핵심 요소로 삼았다. 인사 담당 부사장인 브루스 파우Bruce Pfau는 이렇게 말한다.

"우리는 위에서 아래로 목적의식을 전달하는 것만으로 성공할 수 없다는 사실을 깨달았습니다. 그래서 인턴부터 회장까지 모든 사람에게 자신의 일이 만들어 낸 변화에 대한 이야기를 나누도록 권장합니다."[16]

이처럼 스토리텔링 문화가 형성된 후 이직률이 크게 줄었고, 사기는 크게 높아졌으며, 이익도 급증했다.

나를 대표하는 시그니처 스토리

나는 샌프란시스코 포티나이너즈San Francisco 49ers의 전설적인 선수인 드와이트 클라크Dwight Clark와 같이 점심을 먹은 적이 있다. 그때 클라크는 "재미있는 건 내가 총 506번이나 패스를 받아냈는데 모두가 '더 캐치The Catch'에 대한 이야기만 듣고 싶어 한다는 겁니다"[17]라고 말했다.

더 캐치는 프로 미식축구역사에서 가장 중요한 플레이 중 하나로 별도의 위키피디아 항목까지 있다. 1982년 1월 10일에 열린 NFC 준결승에서 클라크가 조 몬태나Joe Montana의 패스를 받아내면서 포티나이너즈는 슈퍼볼로 불리는 결승에 진출할 수 있었다. 이후에도 포티나이너즈는 네 차례나 슈퍼볼을 거머쥐면서 1980년대를 지배했다. 이제 클라크는 사인을 할 때 당시 상황을 간단하게 같이 그려준다. 클라크는 한 사람의 개인이면서 하나의 브랜드이기도 하다. 더 캐치는 말 그대로 그의 '시그니처 스토리signature story'다.

당신의 대표 이야기는 무엇인가? 모든 사람에게는 대표 이야기가 있다. 모든 기업이나 브랜드도 마찬가지다.

시그니처 스토리의 조건

버클리 하스 경영대학원Berkeley-Hass School of Business과 스탠퍼드 경영대학원의 마케팅 교수인 데이비드 아커David Aaker와 제니퍼 아커Jennifer Aaker는 이렇게 말한다.

"시그니처 스토리는 장기적으로 활용할 수 있고, 회사의 내외부에서 영감과 방향을 제공할 수 있는 대표 자산이라 할 수 있다. 인지도를 얻고, 소통하고, 설득하고, 행동을 바꾸고, 논의를 촉진하는 강력한 수단이기도 하다. 팩트나 수치만 전달하는 것보다 거의 언제나 훨씬 효율적이고 효과가 크다."[18]

아커 부부는 논문에서 다음과 같은 사례를 든다. "1970년대 중반에 한 고객이 노드스트롬Nordstrom 알래스카 페어뱅크스Fairbanks 지점을 찾아가 다 닳아버린 스노우 타이어를 '환불'해 달라고 요구했다. 어색한 순간이었다. 신발 가게에서 백화점으로 성장한 노드스트롬은 타이어를 판매한 적이 없었다(과거 같은 자리에 있던 다른 회사에서 판매했다). 그럼에도 일한 지 두어 주밖에 되지 않은 매장 직원은 관대한 환불 정책이 뒷받침하는 고객 우선 문화에 따라 무엇을 해야 할지 분명히 알았다. 그는 즉시 스노우 타이어를 넘겨받고 고객이 지불했다고 말한 금액을 내주었다."

노드스트롬은 관대한 환불 정책으로 유명하며, 직원들이 고객을 위해 올바른 결정을 내릴 권한을 부여한다. 나이키, 액센츄어Accenture, KPMG, 사우스웨스트를 비롯한 많은 기업의 리더들처럼 노드스트롬의 리더들은 이야기를 활용하여 기업문화의 가치를 강화한다. 메모, 이메일, 파워포인트 슬라이드, 교육 자료로는 설득력 있는 대표 이야기를 대체할 수 없다.

데이비드 아커와 제니퍼 아커는 시그니처 스토리가 지녀야 할 요소를 제시한다.[19]

(1) 이야기 구조: 시작과 중간 그리고 결말이 있다.

(2) 흥미: 아커 부부에 따르면 흥미로운 이야기는 생각을 자극하고, 새롭고, 정보를 제공하고, 재미있고, 오락적이다.

(3) 진실성: 등장인물, 배경, 난관이 현실적인 느낌을 줘야 한다. 진실성이 부족한 이야기는 꾸며낸 것처럼 들리며, 화자에 대한 신뢰도를 떨어트린다.

(4) 디테일; 세세하고, 생생한 디테일은 이야기의 진실성을 강화한다. 가령 앞서 소개한 월마트 이야기에서는 매달 300달러를 아꼈다는 핵심적인 디테일이 제시되었다. 물론 청중은 모든 구매 항목에 걸쳐 각각 얼마씩 아꼈는지 알 필요는 없다. 핵심 내용과 무관한 정보를 너무 많이 제공하면 오히려 정서

적 효과가 약해진다.

(5) 뜻밖의 요소: 영화의 경우 반전이 여기에 해당한다. 관중들이 전혀 예상치 못한 전개를 보여주는 샤말란Shyamalan의 영화가 대표적인 사례다.

(6) 공감을 자아내는 인물: 청자가 주인공이 처한 입장(혹은 상황)에 공감할 수 있어야 한다.

(7) 갈등과 긴장: 모든 뛰어난 내러티브는 갈등과 긴장을 토대로 삼는다. 갈등과 긴장이 없으면 이야기가 밋밋해진다. 중대한 난관을 넘어서 끝내 성공을 거두는 주인공은 거부할 수 없는 매력을 지닌다.

이야기에 위 요소를 담는 일은 생각만큼 어렵지 않다. 한두 개의 단어만으로 충분히 하나씩 해결할 수 있다. 가령 나는 캘리포니아 와인 업계를 좋아한다. 이야기뿐 아니라 열정과 창의성을 지닌 괴짜, 선구자, 기업인 같은 스토리텔러들로 가득하기 때문이다. 와인과 스토리텔링은 완벽한 짝을 이룬다. 다음은 나파 밸리Napa Valley에 있는 스택스 립 와인 셀러Stag's Leap Wine Cellars의 시그니처 스토리는 위에 언급한 요소를 모두 담고 있다.

1976년에 파리에서 블라인드 와인 테스트가 진행되었다. 당시 대다수 국제적인 와인 평론가들에게 캘리포니아 와인이 프랑스 와인을 이기거나 심지어 대적할 수 있다는 것은 상상조차

할 수 없는 일이었다(디테일, 흥미).

'블라인드' 테스트였기 때문에 심사 위원들은 자신이 어떤 와인을 마시는지 몰랐다. 테스트가 끝난 후 점수가 집계되었다(긴장). 놀랍게도 스택스 립 와인 셀러가 출품한 1973년산 카베르네 소비뇽이 1등이었다(뜻밖의 요소, 반전).

일부 심사 위원들은 이런 결과를 믿을 수 없었다. 그들은 화를 내며 점수표를 보여달라고 요구했다(갈등). 〈타임〉 기자가 현장에 없었다면 이 일은 그냥 잊혔을지도 모른다(반전). 그 자리에 참석한 기자는 조지 테이버George Taber뿐이었다(반전). 어차피 프랑스 와인이 1등에 오를 것임을 모두가 알았기 때문이다. 심지어 테스트 도중에 유명 셰프인 프랑스 심사 위원이 화이트 와인을 맛본 후 "음, 다시 프랑스 와인으로 돌아왔군!"이라고 말하기도 했다. 그러나 그가 마신 와인은 사실 나파 밸리에서 나온 샤도네이였다. 테이버는 이 이야기가 와인 업계에 충격을 던질 것임을 알았고, 이 놀라운 결과를 알리는 짧은 기사를 썼다. 파리의 심판으로 불리는 이 사건은 나파 밸리와 그 양조장들 그리고 선구자들을 세계적으로 널리 알렸다. 덕분에 나파 밸리는 세계적인 와인 산지라는 위상을 얻었다(공감 가는 인물과 시작, 중간, 결말이 있는 이야기).

이 이야기는 약 60초 안에 전달할 수 있다. 스토리텔링의 한 가지 과제는 길고 따분한 이야기로 청중들을 졸리게 만드는 일 없이 계속 주의를 끄는 것이다. 디테일이 중요하기는 하지만 이야기를 설득력 있고 간결하게 만들려면 연습과 조언이 필요하다.

스택스 립 와인 셀러는 직원들에게 이야기하는 법을 가르친다. 그들은 브랜드를 시각적으로 보완하도록 시음실을 꾸몄다. 가령 시음실 벽에는 회사의 주요 연혁, 상을 받은 와인을 담은 병들, 파리 대회의 실제 점수표, 파리 대회를 다룬 기사가 실린 잡지 등이 전시되어 있다. 물론 모든 이야기를 특별한 공간으로 보완할 수 있는 것은 아니다. 프레젠테이션에서 이야기를 들려줄 때는 사진이나 영상으로 보완하라.

시그니처 스토리는 당신과 당신의 제품 그리고 당신의 브랜드가 두각을 드러내도록 돕는다. 또한 어떤 브랜드도 같은 이야기를 갖지 않기 때문에 확실한 차별화를 제공한다. 당신을 드러내는 이야기는 무엇인가?

파이브 스타 원칙

- 감정에 호소하는 파토스 없이는 설득이 이뤄지지 않는다.
- 이야기는 파토스를 구축하는 최고의 언어적 수단이다.
- 홍보나 프레젠테이션에서 활용할 수 있는 세 가지 유형의 이야기가 있다. 바로 ①개인적 경험에 대한 이야기, ②자신이 만들어낸 변화 이야기, ③나를 대표하는 시그니처 스토리다.

11장

3막 구조를 따르라

탁월한 스토리텔러는
부당한 경쟁 우위를 누린다.

—빌 걸리BILL GURLEY

브라이언은 라면과 마른 시리얼만 먹고 사느라 9킬로그램이나 살이 빠졌다. 브라이언의 엄마는 우유라도 사서 부어 먹으라고 말했다. 그래도 그는 언젠가 좋은 이야깃거리가 될 것이라며 그냥 힘들게 버텼다. 그의 말은 옳았다.

현재 브라이언 체스키Brian Chesky는 300억 달러의 가치를 지니는 숙박 공유업체 에어비앤비의 CEO다. 체스키와 공동 창립자들은 공유 경제 사업을 선도했다. 체스키는 내러티브의 힘을 경쟁 우위로 삼는 스토리텔러이기도 하다.

저술가인 브래드 스톤Brad Stone은 에어비앤비를 '신성upstart'이라 부른다. 기존 방식을 뒤집어서 성공을 거두었기 때문이다. 스톤은 20년 동안 기술 부문에 대한 글을 썼다. 그는 오늘날의 신성들이 이전 세대와 다른 중요한 능력을 지녔다고 말한다. 그것은 바로 이야기를 잘하는 능력이다.

나는 스톤이 쓴 《업스타트The Upstarts》가 출간될 무렵 그와 대화를 나눴다. 스톤은 체스키가 창업에 성공한 다른 많은 사람들처럼 과거의 "어색하고 내성적인" 창업가들과 다르다고 말한다. 그의 말을 들어보자.

"그들은 외향적인 스토리텔러로서 자신의 회사를 인류의 극적인 진보라는 맥락 속에 넣고, 엔지니어뿐 아니라 운전자, 의장, 로비스트, 변호사까지 회사가 추구하는 대의명분으로 끌어들이는 능력을 지녔다."[1]

시장은 변화하고 있으며, 시장에서 요구하는 능력도 마찬가지다. 스톤에 따르면 과거 기술 기업들은 고객을 제외하고는 다른 사람들의 말을 대부분 무시해도 괜찮았다. 정치적 논란에 개입할 필요는 전혀 없었다.[2] 그러나 지금은 에어비앤비, 우버 같은 회사들이 설립 초기부터 논쟁에 휘말리고 있다. 그들은 지자체, 규제 당국, 고객과 끊임없이 논쟁을 벌여야 한다. 그래서 스톤의 말대로 처음부터 정치를 하지 않으면 안 된다.

에어비앤비는 영업 지역의 규제당국과 씨름할 뿐 아니라 다른 중요한 장애물도 극복해야 했다. 일부 국가에서 계속 성장을 가로막는 이 장애물은 다름 아닌 신뢰였다. 스톤의 설명에 따르면 우버나 에어비앤비 같은 기업들은 우리 부모가 절대 하지 말라고 한 일, 바로 모르는 사람의 차를 타거나 모르는 사람의 집에서 자라고 부추긴다. 그들은 낯선 일을 편하게 시도해 보라고 사람들을 설득해야 한다.[3]

브라이언 체스키는 검증된 스토리텔링 기법을 활용하여 신뢰를 구축한다. 그것은 바로 거의 모든 성공적인 할리우드 영화들이 따르는 3막 구조다.

시나리오 전문가인 시드 필드Syd Field는 1979년에 쓴 《시나리오란 무엇인가Screenplay》를 통해 "3막 구조"라는 개념을 널리 알렸다. 제임스 캐머런과 저드 애퍼타우Judd Apatow를 비롯한 많은 감독들은 시나리오 쓰기의 성경으로 불리는 필드의 책을 많이 참고했다. 〈새터데이 나이트 라이브Saturday Night Live〉의 작가였던 티나 페이Tina Fey는 원고를 쓰지 못해서 '백만 번'이나 초고를 고쳐 썼다. 그러다가 필드의 책을 접하고 3막 구조를 따르면서 대성공을 거뒀다. 그녀가 2004년에 선보인 〈퀸카로 살아남는 법Mean Girls〉은 1억 3,000만 달러가 넘는 수입을 올렸다.

필드는 수백 편의 성공한 영화를 분석한 후 모두 아리스토텔레스가 최초로 파악한 이야기 구조를 따른다는 사실을 확인했다. 필드에 따르면 "이야기를 하려면 인물을 설정하고, 전제(어떤 이야기인가)와 상황(인물을 둘러싼 환경)을 소개하고, 인물이 극복해야 하는 장애물을 만든 다음 해결로 나아가야 한다."[4] 필드는 특히 이야기를 만드는 기술은 비즈니스를 비롯한 수많은 분야에서 익히고 활용할 수 있다고 말한다.

기술은 영화 제작 방식, 영상의 수준, 상영 방식을 개선한다. 그러나 아무리 기술이 좋아도 나쁜 각본을 고치지는 못한다. 스토리텔링의 가치는 그대로 남는다. 이제는 최신 프레젠테이션 도구로 슬라이드를 만들고, 멀리 떨어진 동료와 화상 통화를 하고, 웨비나webinar를 열어서 다른 나라 사람들을 초대하고, 캘리포니아 새너제이San Jose에서 홀로그램을 통해 인도 사람들에게 프레젠테이션을 할 수 있다(실제로 시스코 시스템스가 이러한 방식을 도입했다). 그러나 영화처럼 아무리 기술이 좋아도 나쁜 각본을 고치지는 못한다.

시드 필드에 따르면 뛰어난 이야기는 3막 구조를 따른다. 이 구조는 뛰어난 프레젠테이션에도 적용된다.[5]

각본

1막	2막	3막
주인공이 살아가는 세상과 함께 주요 인물들이 소개된다.	주인공의 세계가 위험에 처하고 주인공이 극복해야 하는 난관이 등장한다.	문제가 해결된다. 주인공의 세계가 바뀌고 모두가 행복하게 산다.

프레젠테이션

설정	충돌	해소
회사나 산업의 현재 상황이 묘사된다.	문제가 제시되고 해결책이 논의된다.	회사의 제품이나 서비스 혹은 전략이 문제를 해결하고 성공을 이룬다.

영화 제작자들은 3막 구조를 선호한다. 각본에서 각 막이 진행되는 특정한 지점도 있다. 일반적인 두 시간짜리 영화를 위한 각본의 분량은 약 110쪽이다. 첫 10쪽은 영화의 배경을 설정한다. 2막은 25쪽 정도에서, 3막은 85쪽 정도에서 시작된다. 이처럼 정형화된 구조는 창의성을 억누르지는 않는다. 오히려 창의성을 발휘할 자유를 준다. 인간은 동굴 벽에 그림을 그리고 이야기를 하기 시작한 때부터 3막 구조를 활용했다. 3막 구조는 이야기를 쉽게 따를 수 있고 보다 만족스럽게 만드는 한편 청중에게 놀라움과 기쁨 그리고 감동을 안길 충분한 여지를 제공한다.

시나리오 작가인 블레이크 스나이더Blake Snyder는 3막 구조 이론을 더욱 진전시켜서 각 막을 '비트beat'로 다시 나누었다. 전체 이야기는 열다섯 개의 비트로 구성된다. 이 비트 혹은 시퀀스는 이야기를 밀고 나가며, 정서적 반향을 일으킨다. 비트는 스토리텔링의 단위다. 여기서 모든 비트를 분석할 필요는 없다. 다만 탁월한 프레젠테이션은 3막 구조를 따르며, 적어도 두 개의 중요한 비트인 '촉매the catalyst'와 '밑바닥all is lost'을 담는다.

스나이더가 제시한 비트 중심 전개에서 촉매는 1막의 끝부분에 나오며, 주인공의 모험을 촉발한다. 이 대목에서 주인공은 현재 상태를 계속 이어갈 수 없다고 판단한다. 〈스타워즈〉의 루크 스카이워크Luke Skywalker가 가족이 죽었음을 알고 저항군에 가담하려고 결심하는 것이나, 〈금발이 너무해Legally Blonde〉의 엘르 우즈Elle Woods가 남자친구와 저녁식사 자리에서 헤어지는 것 그리고 〈모아나Moana〉의 모아나가 섬에 내린 저주를 풀기 위해 항해에 나서기로 결심하는 것이 그런 예다.

2막에는 밑바닥에 해당하는 장면이 있다. 대개 75쪽 부근에서 나오는 이 대목에서 주인공의 삶은 암울한 지경에 처한다. 만족한 결말이 나올 가능성은 없어 보인다. 〈스타워즈〉에서 루크 스카이워크와 동료들이 쓰레기 처리장에 빠진 채 말 그대로 사방에서 좁혀오는 벽에 끼여서 죽을 위기에 처하는 상황이 그런 예다. 다행히 R2-D2가 쓰레기 처리장의 작동을 멈춘 덕분에 그들은 모두 살 수 있었다.

대부분의 로맨틱 코미디는 3막 구조를 충실히 따른다. 즉 남자와 여자가 만나고, 헤어졌다가, 극적인 재회 후에 행복하게 살아간다. 〈노팅힐Notting Hill〉의 각본을 쓴 리처드 커티스Richard Curtis가 〈네 번의 결혼식과 한 번의 장례식Four Weddings and a Funeral〉, 〈브리짓 존스의 일기Bridget Jones's Diary〉, 〈러브 액츄얼리Love Actually〉를 만든 것은 우연이 아니다. 그는 대다수 성공적인 각본가들처럼 3막 구조에 통달했다.

데릭 톰슨Derek Thompson은 《히트 메이커스Hit Makers》에서 1949년에 《천의 얼굴을 가진 영웅The Hero with a Thousand Faces》을 발표한 조지프 캠벨Joseph Campbell에 대해 "그는 다른 어떤 이론가보다 스토리텔링의 보편적 공식에 가까이 접근했다. 그는 수천 년을 거슬러 올라가 인류가 글을 쓰기 전부터 비슷한 영웅담을 계속 되풀이했다는 사실을 보여준다."[6] 라고 평가했다.

캠벨의 이론에 따르면 보편적 신화에 담긴 서사적 영웅담은 거의 같은 내용을 지닌다. 주인공이 여정에 올라 혹독한 시련을 거친 후 전과 다른 모습으로 거듭난다. 톰슨은 "해리 포터와 루크 스카이워크, 모세와 무함마드, 〈매트릭스〉의 네오, 〈반지의 제왕〉의 프로도"를 그런 예로 제시한다. 이런 인물들의 여정은 우리를 감동시킨다. 그들의 결함과 용기 그리고 변신에서 우리 자신의 모습을 보기 때문이다. 그들의 좌절과 성공은 긴장감을 안기면서 계속 관심을 기울이게 만든다. 그들과 공감할 때 그들의 여정은 우리의 여정이 된다. 우리는 그들이 이룬 승리에 감명을 받는다.

다시 비즈니스 분야의 의사소통으로 돌아가도록 하자. '고무적'인 리더는 근본적으로 서사적 모험담을 들려주는 스토리텔러다. 브라이언 체스키가 그런 사례다. 그는 3막 구조를 활용하여 에어비앤비의 이야기를 들려준다.

3막 구조에 따른 에어비앤비 이야기

– 1막: 설정

친구 사이인 브라이언과 조는 샌프란시스코의 한 아파트에서 같이 산다. 월세를 내는 데 애를 먹던 그들은 바닥에 매트리스 석 장을 깔고 각각 80달러에 다시 세를 놓는다. 얼마 후 아예 창업에 나서기로 결정한 그들은 전 룸메이트(네이선)를 고용하여 airbedandbreakfast.com이라는 단순한 사이트를 만든다. 셋은 유명한 사우스 바이 사우스웨스트South by Southwest 콘퍼런스에서 본격적인 사업에 나선다. 그러나 큰 성공을 거두기는커녕 고작 두 건의 예약밖에 확보하지 못한다.

촉매: 샌프란시스코에서 민주당 전당 대회 Democratic National

Convention가 열린다. 에어비앤비 창업가들은 좋은 아이디어를 떠올린다. 그들은 시리얼 박스를 새로 디자인하여 '오바마 오즈Obama O's'와 '캡튼 맥케인스Cap'n McCains'라는 이름으로 한 박스에 40달러를 받고 판매한다. 이 사업은 무려 3만 달러의 수익을 남긴다. 덕분에 모험을 계속 이어가게 된다.

– 2막: 갈등

창업가들은 자금 부족에 시달린다. 모든 희망이 사라진 듯한 상황이다. 브라이언은 프레젠테이션을 할 때 이 대목에 이르면 다음과 같이 긴장감을 고조시킨다.

"아침마다 불안에 떨며 일어났습니다. 모두가 미친 짓이라고 생각했어요. 누구도 우리를 도와주지 않았습니다. 돈이 없었습니다. 우리에게는 창업이 최고의 다이어트 수단이었죠. 저는 체중이 9킬로그램이나 빠졌어요. 음식을 살 돈이 없었거든요. 아침에 일어나면 심장이 마구 뛰었습니다. 종일 모든 게 잘될 거라는 믿음을 다졌습니다. 밤이 되면 자신감에 차서 잠자리에 들었습니다. 그러다가 다음 날 아침에는 마치 리셋 버튼을 누른 것처럼 다시 뛰는 가슴과 함께 자리를 박차고 일어났습니다."[7]

브라이언은 청중들에게 창업 초기에는 많은 사람들이 회의적인 반응을 보였다는 사실을 상기시킨다. 그들은 지금 후회하고 있다. 브라이언의 말을 들어보자.

"20명의 투자자들에게 에어비앤비 사업을 소개했습니다. 그때는

10만 달러만 투자하면 20퍼센트의 지분을 보유할 수 있었습니다. 그들 중 15명은 우리가 보낸 이메일에 답장조차 하지 않았습니다. 다른 투자자와는 카페에서 직접 만나기도 했습니다. 그는 스무디를 마시다가 일어서더니 그냥 가버렸습니다. 그 뒤로 다시 만난 적이 없습니다."

– 3막: 해소

모든 희망이 사라진 듯 보였을 때 에어비앤비는 실리콘밸리의 창업 투자 회사로서 엄격한 심사 과정을 통과한 신생기업들에게 초기 자금과 조언을 제공하는 와이 콤비네이터의 문을 두드리기로 한다. 회사를 살리기 위한 최후의 시도였다. 그런데 이마저도 지원 기한을 넘겨버린다. 극적 긴장이 고조되는 대목이다. 공동 창립자인 조 게비아Joe Gebbia는 "심사를 받지 못하면 사업을 접어야 할 상황이었다"라고 말한다. 다행히 막판에 겨우 접수가 되어 인터뷰 기회를 얻는다. 다시 극적 긴장이 고조된다. 와이 콤비네이터의 설립자인 폴 그레이엄Paul Graham은 처음에 회의적인 반응을 보인다. 그는 에어비앤비 창업가들에게 이렇게 말한다. "사람들이 실제로 이런 서비스를 이용하나요? 나라면 모르는 사람의 집에서 자고 싶지 않을 것 같은데요." 그래도 그레이엄이 투자를 결정하면서 긴장이 해소된다. 그는 2달러짜리 시리얼을 40달러에 팔 수 있는 사람들이라면 기회를 줄 만하다고 여겼다.

와이 콤비네이터가 제공한 2만 달러와 조언 덕분에 에어비앤비는 매달 40퍼센트에서 50퍼센트씩 예약 건수를 늘리기 시작했다. 안드리센 호로위츠와 세쿼이어 캐피털 같은 투자사뿐 아니라 애슈턴 커쳐Ashton Kutcher 같은 연예인들도 투자를 하겠다고 나섰다. 2014년 무렵 에어비앤비의 가치는 100억 달러에 이르렀다. 브라이언, 조, 네이선은 바닥에 매트리스를 깔고 세를 놓은 지 6년 만에 각각 15억 달러의 자산을 보유하게 되었다. 현재 에어비앤비의 가치는 300억 달러로서 전 세계의 어떤 호텔 체인보다 높다. 설정, 갈등, 해소의 단계를 거치며 행복한 결말을 맞은 것이다.

에어비앤비가 공유 경제를 창조한 것은 아니다. 그러나 임대인과 임차인 사이에 신뢰를 구축함으로써 공유 경제 시장이 성장할 토대를 제공했다. 브래드 스톤은 내게 이렇게 말한다. "우버와 에어비앤비는 의심이 존재하던 곳에서 신뢰를 창출해야 했습니다. 이 기업들은 신뢰가 없으면 존재할 수 없습니다."[8] 대다수 사람들은 모르는 사람의 침대에서 자는 것을 거북해했다. 많은 사람들은 지금도 그렇다. 에어비앤비는 제한적인 도시계획법, 기성 기업 및 해당 노조와 계속 싸우고 있다. 신뢰받는 브랜드를 구축하는 것은 체스키의 비밀무기이며, 스토리텔링은 그 무기를 만드는 도구다.

스톤은 내게 이렇게 말한다. "나는 20년 동안 기술 산업 분야를 취재했습니다. 마크 저커버그와 구글 창업가들을 사업 초기에 인터뷰하기도 했죠. 그들은 뛰어난 스토리텔러가 될 필요가 없었습니다. 사업이 입소문을 타고 전파되었을 뿐 아니라 제품 자체가 독보적이었으니까요. 우버와 에어비앤비는 다릅니다. 그들에게는 다른 종류의 CEO, 그러니까 카리스마를 통해 고객들을 끌어들일 수 있는 뛰어난 스토리텔러가 필요합니다."

체스키는 제품 출시와 강연 때마다 대가다운 스토리텔링 능력을 선보인다.

2017년 3월에 에어비앤비는 관광상품을 예약할 수 있는 '트립스Trips' 서비스를 선보였다. 고객들은 이 서비스를 통해 투스카니Tuscany에서 트러플을 채취하거나, 서던 캘리포니아에서 최고의 서핑 장소를 찾거나, 하바나의 음악 문화를 체험할 수 있다.

'트립스'를 알리는 광고는 할리우드식 기법을 빌려서 영화 포스터처럼 제작되었다. 체스키는 로스엔젤레스에 있는 유서 깊은 오르페움 극장Orpheum Theatre에 모인 청중들에게 "좋은 여행은 좋은 영화에서 주인공이 겪는 경험과 비슷합니다"[9]라고 말했다. 그는 신화학자인 조지프 캠벨이 말한 '영웅의 여정'에서 새로운 서비스에 대한 영감을 얻었다고 밝혔다. 그의 설명을 들어보자.

"영웅은 일상적인 세계에서 여정을 시작합니다. 그러다가《오즈의 마법사》이야기처럼 경계를 넘어서 새로운 마법의 세계로 들어가 사람들을 만납니다. (중략) 그들은 변신의 순간을 거쳐 다시 일상적인 세계로 돌아옵니다."

에어비앤비의 사업 개발팀은 영웅의 여정이라는 개념을 탐구하다가 중요한 사실을 깨달았다. 집과 방을 공유하는 것은 좋은 여정의 일부에 불과하며, 사람들이 기억하는 것은 경험이 안기는 마법이라는 사실 말이다.

체스키는 새로운 서비스를 소개하는 자리에서 개인적인 이야기를 통해 청중들을 자신의 여정 속으로 끌어들였다. 그는 이용 방법을 설명하기 전에 새로운 서비스를 만든 이유를 먼저 제시했다. 그의 말을 들어보자.

"여행에 대한 기억을 떠올려 보세요. 처음 멀리 여행을 간 때를 떠올려 보세요. 제게도 그런 기억이 있습니다. 저는 올버니Albany 외곽에 있는 소도시, 니스카유나Niskayuna에서 자랐습니다. 우리 가족이 처음 같이 여행을 간 곳은 세인트루이스였어요. 거기로 가려면 비행기를 타야 했죠. 그때 저는 처음 비행기를 탔습니다. 정말 이색적인 경험이었죠."[10]

오픈 테이블의 전 CEO이자 안드리센 호로위츠의 파트너인 제프 조던은 에어비앤비의 이사이기도 하다. 그는 〈비즈니스 인사이더〉와 가진 인터뷰에서 에어비앤비의 창업가들과 나눈 경험을 통해 모든 창업가들에게 반드시 필요한 능력이 무엇인지 알게 되었다고 밝혔다. "모든 창업가들은 좋은 이야기를 할 줄 알아야 합니다. 그렇지 않으면 자금을 유치하거나, 인재를 고용하거나, 주목을 끌기가 어려워요."[11]

체스키는 흐름에 맞는 CEO이며, 지금 업계는 탁월한 스토리텔러에게 많은 보상을 안긴다.

왜 3막 구조가 효과를 발휘할까? 왜 신뢰를 구축하고, 사람들 사이에 더 깊은 관계를 창출할까? 신경 과학자들은 이 의문을 해소할 유력한 답을 찾아냈다. 거기에 따르면 모든 것은 '사랑의 분자love molecule'로부터 시작된다.

공감은 신뢰로 연결된다

2009년에 145명의 대학생들을 대상으로 실험이 진행되었다. 그들은 연구실에서 짧은 영상을 시청했다. 한 영상에서는 중년 남성이 카메라를 향해 "벤Ben은 곧 죽어요"라고 말한다. 두 살 난 그의 아들 벤은 뇌종양에 걸렸다. 물론 벤은 그 사실을 모른다. 실험대상자 중 절반이 2분에 걸쳐 이 슬픈 실화를 담은 영상을 시청했다. 나머지 절반은 다른 영상을 시청했다. 이 영상에서도 벤의 아버지가 이야기를 들려주지만 이번에는 벤의 병에 대한 말은 나오지 않는다. 또한 벤이 병원에 있는 모습이 아니라 아버지와 함께 동물원에 있는 모습을 보여준다.

실험 대상자들은 영상을 본 후 감정적 반응을 측정하기 위한 일련의 질문을 받았다. 뒤이어 그들에게 선택지가 주어졌다. 그들은 원하는 경우 실험에 참가하는 대가로 받은 소액의 돈을 아동 암환자를 돕는 단체에 기부할 수 있었다.

이 실험에는 추가 요소 한 가지가 더 있었다. 바로 영상을 시청하기 전후에 참가자들의 혈액을 채취하는 것이었다. 그 목적은 유대감과 신뢰감을 높이는 신경 조절 물질, 옥시토신의 수치가 영상의 내용에 따라 어떻게 달라지는지 확인하는 데 있었다.

클레어몬트 대학원Claremont Graduate University의 폴 잭Paul Zak과 호르헤 바라자Jorge Barraza가 실시한 이 연구는 설득의 역학을 이해하는 데 도움을 주는 세 가지 중요한 결론에 이르렀다.[12] 첫째, 아빠와 함께 동물원에 간 소년의 모습을 담은 '중립적' 영상을 본 사람들과 비교할 때 소년의 죽음을 암시하는 영상을 본 사람들의 혈장 내 옥시토신 수치가 47퍼센트나 더 높았다. 둘째, 실험 대상자들이 밝힌 정서적 공감의 정도와 옥시토신 수치 사이에 강한 연관성이 존재했다. 셋째, 공감도가 높은 사람일수록 더 많은 돈을 기부했다. 금액의 차이는 상당했다. 이 실험은 감정을 자극하는 영상과 이야기가 옥시토신의 분비를 촉진한다는 직접적인 증거를 최초로 보여주었다. 폴 잭은 유대감을 높인다는 점에서 옥시토신을 '사랑의 분자'라 부른다. 그의 연구는 얼마나 유대감이 강해질 수 있고, 무엇이 유대감을 촉발하는지 보여준다.

잭은 뒤이어 옥시토신과 너그러운 태도의 관계를 다루는 여러 실험들을 실시했으며, 어떤 이야기가 그런 효과를 내는지에 대한 이론을 수립하기 시작했다. 그의 설명에 따르면 동물원에 간 아빠와 아들의 이야기는 긴장감이 없는 밋밋한 구조를 지닌다. 그런 이야기를 담은 영상은 무엇을 배워야 할지 불확실하다. 대다수 실험 대상자들은 1분 안에 흥미를 잃는다. 반면 벤의 질병을 다루는 이야기는 극적 구조를 지닌다. 긴장과 갈등이 있고, 죽어가는 아들 앞에서 아버지가 행복과 긍정을 선택한 데 따른 해소가 있다. 잭에 따르면 감정적인 이야기는 관심을 계속 끌어당기고 공감을 일으킨다. 잭은 추가 실험에서 뇌에 더 빨리 도달하도록 코를 통해 합성 옥시토신을 실험대상자에게 투여했다. 해당 집단은 통제집단보다 56퍼센트나 더 많은 돈을 기부했다.

잭이 내린 결론은 다른 이야기들보다 나은 이야기가 있다는 것이다. 감정을 건드리는 이야기는 뇌의 화학 작용에 변화를 일으켜서 새로운 아이디어에 대한 신뢰와 개방적 태도를 강화한다.

맥킨지의 상황-문제-해결 기법

맥킨지는 세계에서 가장 까다로운 절차를 거쳐 인력을 채용한다. 그만큼 미래의 리더들에게 발판을 제공하기도 한다. 한 조사에 따르면 〈포천〉 500대 기업의 전현직 CEO 중 70퍼센트 이상이 맥킨지 출신이다. 맥킨지가 'CEO 양성소'로 불리는 데는 그만한 이유가 있다. 나는 맥킨지 해외 지사에서 열린 회의에 참석한 적이 있다. 그때 지사장은 그 자리에 모인 700명의 직원들에게 앞으로 50명은 CEO가 될 것이라고 말했다.

해마다 맥킨지에 20만 명이 넘는 사람들이 지원한다. 그중에서 1퍼센트만 채용된다. 맥킨지에 들어가는 것은 하버드나 스탠퍼드 경영 대학원에 들어가기보다 어렵다. 맥킨지에 들어가는 사람들은 대개 명문대 MBA나 석박사 학위를 갖고 있다. 최고 수준의 학력은 최소 요건에 불과하다. 거기에 더하여 뛰어난 공감 능력과 강력한 의사소통 능력을 갖춰야 한다. 고객들은 문제를 파악하거나 분석할 뿐 아니라 쉽게 이해하고, 소화하며, 실행할 수 있는 해법을 제시하는 대가로 맥킨지에 수백만 달러를 낸다. 맥킨지의 핵심 자산은 신뢰다. 고객의 신뢰를 잃으면 일감도 잃는다. 탁월한 스토리텔러는 신뢰를 구축한다.

맥킨지의 리더들은 스토리텔링이 새로운 일감을 따내고 고객과 더 깊은 관계를 구축하는 데 강력한 효과를 낸다는 사실을 안다. 그래서 신입 컨설턴트들에게 영화 각본가들이 따르는 3막 구조와 거의 동일한 스토리텔링 기법을 가르친다. 이 기법은 SCR이라는 약칭으로 불린다. SCR은 상황situation, 문제complication, 해결resolution의 약자다.

상황은 근본적으로 각본의 설정에 해당한다. 즉, 고객의 현재 상태를 설명한다. 문제는 말 그대로 고객이 지금 직면했거나 앞으로 직면할 난관을 가리킨다. 해결은 맥킨지가 제시하는 해법이자 행복한 결말이다.[13]

맥킨지 컨설턴트들은 3막 구조를 통해 생각을 다듬고 고객을 여정에 끌어들이도록 교육받는다. 파워포인트는 이야기를 전달하는 수단일 뿐이며, 핵심은 이야기다. 영화든 사업이든 상대를 끌어들이는 일은 언제나 이야기로 시작된다.

훅을 만들어라

좋은 이야기는 좋은 노래처럼 사람들을 모이게 한다. 대중음악에서는 인기곡을 만드는 결정적 대목이나 비트를 '훅hook'라고 부른다. 소수의 작곡가, 프로듀서만이 인기곡을 만드는 비결을 습득하여 계속 머릿속에 맴도는 곡들을 만들어낸다.

백스트리트 보이즈Backstreet Boys의 'I Want It That Way'나 브리트

니 스피어스Britney Spears의 'Baby One More Time' 혹은 테일러 스위프트Taylor Swift의 'Shake If Off'를 자기도 모르게 흥얼거린 적이 있다면 스웨덴 출신의 프로듀서인 맥스 마틴Max Martin에게 감사해야(혹은 그를 비난해야) 한다. 마틴은 마돈나, 엘비스, 비틀즈보다 더 많은 톱 10 싱글을 보유하고 있다. 존 시브룩John Seabrook은 《송 머신The Song Machine》에서 음반산업 매출의 90퍼센트는 10퍼센트의 노래에서 나온다[14]고 지적했다. 이 10퍼센트의 노래 중 다수를 마틴을 비롯한 소수의 작곡가들이 쓴다.

마틴의 노래가 매력적인 이유는 시브룩이 '트랙 앤드 훅track-and-hook'라고 말한 절차를 따르기 때문이다. 이 절차는 먼저 프로듀서가 코드나 비트 혹은 악기 연주 같은 트랙을 까는 데서 시작된다. 그 다음 프로듀서는 이 트랙을 '훅 제작자'들에게 보내서 계속 머릿속에 맴돌 짧은 멜로디를 추가시킨다.

훅은 일정한 구조를 따른다. 시브룩은 이를 "선율적 수학"이라 부른다. 맥스 마틴이 케이티 페리Katy Perry와 함께 한 작업은 이런 방식이 히트곡을 만드는 양상을 보여주는 좋은 사례다. 페리가 발표한 히트곡의 가사 중에서 많은 구절이 두 부분으로 구성되며, 각각 같은 음절로 나뉜다. 가령 'Chained to the Rhythm'의 경우 'Turn it up, it's your fav-rite song/Dance, dance, dance to the dis-tor-tion'이라는 구절이 나온다. 페리가 부르는 방식에 따르면 이 구절은 각각 8음절로 나뉜다.

일부는 이런 구조가 너무 공식에 끼워 맞춘다고 생각할지 모른다.

그러나 공식을 따르는 이유는 효과가 있기 때문이다. 사람들은 음악이나 대화에서나 이전에 들어본 것과 비슷한 것을 듣고 싶어 한다. 저널리스트인 데릭 톰슨은《히트 메이커스》에서 일부 그림이나 음악 혹은 디자인이 주목받는 이유를 설명한다. 그의 주장에 따르면 인기작은 새로운 것과 오래된 것을 결합한다. 미적 정서를 다루는 심리학에서는 새로운 것을 접하는 불안감과 그것을 이해하는 데 따른 만족감 사이의 순간을 "미학적 감탄aesthetic aha"이라 부른다. 대중음악과 탁월한 연설은 모두 리듬과 반복을 통해 미학적 감탄을 활용한다.

가령 사람들에게 20세기 최고의 연설 중 하나로 평가받는 케네디 대통령의 취임 연설에서 한 구절을 떠올려 보라면 어떤 구절을 떠올릴까? '나라가 여러분을 위해 무엇을 해줄지 묻지 말고, 여러분이 나라를 위해 무엇을 할 수 있을지 물어보십시오' 일 것이다.

이 구절이 인상에 남는 이유는 일종의 훅 역할을 하기 때문이다. 그래서 귀에 착 달라붙는다. 이 구절은 서로 대비되는 두 부분으로 구성된다. 케네디 대통령은 상반되는 내용을 한 문장에 담되 음절의 수를 비슷하게 맞추는 대조법이라는 흔한 화법을 활용했다. 시에서 흔히 쓰는 두운법을 활용하여 "그들이 우리가 잘되기를 빌든 혹은 못되기를 빌든Whether it wishes us well or ill"이라고 말했다. 케네디가 취임 연설에서 이처럼 두운법을 쓴 횟수는 21회에 달한다.

마틴 루서 킹이 링컨 기념관 계단에서 한 유명한 연설에서는 어떤 부분이 기억나는가? 아마도 "내게는 꿈이 있습니다"로 시작되는 부분일 것이다. 이 부분은 같은 단어나 구절로 일련의 문장을 시작하는 흔한 수사법인 아나포라 기법을 활용한 사례다. 대용법을 쓰면 문장에 리듬감이 생긴다.

저술가와 강연가들은 효과 있는 특정 구조를 종종 활용한다. 톰슨은 인간 정신의 본바탕은 아주 오래되었으며, 소속되고, 벗어나고, 바라고, 이해하고, 이해되려는 근본적인 인간적 욕구는 영원하다고 말한다.[15] 이야기가 거부하기 힘든 매력을 지니는 이유는 우리의 두뇌가 이야기를 선호하도록 만들어졌기 때문이다. 사람들이 당신에게 주의를 기울이도록 하고 싶다면 당신의 생각을 이야기에 담아라. 엄격한 투자자들조차 이야기를 좋아한다.

전 세계에서 아이디어 경진대회가 인기를 끌고 있다. 그중에서 가장 유명한 것은 ABC에서 방송되는 〈샤크 탱크Shark Tank〉다. 이 프로그램에서는 다섯 명의 투자자들이 창업가들의 발표를 듣고 투자 여부를 결정한다. 그들은 실제 자신의 돈을 투자한다. 2016년에 인간 행동 전문가인 바네사 반 에드워즈Vanessa Van Edwards는 7시즌 동안 실시된 495회의 발표를 대상으로 대규모 조사를 실시했다. 투자 여부는 거의 반반으로 나뉘었다. 발표에 나선 사람 중 253명은 투자를 따냈고, 242명은 따내지 못했다. 반 에드워즈에 따르면 투자를 따낸 창업가들은 발표 내용에 '대화를 촉발하는 불씨'를 담았다. 이 불씨는 대개 이야기였다. 성공한 발표 중 58퍼센트가 이야기의 형태로 제시되었다. 약 30퍼센트는 '영웅의 여정' 형식을 지닌 3막 구조를 충실하게 따랐다.

반 에드워즈는 이렇게 말한다.

"모두가 좋은 이야기를 사랑한다. 창업가가 들려주는 경험이나 일화를 담은 매력적인 이야기는 맥락과 흥미를 제공하며, 잘 해낼 경우 발표에 인간적인 느낌을 부여한다. 당신의 개인적 이야기를 영웅의 여정이라는 틀 안에 넣어보라. 이 틀은 힘든 일에 나서서 한동안 고생하다가 마침내 성공을 거둔다는 검증된 구조를 지닌다."[16]

이야기는 정보, 재미, 영감을 주고, 신뢰를 구축하고, 궁극적으로 집단적 상상력에 불을 지핀다. 좋은 이야기를 좋은 틀에 담아라.

파이브 스타 원칙

- 설정, 갈등, 해소라는 고전적인 3막 구조를 적용하라. 이야기만큼이나 오래된 이 틀은 확실한 효과를 발휘한다.
- 영웅이 사명을 완수하기 전에 넘어야 하는 난관을 넣어서 이야기에 긴장감을 부여하라.
- 긴장, 고난, 행복한 결말을 포함하는 극적 진행을 통해 청중의 뇌에서 옥시토신이 분비되도록 만들어라.

12장

단 한 줄로 승부하라

5초 안에 나의 관심을 끌어보세요.

—제프 랄스톤, GEOFF RALSTONE

인기 영화나 텔레비전 프로그램은 흥미로운 로그라인logline으로 출발한다. 로그라인이 없으면 일이 진행되지 않는다. 로그라인은 한 문장으로 아이디어를 홍보한다. 할리우드에서 투자 심사가 열리면 모두가 로그라인에만 귀를 기울인다. 모두가 로그라인을 열심히 준비한다. 로그라인은 낚시바늘와 같다. 좋은 낚시바늘은 사람들을 낚아서 나머지 내용도 알고 싶게 만든다. 다음은 투자 심사를 거쳐 영화관에서 대박을 친 유명한 영화들의 로그라인이다.

- 대형 범죄 조직의 늙은 두목이 머뭇거리는 아들에게 자리를 넘겨준다. 〈대부The Godfather〉
- 남자 간호사가 청혼 전에 여자친구의 부모를 만나는데 하필 그 아버지가 의심에 가득 찬 악몽 같은 사람이다.

〈미트 페어런츠Meet the Parents〉
- 잠복 중이던 경찰이 절도단을 추적하여 검거하지만 그중 한 명과 사랑에 빠지는 바람에 고민한다.

〈분노의 질주The Fast and the Furious〉

흥미로운 로그라인은 최대한 적은 단어로 주인공, 주인공의 목표, 갈등을 담아낸다. 아래에 나오는 역대 최고의 로그라인 중 하나를 읽으면 그 영화의 제목을 짐작할 수 있을 것이다.

> 바다를 무서워하는 경찰서장이 해변을 폐쇄하지 않으려는 시의회의 욕심 때문에 희생자가 속출하는 가운데 거대한 식인 상어와 맞서 싸운다. 〈죠스Jaws〉

95퍼센트에 이르는 대부분의 각본이 형편없거나 기껏해야 괜찮은 수준이라는 것은 할리우드에서는 잘 알려진 사실이다. 나머지 중에서 4퍼센트만이 좋은 수준이고, 1퍼센트만이 실로 탁월한 수준이다. 탁월한 로그라인은 종종 탁월한 각본의 지표가 된다.

로그라인이 효과를 발휘하는 이유는 우리의 두뇌가 좋아하는 큰 그림을 제시하기 때문이다. 워싱턴 대학교 의과 대학의 생물학자인 존 메디나에 따르면 인간의 두뇌는 어떤 사건의 세부 사항을 모두 기록하지 않는다. 그보다 패턴을 보고 경험이 지닌 보편적 의미, 즉 핵심을 골라내는 데 뛰어나다. 메디나는 종종 우리 조상들이 호랑이와 마주친 상황을 들어 이 점을 설명한다. 이때 우리 조상들은 저 호랑이의 이빨이 몇 개인지 따지지 않는다. 대신 날 잡어먹을까, 도망쳐야 할까를 따진다. 이 판단은 순식간에 이뤄져야 한다. 우리는 경험의 감정적 요소와 큰 그림을 기억한다. 설득력이 뛰어난 사람은 우리의 진화적 유산에 대한 지식을 활용하여 이목을 끄는 메시지를 만든다.

하나의 아이디어에 초점을 맞출 것

2017년 테드 연례 콘퍼런스가 진행되는 동안 나는 두각을 드러낸 일부 강연자들과 직접 대화할 기회를 얻었다. 그중 한 명인 애덤 알터Adam Alter는 〈뉴욕 타임스〉 베스트셀러로서 스마트폰, 게임, 앱 같은 중독성 강한 기술의 부상을 다룬 《거부할 수 없는Irresistible》을 쓴 저자다. 알터는 사회 심리학자로서 뉴욕 대학교 경영 대학원의 마케팅 부교수다. 《거부할 수 없는》은 약 8만 단어로 구성되어 있다. 그러나 알터는 테드 강연에서 책의 내용을 9분 안에 설명해야 했다. 게다가 《거부할 수 없는》은 흥미로운 이야기와 중독의 이면에 있는 신경과학에 대한 자세한 설명으로 가득했다. 책에 담긴 주요 내용을 모두 제시하려면 90분짜리 프레젠테이션이 필요했다. 물론 테드 강연에서 그렇게 오랜 시간을 쓸 수는 없다. 다행히 교수이자 심리학자인 알터는 문제를 해결하는 법을 알았다. 그는 내게 이렇게 말했다.

"절대 하지 말아야 할 일은 자신이 아는 모든 것을 프레젠테이션에 욱여넣는 것입니다. 여러 생각들을 압축해서 9분짜리 프레젠테이션에 밀어 넣을 수는 없어요."[1]

알터의 전략은 하나의 아이디어에만 초점을 맞추는 것이었다. 프레젠테이션의 나머지 부분은 이야기, 사례, 데이터로 하나의 아이디어를 뒷받침했다. 이는 이론적으로는 쉬워 보이지만 실제로 실행하기는 어렵다. 알터의 말을 들어보자.

"각 아이디어는 자식과 같아요. 모든 자식을 이야기 속에 담고 싶죠. 하지만 결국에는 가장 좋아하는 자식을 골라야 해요. 가능한 한 많은 아이디어를 담아내고 싶은 생각이 들기 마련이지만 그렇게 하는 건 실수예요."

알터는 그의 책에서 아주 작은 부분을 차지하는 "중단 신호stopping cues"라는 하나의 핵심 메시지를 골랐다. 알터에 따르면 우리가 전자기기에 계속 매달리는 주된 이유는 다른 일로 옮겨가야 한다는 중단 신호를 기술 기업들이 제거했기 때문이다.

테드 콘퍼런스 주최 측은 모든 강연자들에게 비슷한 조언을 제공한다. 즉, 하나의 아이디어를 골라서 최대한 명확하고, 확고하며, 생생하게 만들라고 말한다. 테드 큐레이터인 크리스 앤더슨은 많은 강연과 프레젠테이션이 분명한 방향 없이 갈팡질팡한다고 지적한다. 앤더슨은 강연자들에게 전반적인 주제를 정하고 이야기의 흐름을 만들라고 조언한다. 그는 거기에 로그라인 대신 "스루라인throughline"이라는 이름을 붙였다. 그의 정의에 따르면 "스루라인은 청중들에게 제시하려는 생각의 모든 요소들을 붙이는 튼튼한 밧줄"[2] 과 같다. 알터에게는 테드의 접근법이 낯설지 않았다. 그는 대학 교수가 되기 전에 법률회사에서 일할 때 하나에 집중하는 일의 힘을 처음 깨달았다. 당시 변호사들은 다양한 논증을 동원하여 판사를 설득해야 한다는 통념을 갖고 있었다. 그들은 특정한 주장을 제시할 열두 가지 방법이 있으면 하나라도 통하기를 바라면서 남김없이 동원했다. 그러나 너무 많은 논증을 제시하고 각 논증에 같은 무게를 부여하면 오히려 설득력이 상쇄된다. 그 결과 모든 논증이 설득력을 잃는다.

뛰어난 변호사들은 공격력을 집중한다. 그들은 명확하고 간결한 어조로 가장 강력한 논증을 제시하고 증거로 뒷받침한다. 판사인 루크 매케이미스Luke M. McAmis는 이렇게 말한다.

"변호사가 변론에서 저지르는 가장 큰 실수는 사건의 요점이 무엇인지 말하지 않고 긴 서론을 늘어놓는 것입니다. 팩트를 일일이 제시하기 전에 항상 핵심 사안을 먼저 밝혀야 합니다."[3]

창업 투자자의 5초 규칙

영화 제작자에게 아이디어를 홍보하든, 판사에게 변론을 제시하든,

투자자에게 사업 계획을 발표하든 로그라인이 가장 중요하다. 대표적인 투자사인 와이 콤비네이터의 파트너, 제프 랄스톤은 다음과 같이 간결하게 핵심을 말한다.

"이야기가 너무 복잡하면 머릿속에 남지 않아요. 이야기가 단순할수록 거기에 동참하기 쉽습니다."[4]

랄스톤은 5초 안에 상대방의 관심을 끌어내야 한다고 말한다. 투자 심사를 하는 모든 투자자들은 스마트폰을 들고 온다. 그들은 프레젠테이션에 관심이 없으면 바로 이메일을 확인한다. 랄스톤의 말을 들어보자.

"관심은 금세 사라집니다. 관심을 끌 수단이 필요해요. 창업가들이 활용할 수 있는 최선의 수단은 자신의 사업이 중요한 이유를 신속하게 제시하는 겁니다. 우리의 뇌는 그런 식으로 돌아가요. 개념이 단순할수록 쉽게 받아들일 수 있죠."

랄스톤은 5초 안에 인상적인 이야기를 들려달라고 요구한다. 랄스톤만 그런 것이 아니다. 신경 과학자들에 따르면 첫인상은 5초에서 15초 만에 결정된다. 그들은 이런 현상을 "순간적 판단snap judgments"이라는 흔한 표현으로 설명한다. 이 표현은 타당하다. 일부 연구에서 학생들이 처음 만나는 교사에 대한 인상을 2초 안에 판단하며, 이 순간적 판단은 학기 내내 지속된다는 사실이 확인되었다. 프레젠테이션의 경우 인상이 결정되는 데 이보다는 긴 시간이 주어지지만 그렇게 많은 시간은 아니다. 여러 포괄적 연구에 따르면 대개 7초에서 15초 안에 발표자가 전달하는 메시지에 대한 판정이 내려진다.

순간적 판단은 두뇌가 상대방을 친구인지 혹은 적인지 평가하는 방식이다. 마음에 들든 아니든 우리는 이처럼 빠른 평가를 따를 수밖에 없다. 비즈니스 환경에서는 처음 만난 몇 초 사이에 당장 도망치거나 맞서 싸우는 반응이 나오지는 않는다. 그래도 이야기를 더 들어야 할지에 대한 순간적 결정은 내려진다. 청중들이 한눈을 팔 핑계를 제공하지 마라. 거부할 수 없는 로그라인으로 계속 관심을 묶어 두어라.

파이브 스타 원칙

- 탁월한 프레젠테이션은 하나의 주제를 지닌다. 다른 모든 내용은 핵심 메시지를 뒷받침한다.
- 프레젠테이션을 영화의 로그라인으로 생각하라. 한 문장으로 생각을 전해야 한다면 어떻게 말하겠는가?
- 15초 안에 핵심적인 아이디어를 제시하라.

13장

최소한의 단어만 써라

그는 독자들이 사전을 찾게 만드는 단어는
절대 쓰지 않았습니다.
—노벨 문학상 수상자인 윌리엄 포크너WILLIAM FAULKNER가 헤밍웨이에 대해 한 말

유에스 항공 1549편은 뉴욕 라과르디아 공항에서 이륙한 지 3분 만에 거위떼와 충돌했다. 승객들은 충돌음을 듣고 엔진이 불타는 모습을 보았다. 모든 엔진이 출력을 잃었다. '설리 기장'으로 불리는 쉴렌버거Sullenberger는 여러 대안을 검토한 후 무동력 상태로 강에 착륙하는 쪽을 선택했다. 그는 안내 방송을 통해 승객들에게 "기장입니다. 충격에 대비하세요"라는 말만을 전했다.

이 말을 들은 승무원들은 즉각 행동에 돌입했다. 그들은 불시착에 대비하는 법을 승객들에게 알렸다. 155명의 승객 전원이 살아난 이

일은 '허드슨 강의 기적'이라 불린다.

"충격에 대비하세요"라는 문장은 수백 시간에 걸친 훈련을 통해 승객들을 살리는 일에 나서게 만든다. 이 문장에는 부사도 없고, 수동태도 없으며, 더없이 쉽게 읽힌다. 중학생들도 이해할 수 있는 수준이다.

설리는 승객들에게 안내 방송을 하기 약 60초 전에 관제탑에 "메이데이Mayday, 메이데이, 메이데이"라고 비상 상황이 발생했음을 알렸다. '메이데이'는 선박과 항공기들이 보편적으로 쓰는 조난 신호다. 이처럼 짧은 단어를 3회 반복하면 잘못 알아들을 여지가 없다. 관제사들이 라과르디아나 인근의 다른 공항으로 갈 수 있을지 묻자 설리는 이렇게 대답했다.

"불가능함. 허드슨 강에 착륙함."

단순하고, 직선적인 말이다. 오해의 여지가 없다.

애플의 유명한 마케팅 캠페인을 이끌었으며, 아이맥iMac에 소문자 'i'를 넣은 사람인 켄 시걸Ken Segall은 이렇게 주장한다.

"심플은 세상에서 가장 기만적인 개념이자 고객을 확보하고, 직원들을 고무하고, 경쟁자를 앞지르고, 새로운 효율성을 창출하는 데 가장 강력한 무기다. 그러나 보기만큼 간단하게 이루는 경우가 드물다. 단순성을 이루려면 노력이 필요하다."[1]

시걸의 전 상사인 스티브 잡스는 이 말에 동의한다. 그는 이렇게 말한 적이 있다.

"단순한 것이 복잡한 것보다 어려울 수 있다. 그러나 결국에는 노력할 가치가 있다. 일단 단순성을 확보하면 엄청난 일을 이룰 수 있기 때문이다."

스탠퍼드 대학교의 생물학 교수인 로버트 새폴스키Robert Sapolsky는 세계적인 신경 과학자 중 한 명이다. 그는 인간의 생리가 지닌 최선의 측면과 최악의 측면을 연구한다. 로빈 윌리엄스Robin Williams가 〈사랑의 기적Awakenings〉에서 연기한 인물로서 유명한 신경 과학자인 올리버 색스Oliver Sacks는 새폴스키를 "우리 시대 최고의 과학자이자 저술가 중 한 명"이라고 했다.

새폴스키는 테드 2017 행사에서 《비해이브Behave》의 요점을 소개해 달라는 요청을 받았다. 이 책에서 그는 신경 과학, 인류학, 심리학, 유전학, 진화 생물학, 정치학, 의사소통 이론을 비롯한 여러 학문적 렌즈를 통해 폭력과 공격성을 탐구한다. 이 책은 800쪽에 달하는 방대한 분량을 지닌다.

새폴스키는 테드를 상징하는 빨간색 원이 그려진 무대에서 내려온지 얼마 후 나와 대화를 나눴다. 그는 내게 책에 담긴 복잡한 정보를 어떻게 단순화했는지 말해 주었다. 앞 장에서 설명한 대로 하나의 주제를 정하는 것은 단순하고 흡인력 있는 프레젠테이션을 위한 첫 단계다. 새폴스키는 800쪽 분량의 내용을 14분 안에 축약하기 위해 대학원생들에게 하던 조언을 그대로 따랐다. 그 조언은 연구 결과를 제시하기 전에 핵심적인 발견 내용을 한 문단으로 줄인 다음 다시 한 문장으로 줄이라는 것이었다. 이렇게 축약된 한 문장은 수많은 말을 담아낸다. 짧은 단어도 마찬가지다.

초등학생의 언어로 설명하라

6장에서 초등학생도 읽을 수 있도록 안내문을 만드는 보험사를 소개한 적이 있다. 이 사례의 교훈은 여기서 다시 확장할 가치가 있다. 자신이 쓰는 언어의 수준에 관심을 기울이는 기업, 강사, 리더, 창업가가 너무나 드물기 때문이다. 거창한 단어가 더 나은 것은 아니다. 오히려 혼란을 초래할 뿐이다.

당신의 아이디어에 관심을 끌고 싶다면 가독성 지표Readability Index는 필수적인 도구다. 미국의 교과서 출판사들은 이 지표가 활용하는 믿을 만한 알고리즘을 통해 내용의 수준을 평가한다. 고등학교 3학년 수준에 맞는 내용을 담은 교과서는 저학년 학생들에게는 너무 어려울 수 있다. 연구 결과에 따르면 평균적인 미국인은 고등학교 1학년 수준이나 그보다 약간 낮은 수준으로 작성된 내용을 가장 잘 읽고 이해한다.

이 말에 대한 이의를 제기하기 전에 가독성 수준이 오를수록 명확성이 흐려진다는 점을 명심하라. 가령 이 장의 내용은 평균적인 중학교 2학년 학생이 읽을 수 있다. 이 정도 가독성은 좋은 수준으로 간주된다. 이보다 수준이 높다고 해서 잘 쓴 글이라고 말할 수는 없다. 길고 복잡한 문장에 전문 용어를 뒤섞으면 쉽게 가독성 수준을 올릴 수 있다. 그러면 더 똑똑한 기분이 들지는 모르지만 일반 독자들에게는 도움이 되지 않는다. 사실 유명 신경 과학자인 로버트 새폴스키도 일반인들에게 강연할 때 중학교 1학년 수준의 말을 썼다.

나는 '헤밍웨이'라는 인기 앱을 가지고 새폴스키가 쓴 논문의 가독성을 측정했다. 헤밍웨이는 성인들을 대상으로 소설을 썼다. 그러나 그 문장의 가독성은 종종 초등학교 5학년 수준으로 낮게 나온다. 새폴스키가 쓴 논문들의 평균 가독성 점수는 대학원생 수준인 16점이었다. 반면 그가 테드에서 한 강연은 중학교 1학년 수준의 가독성을 보였다. 2,400개의 단어로 구성된 강연 내용을 분석해 보면 전체 문장 중 18퍼센트만이 '읽기 아주 어려운' 수준이었다. 반면 논문의 경우 83퍼센트가 읽기 아주 어려운 수준에 해당했다.

새폴스키는 현재 전 세계에서 가장 똑똑한 신경 생리학자 중 한 명이다. 그러나 그는 다수의 대중을 상대할 때 누구나 이해할 수 있도록 간단하고 짧은 단어들을 쓴다.

더 쉽게, 더 짧게

1장에서 케네디 대통령이 한 말의 힘이 달 탐사에 대한 의지를 북돋은 이야기를 소개했다. 그의 연설이 지금도 공명하는 이유는 교정이 잘 되었기 때문이다.

나는 보스턴에 있는 존 F. 케네디 도서관을 방문했을 때 취임 연설문이 전시된 것을 본 적이 있다. 인상적인 부분은 연설문이 숱하게 교정되었다는 것이었다. 1961년 1월 20일에 이뤄진 그의 취임 연설은 역사상 네 번째로 분량이 짧았다. 이는 그가 원한 바였다. 그는 연설문을 담당한 테드 소런슨Ted Sorensen에게 말이 많다는 인상을 주고 싶지 않으니 짧게 쓰라고 요구했다. 생각해 보라. 그의 연설은 13분 42초 분량이었다. 미국 역사상 최고의 연설 중 하나로 꼽히지만 테드 강연보다 4분이나 짧았던 것이다.

소런슨은 오랫동안 케네디를 위해 일했다. 그래서 케네디의 생각을 가장 잘 표현하는 방법이 무엇인지 알았다. 소런슨이 멋진 연설문을 작성했음에도 케네디는 마지막 몇 시간 동안 31번이나 내용을 고쳤다. 대부분은 말을 다듬기 위한 것이었다. 고친 부분은 빨간색으로 표시되어 있었다. 케네디는 마지막 순간까지 쓸데없는 구절을 지우거나, 긴 단어를 짧은 단어로 바꾸거나, 아예 문장 전체를 없앴다. 가령 다음과 같은 문장이 수정되었다.

"이제 세상은 많이 달라져서 온갖 형태의 빈곤과 삶이 제거될 힘이 생겼습니다."

케네디는 '힘이 생기다'와 '제거하다'라는 단어를 지우고 더 잘 들리도록 다음과 같이 더 간단하고 강력한 문장을 만들었다. "인류는 그 도덕적 손안에 온갖 형태의 빈곤과 삶을 폐기할 힘을 쥐고 있습니다."

가장 유명한 구절도 교정을 거쳤다. 케네디는 "will"을 "can"으로 바꾸고 단어 세 개를 뺐다. 최종적으로 확정된 문장은 "나라가 여러분을 위해 무엇을 해줄지 묻지 말고, 여러분이 나라를 위해 무엇을 할 수 있을지 물어보십시오"였다. 앞서 언급한 대로 내용은 심오했지만 문장은 초등학교 4학년도 이해할 수 있는 짧은 단어들로 구성되었다.

또 다른 유명한 문장은 초등학교 3학년 수준의 가독성을 지닌다. 대개 단음절어로 구성되었기 때문이다. 그 내용은 이렇다.

"우리는 모든 대가를 치를 것이고, 모든 부담을 질 것이고, 모든 난관에 대응할 것이고, 모든 우방을 지원할 것이며, 모든 적에 맞설 것입니다."

케네디가 현대 정치의 언어로 연설했다고 상상해 보라. 그랬다면 아마 이렇게 말했을 것이다.

"우리는 앞으로 기울일 노력이 사업에 수반되는 모든 비용이나 지장을 감수할 가치를 지닌다고 생각해야 합니다."

이런 내용이었다면 그의 연설은 지금까지 기억되지 않았을 것이다. 짧고 적은 단어가 더 기억에 남는 법이다.

케네디는 두 명의 연설을 참고하여 글쓰기 능력을 연마했다. 그 두 명이 바로 링컨과 처칠이었다. 링컨은 앞서 설명한 대로 이야기의 대가였다. 전하는 말에 따르면 대선 기간에 그의 연설을 듣기 위해 수많은 사람들이 멀리서 모여들었다고 한다. 위대한 연설가는 청중의 마음을 뒤흔든다. 링컨도 그중 한 명이었다.

물론 링컨은 역사상 가장 유명한 연설 중 하나인 게티즈버그 연설을 쓰기도 했다. 케네디와 소런슨은 게티즈버그 연설을 분석하여 링컨이 최대한 적은 단어로 생각을 전달했다는 사실을 확인했다. 링컨은 2음절어나 3음절어를 쓸 수 있을 때도 단음절어를 썼다. 다시 말해서 전달하기 쉽고, 듣기 쉽고, 이해하기 쉽게 연설문을 썼다. 분량도 짧았다. 링컨이 게티즈버그에서 열린 전몰 장병 추도식에 참석하여 연설하기 전에 연설가인 에드워드 에버렛Edward Everett이 두 시간이나 열변을 토했다. 반면 링컨이 272자로 구성된 연설을 읽는 데는 2분밖에 걸리지 않았다. 그가 연설을 끝내고 연설문이 적힌 노트를 호주머니에 넣는 동안 누구도 말을 하지 않았다. 청중들은 그토록 짧은 시간에 미국의 가치를 설명한 링컨의 연설에 감동받은 나머지 멍하니 서 있기만 했다. 링컨은 연설이 사람들의 마음에 들지 않은 줄 알았다. 그러나 잠시 후 우뢰와 같은 박수가 쏟아졌다. 유튜브에는 미국을 비롯한 전 세계의 학생들이 게티즈버그 연설을 암송하는 모습을 담은 수십만 개의 영상이 올라와 있다. 링컨은 인터넷으로 영상을 보는 시대를 결코 예견하지 못했을 것이다. 그러나 그의 연설이 얼마나 중요한 의미를 지니는지 알고 있었다. 그래서 미래 세대들이 쉽게 기억할 수 있도록 짧고 간결하게 내용을 만들었다.

처칠도 긴 단어를 짧은 단어로 바꾸는 습관이 있었다. 그는 "짧은 단어가 최고다. 짧은 단어일수록 대개 오래된 단어다"라고 말한 적이 있다.

처칠은 영국 공군이 영국 전투에서 인상적인 승리를 거둔 직후 전투기 조종사들을 찬양하며 이렇게 썼다.

"전쟁의 역사에서 이토록 많은 사람들이 이토록 적은 사람들에게 이토록 큰 빚을 진 적은 없었다."

'이토록 많은', '이토록 적은', '이토록 큰'이라는 여섯 단어는 영웅적 정신과 희생에 대해 대단히 많은 말을 전했다.

노벨상 수상자이자 심리학자인 대니얼 카너먼Daniel Kahneman은 획기적인 저서,《생각에 관한 생각Thinking, Fast and Slow》에서 이렇게 말한다. "믿을 수 있고 지적인 인상을 주고 싶다면 쉬운 말을 쓸 수 있는 상황에서 어려운 말을 쓰지 마라"[2] 즉, 유능한 리더는 쉬운 말을 쓴다.

고무적인 리더들을 기리는 것은 좋은 일이다. 그들의 이야기는 우리 안에서 최선의 모습을 끌어낸다. 케네디는 사람은 죽고, 국가는 흥망을 거치나, 이상은 오래도록 이어진다고 말한 적이 있다. 맞는 말이다. 그러나 복잡하게 제시된 이상은 결코 오래도록 이어지지 않는다. 사람들의 마음을 사로잡지 못하기 때문이다. 뛰어난 의사소통 능력을 갖춘 사람은 편집 능력도 뛰어나다. 특히 케네디와 처칠 그리고 링컨은 모두 최고의 능력을 지닌 사람들이었다.

내용을 줄이기 어렵다면 천체물리학자인 닐 디그래스 타이슨이 쓰는 방법을 시도해 보라. 그는 강연 원고를 작성할 때 촛불을 밝히고 아주 오랜 도구인 잉크와 깃펜을 쓴다. 마치 과거의 명민한 사상가들에게 접신이라도 하려는 것처럼 말이다. 그러나 이 방법에는 형이상학적 측면을 넘어서는 실용적 측면이 있다. 그의 말을 들어보자.

"과거의 인상적인 연설들을 보면 다섯 단어에서 일곱 단어를 주기로 리듬이 형성됩니다. 깃펜에 잉크를 한 번 묻혀서 쓸 수 있는 단어의 양도 그와 비슷합니다. 깃펜에 묻힐 수 있는 잉크의 양에 따라 글의 리듬이 형성된 것이죠. 저는 글을 쓸 때 이 점을 의식합니다. 강연에서는 문장이 너무 길면 안 돼요."[3]

10분 안에 분명하게 말하라

제한된 시간에 아이디어를 파는 능력은 경력을 쌓는 데 대단히 중요하다. 나는 이 책을 쓰는 동안 13개월에 걸쳐 민감한 안보 사안에 대한 교육을 받는 정예 장교들을 상대로 강연을 한 적이 있다. 내가 쓴 《어떻게 말할 것인가》와 《최고의 설득》이 필독서로 제시되었다. 설득력 있는 프레젠테이션을 하는 능력을 반드시 익혀야 했기 때문이다. 10분이라는 짧은 시간 안에 감정을 실어서 아이디어를 팔 줄 알아야만 유능한 지휘관이 될 수 있다.

나는 한 교관에게 왜 10분 만에 해야 하는지 물었다.

그는 이렇게 대답했다.

"이 장교들이 보고할 군 장성이나 의원들은 사방에서 수많은 정보를 얻습니다. 그래서 빠르게 정보를 받아들여야 해요. 수백 쪽의 문서나 끝없는 파워포인트 슬라이드를 들여다 볼 시간이 없어요. 이 장교들은 잠재적 위협을 분석하고, 간단한 보고 내용을 만들고, 취할 수 있는 세 가지 행동 계획을 제시하고, 최선의 행동 계획을 내세워야 합니다. 보고 시간을 10분 안으로 줄이면 더 긴밀하고 강력하며 소화하기 쉽죠."

대개 사람들은 10분짜리 발표를 좋아하는 듯하다. 내가 만난 인텔의 한 임원은 전설적인 CEO, 앤디 그로브에게 처음 프레젠테이션을 했을 때 생긴 일화를 들려준 적이 있다.

당시 그로브는 그에게 프레젠테이션이 몇 분짜리인지 물었다.

그는 20분이라고 대답했다.

그러자 그로브는 이렇게 말했다.

"10분 버전으로 해요."

이 임원은 그때 좋은 인상을 남긴 것이 틀림없다. 임원 자리까지 올랐으니 말이다. 그는 현장에서 프레젠테이션의 분량을 줄여야 했을 때 느꼈던 두려움을 지금도 잊지 않고 있다.

리처드 브랜슨이 소유한 영국령 버진 군도의 네커Necker 섬에서는 '익스트림 테크 챌린지The Extreme Tech Challenge'라는 특별한 발표 대회가 열린다. 2,000명의 창업가들이 이 대회에 참가한다. 그중에서 열 명이 선발되어 라스베이거스에서 열리는 소비자가전쇼 무대에서 창업 아이디어를 발표한다. 여기서 최종 선발된 세 명의 창업가가 네커 섬으로 초빙되어 브랜슨을 비롯한 심사 위원들 앞에서 마지막 경쟁을 벌인다. 열대의 미풍이 참가자들을 느긋하게 만들어줄 것이라고 생각할지 모르지만 그렇지 않다. 그들은 브랜슨의 지원을 얻기 위해 치열하게 경쟁한다.

각 발표자에게는 10분의 시간이 주어진다. 이 대회에서 우승한 한 창업가는 일관성 있는 가치 제안을 명확하고 신속하게 제시하는 것이 우승 비결이라고 밝혔다. 그의 말을 들어보자.

"왜 이 제품을 만들고, 이 제품이 어떤 문제를 해결하며, 왜 이 사업에 투자해야 하는지 분명하게 설명해야 합니다. 10분 안에 분명하게 말하지 않으면 관심을 끌 수 없어요."

10분이 왜 특별한 의미를 지닐까? 존 메디나는 최선의 답변 중 하나를 제시한다. 그가 《브레인 룰스Brain Rules》에서 소개한 관찰 내용에 따르면 (크게 흥미롭거나 지루하지 않은) 어중간한 강의에서 대다수 학생들이 정확히 10분 만에 딴생각을 한다.

또한 동료 평가를 거친 여러 논문들도 사람들이 대개 25분 안에 프레젠테이션에 대한 관심을 잃는다는 사실을 확인시켜준다. 그의 말을 들어보자.

"뇌는 명백히 문화와 유전자 양쪽에서 영향을 받는 몇 가지 완고한 타이밍 패턴에 따라 선택을 하는 듯 보인다. 이 사실은 교육과 사업 분야에서 해야 할 일을 시사한다. 그것은 바로 특정한 시간 안에 사람들의 관심을 끌고 계속 유지할 방법을 찾는 일이다."[4]

인텔의 경영자, 브랜슨이 주최하는 경진대회의 우승자, 국가안보 교육을 받는 군 장교들은 모두 10분 정도에 아이디어를 파는 기술이 경력을 쌓는 데 실로 유리하다는 사실을 상기시킨다. 프레젠테이션을 하는 시간이 20분이나 30분이라도 괜찮다. 다만 듣는 사람들이 딴생각하지 않도록 10분 안에 요점을 제시하라.

역사적 관점에서 이 점을 살펴보자. 링컨은 2분짜리 연설로 수많은 세대에 영감을 주었다. 케네디는 15분짜리 연설로 달 탐사를 이끌었다. 마틴 루서 킹은 17분짜리 연설로 인종 화합에 대한 꿈을 나누었다. 스티브 잡스는 15분짜리 연설로 우리 시대의 가장 유명한 졸업 축사 중 하나를 남겼다. 10분에서 15분 안에 아이디어나 꿈을 팔지 못한다면 가능할 때까지 계속 교정하라.

아이디어는 저절로 팔리지 않는다. 단어 선택에 신경 써라. 이야기를 이어나가는 데 도움이 되지 않으면 제거하라. 축약하고, 단순화하고, 최대한 간결하게 말하라. 초등학생의 언어로 말할 수 있는 용기를 가져라. 이런 방법들은 주장을 약화하기는커녕 더욱 강화하여 설득력을 높여준다.

파이브 스타 원칙

- 텍스트의 가독성을 파악하라. 모바일 앱 혹은 컴퓨터 프로그램은 알고리즘을 통해 텍스트의 가독성을 평가한다. 구체적으로는 해당 텍스트를 읽고 이해할 수 있는 최저 학년을 말해준다. 전문용어를 너무 많이 쓰면 최저 학년이 높아진다. 반면 우리가 추구하는 쉬운 단어와 구절은 최저 학년을 낮춰준다. 물론 최저 학년이 낮을수록 좋다.
- 내용을 계속 다듬어라. 케네디는 세계 최고의 연설문 작가 중 한 명을 곁에 두고도 원고를 고치고 또 고쳤다. 탁월한 의사소통 능력을 가진 사람들이 말을 수월하게 하는 것처럼 보이는 이유는 그전에 많은 노력을 기울이기 때문이다.
- 청중들은 약 10분이 지나면 딴생각을 한다는 사실을 명심하라. 신경과학 분야에서 이뤄진 일부 연구에서 우리가 주의를 기울일 수 있는 시간이 최대 15분 정도로 밝혀졌다. 특정한 시간이 지나면 딴생각을 하는 데는 우리 안에 내재된 진화적 원인이 있는 것으로 보인다. 간단히 말해서 우리의 뇌는 쉽게 지겨워한다. 그러니 신속하게 요점을 제시하라.

★★★★★

14장

비유로 요리하라

컴퓨터는 정신을 위한 자전거다.

—스티브 잡스STEVE JOBS

1967년에 당시 37세의 주식 투자자이자 자수성가한 백만장자이던 워런 버핏은 아내와 함께 카리스마 넘치는 목사의 연설을 들었다. 그로부터 50년 후 세계 최고의 부호가 된 그는 지금도 의자에서 벌떡 일어나게 만든 마틴 루서 킹의 말들을 기억한다. 킹이 연설 말미에 인용한 제임스 러셀 로웰James Russell Lowell의 싯구는 버핏의 삶을 바꾸었다. 그 내용은 "진리는 언제나 교수대 위에 서고, 거짓은 언제나 왕좌에 앉으나, 그 교수대가 미래를 흔드네"[1] 였다.

그날 버핏은 평생 들었던 연설 중에서 가장 감동적인 연설 중 하나를 들었다. 그 연설은 인권 운동에 이어 자선 사업에 대한 관심을 불러일으켰다. 당시 킹은 모두 7,500자에 이르는 싯구들을 연설에서 즐겨 인용했다. 그러나 버핏이 기억하고 50년 후에도 암송할 수 있는 구절은 교수대와 왕좌에 대한 비유였다. 왜 그럴까? 이번에도 아리스토텔레스가 2,000년 전에 그 답을 제시했고, 다시 한번 현대 과학이 그가 옳았음을 입증했다.

아리스토텔레스는 《수사학Rhetoric》에서 비유와 유추가 설득력을 높여준다는 사실을 지적한다. 그의 설명에 따르면 이런 수사적 기법들은 청중들을 북돋아서 행동으로 이끈다. 말에 운치를 더하고 명확성을 부여하며, '배움을 즐겁게' 만든다. 비유는 '낯설고 매력적인 성격'을 지니며, 생각에 '언어적 미'를 제공한다.

그러면 각 개념을 간단하게 살펴보자. '유추'는 두 가지 다른 대상의 유사점을 제시하는 기법을 가리키는 폭넓은 개념이다. 유추를 활용하면 청자가 그 대상을 다른 관점에서 바라보게 된다. 일상 언어에는 여러 형태의 유추가 존재한다. 비유가 그중 하나다. 비유는 어떤 대상을 다른 대상에 빗대어 표현하는 문학적 기법으로서 단어의 의미를 바꾸는 효과를 낸다. 가령 "줄리엣은 태양이야"라는 셰익스피어의 표현은 비유를 활용한 것이다. 사실 줄리엣이 태양은 아니다. 그러나 이 표현은 그녀에 대해 많은 것을 말해준다. 즉, 줄리엣은 로미오의 세계에서 밝은 빛을 내는 존재이자 우주의 중심이다. 로미오는 밤에 발코니에서 이 말을 하지만 줄리엣의 빛이 어둠을 바꾼다. 셰익스피어는 이런 표현에 뛰어나다.

클린턴 대통령의 연설문 작성자인 존 폴록John Pollack은 이렇게 말한다.

"많은 논쟁에서 최고의 유추를 하는 사람이 승리한다. 여러 증거에 따르면 유추의 영향력을 간과하거나 과소평가하는 사람은 주장을 전개하거나 목표를 달성하는 데 종종 애를 먹는다. 그 반대의 경우, 명확하고, 공감할 수 있으며, 적절한 유추를 제시하는 사람은 대개 원하는 성과를 내는 데 성공한다."[2]

앞서 말한 대로 워런 버핏은 사람들 앞에서 말하는 능력을 연마해야 할 필요성을 역설한다. 그의 주장에 따르면 이 능력은 개인의 가치를 곧바로 50퍼센트나 높여준다. 마틴 루서 킹의 연설 능력에 깊이 매료된 버핏은 사람들의 마음을 사로잡기 위해 강력한 언어적 기법인 유추를 활용하는 킹의 방식을 빌렸다.

2017년 5월, 4만여 명의 버크셔 해서웨이 주주들이 네브라스카 주 오마하에 모여서 버핏과 그의 오랜 동업자, 찰리 멍거Charlie Munger의 연설을 들었다. 〈포천〉에 실린 관련 기사에 따르면 "이 연례 주총에서 가장 두드러진 점은 버핏과 멍거가 복잡하고 기술적인 질문을 받고 초보 투자자도 이해할 수 있을 만큼 유창하고 간결한 핵심적 답변을 제시했다는 것"이다.[3]

버핏은 유추를 활용하여 복잡한 문제를 간단하게 풀어냈다. 유추는 우리가 잘 모르는 대상을 이해하는 데 도움을 주기 때문에 거듭 활용할 수 있다. 추상적인 것을 익숙한 것에 빗대는 일은 복잡한 주제를 설명하고 이해할 수 있는 틀을 제공한다.

HBO에서 제작한 〈워런 버핏 되기Becoming Warren Buffett〉라는 다큐멘터리를 보면 유추를 능숙하게 활용하는 버핏의 모습이 자주 드러난다. 가령 버핏은 전설적인 야구 선수인 테드 윌리엄스Ted Williams가 쓴 《타격의 과학The Science of Hitting》이라는 책의 한 구절을 인용한다. 버핏은 스크라이크 구역을 여러 개의 정사각형으로 분할한 윌리엄스의 말을 들어 이렇게 설명한다.

"그가 정말로 잘 치는 지점으로 들어오는 공만 노린다면 4할 타율을 기록했을 겁니다. 반면 구석으로 낮게 들어오는 공까지 친다면 2할 3푼 5리의 타율을 기록했을 겁니다. 투자의 비결은 치기 어려운 공들을 계속 보내고 치기 좋은 공만 기다리는 겁니다."[4]

다시 말해서 전문적 지식과 기회가 만나는 '역량권circle of competence'에 속하는 기업에만 투자해야 한다는 것이다.

버핏은 특히 중세에 대한 유추를 좋아한다. 그는 경쟁사들이 공략하지 못하도록 막는 강력한 경제적 해자를 찾는다. 한 걸음 더 나아가 기사처럼 성을 통솔할 강력한 리더가 필요하다고 말한다.

"자본주의에서는 저마다 성을 탈환하려 합니다. 그래서 주위에 해자를 둬야 하고 침략자들을 물리치는 데 능숙한 기사가 있어야 합니다."[5]

버핏은 담배꽁초에 대한 유추를 통해 초기 투자 전략을 설명했다. 이 전략은 "아직 한 번 정도 더 피울 수 있는데도 버려진 담배꽁초"를 찾는 것이다. 그러면 적시에 투자할 경우 마지막 한 모금에 해당하는 수익을 거둘 수 있었다.

〈파이낸셜 타임스〉에 따르면 버핏은 유추나 비유를 쓰지 않고는 한 문장도 이어가지 못한다. 그는 유추나 비유를 통해 금융처럼 복잡하고, 삭막하고, 추상적인 문제도 단순하고, 인간적이며, 명확하게 풀어낸다.[6]

설득술을 익히려면 유추에 대한 기술적, 과학적 내용을 알아야 한다. 유추가 없으면 설득이 이뤄지지 않는다. 유추는 관습적 사고에서 벗어나게 만든다. 어떤 아이디어나 개념이 통념과 크게 다를 경우 비관습적 사고가 필요하다. 유추는 낯선 것을 친숙하게 만들기 때문에 효과를 발휘한다. 유추는 우리가 이미 아는 영역에 빗댐으로써 새로운 영역을 탐험하는 데 도움을 준다.[7]

유추는 효율적이다

더그 호프스태터Doug Hofstadter의 딸은 두 살 때 바나나의 옷을 벗기고undress 싶다는 말을 했다. 껍질을 까다peel라는 단어를 몰랐기에 자기가 알고 있는 표현, 바로 인형의 옷을 벗긴다는 표현을 빌려 쓴 것이다. 누구보다 유추에 관심이 많은 호프스태터는 딸의 말에 주의를 기울였다. 그의 주장에 따르면 "유추는 모든 사고의 핵심 기제이자, 정신적 삶의 토대"다.[8]

호프스태터는 퓰리처상을 받은 인지 과학자다. 그는 인공지능이 컴퓨터에 인간과 같은 지성을 부여한다는 일반적 인식에 반발한다. 우리는 컴퓨터가 고장 나서 쓰레기장에 버려져도 그리워하지 않는다.

반면 가까운 사람이 죽으면 많이 그리워한다. 호프스태터는 멋진 문장으로 이 문제를 설명한다.

"사람이 죽으면 그 뒤에 남는 것은 생전에 가까웠던 이들의 머릿속에 밝게 혹은 희미하게 머무는 후광이다. (중략) 당사자의 뇌는 어둠 속에 사라지지만 여전히 빛을 내는 집단적 잔광이 남는다."[9]

호프스태터의 주장에 따르면 인간과 컴퓨터의 차이점은 유추에 있다. 인간은 인위적인 인지 시스템이 따르는 것과 아주 다른 사고방식인 유추를 통해 세상을 인지한다.

어떤 경험에 대한 이야기를 했을 때 상대방이 "나도 그런 적 있어!"라고 말한 적이 얼마나 되는가? 그들은 당신이 겪은 일과 많이 다른 경험을 이야기한다. 마치 자신의 이야기가 더 낫다고 말하려는 듯 보인다. 그러나 실은 당신에게 일어난 사건을 같은 범주에 넣을 수 있는 비슷한 상황을 찾으려는 것일 뿐이다. 인간의 뇌는 언제나 에너지를 아낄 방편을 찾는다. 유추는 효율적이다. 에너지를 아끼면서 개념을 이해하는 데 도움이 되기 때문이다.

우리는 항상 유추를 한다. 대부분은 바나나 껍질과 인형의 옷을 연결하는 것처럼 단순하지만 세상을 바꾸는 유추도 있다. 호프스태터의 말에 따르면 유추는 소박한 일상적 활동부터 추앙받는 과학적 발견까지 모든 인지 작용의 핵심에 있다.[10]

물리학 분야에서 유명한 유추는 배와 탑을 연결한다. 1624년에 천문학자인 갈릴레오 갈릴레이는 태양이 지구 주위를 돈다는 통념이 틀렸음을 증명하기 위한 실험을 했다. 비판론자들은 지구가 돌고 있다면 탑에서 던진 돌이 탑 아래로 떨어지는 것이 아니라 다른 곳으로 떨어져야 한다고 주장했다. 갈릴레오는 유추에 기초한 간단한 실험을 통해 이 주장이 틀렸다는 것을 증명했다. 실험의 내용은 움직이는 배의 돛대에서 돌을 떨어트리는 것이었다. 돌은 돛대 아래로 떨어졌다. 여기서 돛대와 배의 관계는 탑과 지구의 관계를 말해준다. 물론 이 유추는 옳은 것으로 드러났다. 그래도 사람들은 탐탁지 않게 여겼다. 결국 갈릴레오는 이단으로 몰려서 가택연금 상태로 여생을 보냈다.

갈릴레오의 유추는 너무나 탁월했다. 17세기에는 두각을 드러내면 종종 사형 선고를 당했다. 그러나 21세기에는 두각을 드러내면 명성을 얻는다. 두각을 드러내는 일은 급변하는 세상에서 성공하는 데 필수적이다.

좋은 유추의 힘

2004년에 링크드인의 공동 창립자인 리드 호프먼Reid Hoffman은 1,000만 달러의 자금을 확충하는 일에 나섰다. 당시 소셜 게임 사이트인 프렌드스터Friendster의 이용자는 1,050만 명, 마이스페이스MySpace의 이용자는 200만 명이었다. 반면 링크드인은 이용자가 90만 명에 불과했고, 시장을 선도하지 못했으며, 매출도 없었다. 호프먼은 보잘것없는 데이터를 내세운 이야기를 할 수 없었다. 그러나 개념을 내세운 이야기는 할 수 있었다. 이 개념은 핵심적인 유추를 중심으로 구축되었다.

호프먼은 링크드인의 초기 홍보 전략을 설명하는 글에서 이렇게 말했다.

"링크드인을 구직 사이트로 홍보했다면 대다수 투자자들은 투자하지 않았을 것이다. 대부분의 기술적 혁신은 간단한 개념을 토대로 삼는다. 우리가 내세운 개념은 네트워크를 통해 많은 기업들이 활용할 수 있는 새로운 인재 검색 플랫폼을 제공한다는 것이었다."[11]

이 아이디어는 단순해 보인다. 그러나 호프먼은 개별 항목에서 네트워크로 나아가는 것이 실질적 가치를 창출한다는 사실을 알려야 했다. 거기에 필요한 것은 유추였다. 호프먼은 다섯 번째 슬라이드에서 유추를 활용했다.

이 슬라이드에는 두 기업의 회사 로고가 담겨 있었다. 좌측에는 자체 사이트에 항목별 광고를 싣는 신문사의 로고가 나왔다. 이 광고 사업은 실패로 돌아갔다. 우측에는 대성공을 거둔 이베이의 로고가 나왔다. 호프먼은 투자자들에게 이렇게 말했다.

"이베이는 네트워크, 평판, 거래 내역을 갖추고 있습니다. 온라인 항목별 광고에 네트워크를 더하는 일은 가치를 창출합니다."[12]

호프먼이 제시한 비교는 설득력을 발휘했다. 덕분에 링크드인은 세계 최고의 직장인 인맥 사이트가 되었다. 마이크로소프트는 2016년에 회사 역사상 최고 인수액인 260억 달러에 링크드인을 사들였다.

현재 억만장자가 된 호프먼은 그레이록 파트너즈Greylock Partners의 파트너로 활동하고 있다. 그는 창업가들에게 홍보 활동을 할 때 링크드인을 성공시킨 전략인 유추를 활용하라고 조언한다. 그의 말에 따르면 투자자들에게는 시간이 많이 없고, 창업가들에게는 보여줄 것이 많이 없다. 그러니 사업 아이디어를 투자자들이 알고 있는 기업과 연결해야 한다.

1년에 5,000명이 그레이록 파트너즈로부터 투자를 받기 위한 홍보에 나선다. 그중에서 정밀 심사 단계까지 나아가는 사람은 800명 미만이다. 최종적으로 투자를 받는 사람은 1년에 두 명, 전체 지원자 중 0.04퍼센트에 불과하다. 무엇이 그들을 두드러지게 만들까? 우선 창업 아이디어가 장기적으로 가지는 의미를 심사위원들이 이해하지 못하면 투자를 받을 가능성이 전혀 없다. 유추는 투자 단계까지 나아갈 가능성을 높여준다.

추상적인 대상도 구체적인 비유로

테드 2017년에 깜짝 등장한 프란치스코 교황은 트위터에서 600번 이상 공유되고 1,000개 이상의 기사로 소개된 유추를 했다. 그의 말을 들어보자.

"권력은 빈속에 마시는 진gin과 같습니다. 겸손과 선의를 갖추지 않으면 머리가 어지럽고, 취하고, 균형을 잃으며, 결국에는 자신과 주위 사람을 다치게 만듭니다."[13]

프란치스코 교황은 거의 모든 설교에서 유추를 활용한다. 가령 "테레사 수녀에게 자비는 봉사에 맛을 더하는 소금이었습니다"라고 말한 적이 있다. 또한 교회를 사회의 경계에서 '다친 사람들'을 돕는 '야전 병원'에 즐겨 비유한다.

그는 결혼과 가족에 대한 권고문에서는 시편의 한 구절을 인용하여 "여러분의 자녀는 올리브 나무의 새싹과 같습니다"라고 말하기도 했다. 또한 다음과 같이 지구와 가족을 빗대기도 했다.[14]

"우리 모두의 집인 지구는 우리의 삶 그리고 팔을 벌려 우리를 안아주는 아름다운 어머니를 나누는 자매와 같습니다. 이 자매가 지금 우리가 가하는 해악 때문에 울부짖고 있습니다. (중략) 애원하며 울부짖고 있습니다. 우리 모두의 집이 심각하게 황폐해지고 있습니다. 우리의 집인 지구가 갈수록 거대한 쓰레기 더미처럼 변해가고 있습니다."

프란치스코 교황은 예수회에서 가르치는 설교 덕분에 말하기와 글쓰기가 늘었다고 말한다. 그는 신학대학생들에게 말하는 능력을 연마하라고 조언한다. 그는 일련의 유추를 통해 말하기의 중요성을 강조한다. 가령 전도는 신자의 마음에 불을 붙이는 성령의 불로 생기를 얻는다.

창업 분야에도 성경에서 쓰는 비유적 언어가 넘친다. 가령 창업가는 '신자'를 만드는 '선교'에 나선 '선교사'와 같다. 투자자들은 '열성'과 '내면의 불꽃'을 가진 창업가를 찾는다. 뛰어난 의사소통 능력을 갖춘 사람은 청중들을 '감화'한다(종교적 의미에서 '감화'란 성령이 깃드는 것을 말한다).

창업가들이 영적 지도자들과 같은 유추에 의존하는 것은 우연이 아니다. 믿음은 설령 눈에 보이지 않아도 실재한다고 생각하는 것이다. 투자자들이 아이디어 외에는 별로 보여줄 것이 없는 창업가들에게 돈을 투자하려면 상당한 믿음이 필요하다. 아이디어를 제시하는 방법은 큰 차이를 만든다. 누구도 비유의 달인인 스티브 잡스보다 아이디어를 잘 제시하지는 못한다.

아이디어 포장의 달인

앞서 소개한 연설문 작가 존 폴록은 스티브 잡스를 유추의 대가라 부른다. 그의 주장에 따르면 잡스가 추구한 사용자 친화적인 디자인은 근본적으로 '유추에 따른 것'이다. 가령 1983년에는 제록스 연구소에 속한 연구원 말고는 '그래픽 사용자 인터페이스'라는 개념을 들어본 사람이 없었다. 잡스도 일반인에게 이야기할 때는 이 용어를 쓰지 않았다. 대신 컴퓨터에 있는 책상desktop으로 설명했다. 그에 따라 문서를 폴더 안에 넣어서 책상 위에 두거나 휴지통에 버릴 수 있었다. 잡스는 낯선 개념을 친숙하게, 복잡한 개념을 쉽게, 추상적인 개념을 구체적으로 설명해야 했다. 그가 활용한 비결은 유추였다.

잡스는 〈사이언티픽 아메리칸Scientific American〉에서 여러 종이 특정 거리를 이동하는 데 필요한 에너지를 측정하는 내용의 논문을 읽었다. 1973년에 옥스퍼드 대학의 공학 교수인 S. S. 윌슨Wilson이 발표한 11쪽짜리 논문이었다. 가장 효율적으로 이동하는 동물은 콘도르였다.

인간은 약 3분의 1 지점에 속하며, 말보다는 뒤처지지만 연어나 벌보다는 앞섰다. 그러나 인간이 자전거를 활용하는 경우에는 다른 모든 동물을 제치고 최고의 효율을 기록했다. 잡스는 이 내용을 참고하여 다음과 같이 컴퓨터 사업의 핵심을 설명했다.

"컴퓨터는 인간이 고안한 가장 대단한 도구로서 정신을 위한 자전거와 같다."[15]

잡스는 여러 수사법을 활용하여 아이디어를 설명했지만 주로 활용한 것은 유추와 비유였다. 가령 1984년에 첫 매킨토시를 소개하면서 이렇게 말했다. "우리는 최초의 전화기 같은 제품, 대중들이 쓸 수 있는 제품을 만들고 싶습니다." 그의 설명에 따르면 1844년에는 대부분의 사람들이 미국의 모든 가정에 전신기가 있을 것이라고 예측했다. 그러나 그런 일은 일어나지 않았다. 사용법을 익히기 어려웠기 때문이다. 모스 부호(점과 선)는 너무 복잡했다. 반면 알렉산더 그레이엄 벨 Alexander Graham Bell이 발명한 전화기는 훨씬 간단했다. 잡스는 매킨토시 개발팀에게 최초의 '전화기'처럼 일반인이 쉽게 배우고, 활용하고, 즐길 수 있는 컴퓨터를 만들라고 요구했다.

잡스는 개발팀 사이에 갈등과 긴장을 초래한 이유가 무엇이냐는 질문을 받고 다음과 같이 비유를 들어 해명했다.

> 어린 시절 우리 동네에 홀아비가 살았습니다. 그 사람과 조금 아는 사이가 되었죠. 어느 날 그는 나를 차고로 초대하더니 오래된 돌 연마기를 보여주었습니다. 통 속에 돌을 넣고 돌리면

돌이 연마되는 물건이었죠. 우리는 뒷마당에서 못생긴 돌들을 주워와서 약간의 물, 연마제와 같이 통 속에 넣고 모터를 돌렸습니다. 다음 날 가서 돌들을 꺼내보니 놀랍게도 예쁘게 다듬어져 있었습니다. 거친 돌들이 서로 뒤엉켜서 약간의 마찰과 소음을 일으킨 후 예쁘게 다듬어진 것이죠. 어떤 목표를 열정적으로 추구하는 팀에서도 같은 일이 일어납니다. 뛰어난 능력을 갖춘 사람들을 한데 모으면 서로 부딪치고, 논쟁하고, 가끔 싸우기도 합니다. 그러나 같이 일하는 동안 서로의 생각을 다듬게 되고, 결국에는 예쁜 돌이 되어 나옵니다.

아리스토텔레스는 "비유의 달인이 되는 것은 실로 대단한 일이며 (중략) 천재의 징표"라고 말했다. 평범한 사람들은 직설적인 말만 한다. 반면 언어의 천재들은 유추를 활용하여 두각을 드러낸다.

파이브 스타 원칙

- 유추와 비유는 언어의 아름다움을 부각시킨다.
- 유추와 비유의 사례를 찾는 일부터 시작하라. 사방에서 찾을 수 있을 것이다.
- 아이디어를 얻고 싶다면 워런 버핏이 연례 소식지에 싣는 글이나 존 폴록이 쓴 《지름길Shortcut》을 참고하라.

15장

잠든 뇌를 깨워라

신선한 아이디어가 난데없이 떠오르는 경우는 드물다.
대개는 누구도 한데 모은 적이 없는 이질적 요소들을
한데 모으는 데서 신선한 아이디어가 생긴다.
—제임스 패터슨JAMES PATTERSON

젊은 각본가이자 감독인 앤드류 스탠튼Andrew Stanton은 1992년에 식스 플래그스 마린 월드Six Flags Marine World를 방문한 후 바닷속 세상을 컴퓨터 애니메이션으로 구현하면 멋지겠다는 생각을 하기 시작했다. 그가 보기에는 흥미로운 프로젝트였다. 그러나 이 프로젝트는 5년이 지나서야 다시 원점으로 돌아왔다. 어느 날 그는 아들을 데리고 공원에 갔다. 아들에게 "그거 건드리지 마, 거기 가지 마, 그거 내려놔"라고 말하던 그는 자신이 아들을 과잉보호하고 있다는 사실을 깨달았다. 순간 이 깨달음과 5년 전에 떠올렸던 생각이 결합하면서 마법 같은 일이 일어났다.

앤드류는 아이디어 검토 회의를 소집했다. 그가 구상한 것은 특별한 물고기에 대한 영화였다. 이 이야기는 정서적 울림을 일으킬 요소를 갖추고 있었다. 앤드류는 한 시간 동안 팀원들에게 납치된 아들을 찾기 위해 대모험에 나선 아버지에 대한 이야기를 소개했다. 거기에는 독립성을 찾으려는 아이와 자식에 대한 통제권을 되찾으려는 부모 사이의 갈등도 담겨 있었다. 앤드류의 열정적인 발표는 대단히 개인적인 경험을 토대로 삼았기에 강력한 설득력을 발휘했다. 그는 삶을 위험하고 불확실하지만 흥미로운 세계이기도 한 바다에 비유하면서 전체 줄거리와 등장인물들을 소개했다.

발표가 끝난 후 회의실은 침묵에 잠겼다. 그러다가 앤드류의 상사인 존 라세터John Lasseter가 "물고기라는 말이 나왔을 때부터 마음에 들었어"라고 말하자마자 환호성이 터져 나왔다. 그렇게 해서 앤드류는 〈니모를 찾아서〉를 만들 수 있었다. 이 영화는 (당시) 애니메이션 영화 중에서 최고의 흥행 수익을 기록했다.

픽사 회장인 에드 캣멀Ed Catmull은 《창의성을 지휘하라Creativity, Inc》에서 앤드류의 아이디어 발표에 대해 "훌륭하다고 말하기에 모자람이 없는 능숙한 솜씨"라고 평가했다.

고유하고 특이한 방식으로 제시되는 아이디어는 사람들의 이목을 끌고 세상을 다르게 바라보도록 만든다. 그러나 우선은 아이디어가 독창적이어야 한다. 신경과학 덕분에 이제는 역사적으로 탁월한 창의성을 발휘한 사람들에 대해 더 많은 사실들을 알게 되었다. 그들이 주는 교훈은 최선의 아이디어를 떠올리는 데 도움을 준다.

모든 분야의 아이디어들을 연결하라

오라클을 창립하여 억만장자가 된 래리 엘리슨Larry Ellison은 25년 동안 스티브 잡스와 절친한 친구였다. 그는 잡스가 죽은 후 이런 평가를 내렸다. "그는 탁월했다. 그는 우리 시대의 에디슨, 우리 시대의 피카소였다." 엘리슨의 평가는 타당하다. 에디슨, 피카소, 잡스는 모두 발명가이자 혁신가였다. 샘 휴스턴 주립대학교Sam Houston State University에서 피카소 프로젝트Picasso Project를 이끌고 있는 엔리케 말렌Enrique Mallen은 이렇게 말한다.

"스티브 잡스를 피카소에 비유하는 것은 적절합니다. 피카소는 여러 측면에서 혁신적이었습니다. 특히 현실을 다른 방식으로 바라보는 능력을 갖고 있었죠. 그는 다른 방식으로 미술 언어를 바라보았습니다. 사실 당대의 관습적 접근법을 취할 수 있었고, 그랬어도 평생 뛰어난 화가로 살았을 겁니다. 그러나 그는 잡스처럼 변화를 일으키고자 했습니다."[1]

내가 말렌에게 연락을 취한 이유는 그가 피카소 연구 분야의 권위자였기 때문이다. 피카소 프로젝트는 피카소의 삶과 작품을 온라인으로 상세히 담아내고 있다. 나는 엘리슨이 왜 잡스를 피카소에 비유했으며, 왜 잡스가 "뛰어난 화가는 모방하고, 탁월한 화가는 훔친다"라는 피카소의 유명한 발언을 좋아했는지 알고 싶었다.

말렌에 따르면 "모방한다"는 것은 다른 사람이 취한 방식을 따라한다는 뜻이다. 뛰어난 화가는 다른 화가의 작품이나 화풍을 모방할 수 있다. 그러나 이런 방식은 혁신적이지 않다. 피카소와 잡스는 모방하지 않았기에 혁신적이었다. 그들은 다른 분야에서 나온 최고의 아이디어나 경험을 토대로 이전에 없던 혁신을 이루었다.

가령 피카소의 유명한 1907년 작 〈아비뇽의 처녀들Les Demoiselles d'Avignon〉과 스티브 잡스의 매킨토시는 모두 아이디어를 '훔쳐서' 완전히 새로운 것을 만든 예다. 그들은 통념을 훌쩍 뛰어넘는 파격성을 대표한다.

유화 작품인 〈아비뇽의 처녀들〉이 미술계에 파문을 일으킨 이유는 여러 측면에서 기존 '규칙'을 깨트렸기 때문이다. 첫째, 매춘부는 당시 적절한 그림의 '소재'가 아니었다. 둘째, 두 화풍을 한 화폭에서 구사하는 것은 기존 화법을 크게 벗어난 것이었다. 인터넷으로 찾아보면 그림에 담긴 여성들의 얼굴이 두 가지 유형을 지닌다는 사실을 알 수 있다. 좌측에 있는 세 여성은 고대 이베리아 인(윤곽이 뚜렷한 눈, 측면으로 보이는 커다란 귀와 코)으로 그려진 반면 우측에 있는 두 여성은 아프리카의 화려한 가면 같은 얼굴을 하고 있다. 피카소는 두 가지 화법과 화풍을 한 화폭에 담아냄으로써 기존 방식에 도전했으며, 그렇게 함으로써 완전히 새로운 화풍인 입체주의의 토대를 놓았다.

그로부터 한참 후인 1984년, 스티브 잡스는 비슷한 창의적 절차를 통해 또 다른 분야인 컴퓨터 분야에 혁신을 일으켰다. 흥미롭게도 잡스는 미술에서 영향을 받았다. 그는 리드 칼리지Reed College에 다닐 때 단지 재미있다는 이유로 서체를 배웠다. 사실 1971년 당시 서체는 그의 삶에 아무런 실용적 가치를 안기지 못했다. 그러나 오랜 시간이 지난 후 잡스는 컴퓨터와 미술이라는 두 가지 요소를 하나의 제품, 하나의 화폭에 담아냈다.

잡스는 2005년 스탠퍼드 대학교 졸업 축사에서 이렇게 말했다.

"당시 리드 칼리지는 미국에서 서체를 가장 잘 가르쳤습니다. 저는 세리프체와 산세리프체에 대해, 여러 글자 조합 사이의 다양한 여백에 대해, 활자 배열을 탁월하게 만드는 것에 대해 배웠습니다. 서체는 아름답고, 역사적이며, 과학이 포착하지 못하는 예술적 미묘함을 지니고 있어서 대단히 매력적이었습니다. (중략) 10년 후 첫 매킨토시 컴퓨터를 디자인할 때 대학 시절에 배운 것들이 모두 되살아났습니다. 그 모든 것들을 맥에 담아 디자인했습니다. 맥은 아름다운 서체를 지닌 최초의 컴퓨터였습니다."[2]

잡스는 새로운 경험을 개방적인 태도로 받아들였기 때문에 창의성을 발휘할 수 있었다. 가령 서체와 선불교를 배우고, 인도의 명상원을 방문하고, 메이시즈Macy's의 주방 가전 코너를 돌아다니고(애플 Ⅱ는 쿠진아트Cuisinart의 디자인을 참고했다), 애플 스토어에서 리츠 칼튼의 서비스를 모방했다(지니어스 바는 술이 아니라 조언을 제공하지만 말이다). 그는 세상을 경험했고, 그 경험을 토대로 기존의 것들을 개선했다. 잡스의 말에 따르면 창의성은 인류가 이룬 최선의 것을 접한 다음 자기 분야에서 재현하려고 노력하는 데서 나온다.[3]

"탁월한 아이디어를 훔치는 데 부끄럼이 없다"라는 잡스의 말은 피카소가 말한 맥락에 따른 것이다. 누구나 경쟁자를 모방할 수 있다. 그러나 진정한 혁신은 다른 아이디어를 토대로 삼아 새로운 것을 구축할 때 이뤄진다.

애플의 전 CEO인 존 스컬리John Sculley는 이렇게 말한다.

"스티브 잡스는 우리가 속한 업계의 경계를 넘어 '초점을 확대하는' 법을 가르쳤습니다. 그는 태생적으로 디자이너였습니다. 그는 서체를 사랑했습니다. 거기서 강한 인상을 받았죠. 뒤이어 제록스로 가서 그들이 하는 작업을 접했습니다. 최초의 그래픽 사용자 인터페이스를 채용한 실험적 워크스테이션을 보고 점들을 이어나갔죠."[4]

스컬리는 '초점 확대' 혹은 '점 잇기'라는 표현을 썼다. 이런 표현 대신 '깨달음'이나 '통찰의 순간'이라는 표현을 쓸 수도 있다. 원한다고 해서 항상 최고의 아이디어가 떠오르는 것은 아니다. 일정에 따라 혹은 컴퓨터 화면을 바라보고 있을 때 찾아오는 것도 아니다. 다행히 우리는 독창적인 아이디어가 어떻게 생기고, 어디서 오며, 언제 머릿속 우편함에 배달되는지 안다.

2011년에 스티브 잡스가 아이패드 2를 소개할 때 선보인 슬라이드는 역사상 가장 많이 회자되는 슬라이드 중 하나다. 이 슬라이드는 두 개의 표지판이 서 있는 교차로를 보여준다. 한 표지판에는 '기술'이라고 적혀 있다. 다른 표지판에는 '인문학'이라고 적혀 있다. 잡스는 기술만으로는 탁월한 제품을 만들 수 없다고 말한다. 그의 표현에 따르면 기술과 인문학을 결합해야만 '가슴을 뛰게' 만들 수 있다. 잡스의 전기를 쓴 월터 아이작슨Walter Isaacson은 또 다른 창의적 천재인 레오나르도 다빈치에 대한 글에서 이 슬라이드를 언급한다.

"요즘 세상은 학생이든, 학자든, 노동자든, 직장인이든 전문성을 추구하도록 권장한다. 앞으로는 창의성보다는 프로그래밍 능력이 구직에 더 유리하다는 믿음에 따라 기술과 공학을 배우라고 말한다."[5]

그의 주장에 따르면 미래의 혁신가들은 다빈치나 잡스처럼 과학과 예술을 같이 공부해야 한다.

다빈치가 쓴 7,000쪽 이상의 노트들이 지금도 남아 있다. 이 노트들은 그가 세계에 대한 끝없는 호기심을 가졌음을 말해준다. 그의 지성은 예술, 과학, 공학, 인문학을 넘나들었다. 그는 과학과 예술을 구분하지 않았다. 그가 역사상 가장 창의적인 천재가 될 수 있었던 이유는 모든 것이 연결되어 있음을 알았기 때문이다. 그는 자신을 과학자, 공학자, 미술가, 발명가, 해부학자, 철학자, 화가, 스토리텔러로 보았다. 그는 수학을 공부하여 크기, 공간, 거리를 계산하는 체계를 개발했다. 또한 빛의 과학적 속성을 연구하기도 했다. 피렌체에서는 당대의 대가들 밑에서 그림 그리는 법을 배웠다. 이처럼 다양한 분야에 속한 요소들이 어우러져서 〈모나리자〉와 〈최후의 만찬〉 같은 명화가 그의 손끝에서 탄생했다.

다빈치는 여러 분야를 이어서 새로운 아이디어에 도달했기 때문에 역사상 가장 위대한 천재로 꼽힌다. 앤드류 스탠튼이 개인적 경험에서 나온 여러 아이디어들을 이어서 〈니모를 찾아서〉를 만든 것은 다빈치의 발자취를 따른 결과였다. 당신도 그렇게 할 수 있다.

2015년에 오스트리아와 덴마크의 연구진이 특기할 만한 실험을 진행했다. 그들은 우리가 특정 분야에 너무 익숙할 경우 창의성이 제한된다는 사실을 발견했다. 그 이유는 전문성을 지닌 분야를 벗어나 아이디어를 구하려는 노력을 하지 않기 때문이다. 연구진은 수백 명의 지붕공과 목수 그리고 인라인 스케이터를 인터뷰했다. 이 세 가지 분야를 선정한 이유는 완전히 다른 분야이면서도 부상을 방지하기 위해 안전 장구를 갖춰야 하는 공통점을 갖고 있기 때문이다. 지붕공은 안전띠, 목수는 안전 마스크, 인라인 스케이터는 무릎 보호대와 팔꿈치 보호대를 착용해야 한다.

연구진은 306회에 걸친 인터뷰를 실시했다. 대상자들은 연구진의 요청에 따라 자신이 속한 분야와 다른 두 분야에서 쓰는 안전 장구를 개선하기 위한 아이디어를 제시했다. 뒤이어 안전 장구 전문가들이 그 내용을 평가한 결과 놀라운 사실이 드러났다. 대상자들은 자신이 속한 분야와 거리가 먼 분야에 대해 더욱 참신한 아이디어를 제시했다. 다시 말해서 다른 분야에 대한 혁신적 해결책을 더 잘 떠올렸다.

이 실험은 창의성이 뛰어난 천재들에 대한 통찰을 제공한다. 그들은 머리가 좋기 때문이 아니라 다른 분야의 아이디어들을 잇는 데 개방적이기 때문에 천재적이다. 스티브 잡스는 매킨토시를 혁신적 컴퓨터로 만든 요인에 대한 질문을 받고 이렇게 대답했다.

"매킨토시를 탁월하게 만든 요인 중 일부는 개발에 참여한 사람들이 음악인, 시인, 미술가, 동물학자, 역사학자였다는 것입니다."

잡스의 첨언에 따르면 그들은 마침 컴퓨터 공학도 잘 알았다. 잡스의 목표는 평균을 추구하는 것이 아니라 탁월한 수준에 이르는 것이었다. 그는 다양한 아이디어를 잇는 데서 탁월성이 나온다고 밝혔다.

주제곡을 찾아라

잡스는 밥 딜런의 팬이었다. 나는 스티브 잡스와 그의 프레젠테이션에 대한 책을 쓸 때 배경음악으로 딜런의 음악을 들으며 영감을 구했다. 딜런의 음악은 창작에 도움이 되는 분위기를 만들어주었다. 당신이 글을 쓰고, 생각하고, 창작 작업을 하는 데 가장 도움이 되는 음악 장르를 하나만 골라야 한다면 무엇이 될까? 연설문 작가와 과학자들은 이 문제를 탐구했다. 그들이 찾아낸 답은 영화 주제가였다. 이 점은 일리가 있다. U2의 보컬인 보노는 탁월한 멜로디를 탁월한 아이디어에 빗댄 적이 있다. 둘 다 즉시 강렬한 인상을 남기기 때문이다. 모든 탁월한 프레젠테이션은 만족스러운 멜로디처럼 흘러가는 글로 시작되어야 한다. 탁월한 커뮤니케이터들은 무작정 파워포인트를 열어서 사진을 집어넣거나 요점을 나열하지 않는다. 그들은 무엇을 말하고 싶은지, 어떻게 말하고 싶은지 먼저 생각한다. 인상적인 프레젠테이션은 훌륭한 영화처럼 긴장과 갈등 그리고 고무적인 결말을 지닌다.

프레젠테이션에 주인공과 악당이 등장하는 이야기가 담긴다면 거기에 맞는 음악을 틀어놓는 게 좋지 않을까? 레이건 대통령의 연설문을 쓴 페기 누난Peggy Noonan은 종종 영화 주제가를 들으며 작업을 했다. 그녀는 '미국 음조에 맞는 음악'이라는 글에서 자신에게 미국의 가치관을 상기시키는 곡들을 언급했다. 가령 레너드 번스타인Leonard Bernstein이 작곡한 〈워터프론트On the Waterfront〉 주제가는 "극적이고 긴박하면서도 부드러우며 (중략) 일상적인 노력의 중요성을 상기시킨다. 자신이 비참한 말로로 향하는 편도 티켓을 손에 쥔 실패자처럼 느껴진다 해도 내면에서 생각지 못했던 고결함을 찾아낼 수 있다는 사실을 말이다."[6]

이 말에는 한 곡의 음악에서 얻기에는 넘치도록 많은 통찰이 담겨 있다.

심리학자인 시우 란 탠Siu-Lan Tan은 〈스코어Score〉라는 적절한 제목의 다큐멘터리에서 영화 주제가가 두뇌의 여러 부위를 동시에 자극한다고 밝혔다. 가령 멜로디, 음높이를 처리하는 부위와 박자, 리듬을 처리하는 부위가 다르다. 또한 특정한 음악은 뇌의 보상 중추인 복측 선조체ventral striatum와 중격핵nucleus accumbens에서 신경 화학 물질을 분비시킨다. 쉽게 말해서 음악은 기분을 좋게 해준다.

영화 음악은 폭넓은 감정을 자극한다. 우리를 울게 만들고(〈쉰들러 리스트Schindler's List〉), 전장에 뛰어드는 기분을 안기고(〈브레이브하트Braveheart〉), 마구 달리고 싶게 만든다(〈록키Rocky〉). 작곡가인 트레버 라빈Trevor Rabin은 〈스코어〉에서 오바마가 대선 후보 지명 수락 연설을 하던 밤을 상기한다. 오바마가 연설을 끝내고 청중들에게 손을 흔들 때 라빈이 작곡한 〈리멤버 타이탄Remember the Titans〉의 주제가가 갈수록 크게 흘러나온다. 청중들은 환희에 빠지고, 다수는 눈물을 흘리며 환호한다. 그 순간 말과 음악 그리고 감정이 하나로 이어진다. 라빈은 곡을 듣고 소름이 돋으면 다른 사람들도 그럴 가능성이 높다고 말한다.[7] 실제로 그랬다.

주제가는 영화의 줄거리를 이끈다. 주제가가 빠지면 영화가 달라진다. 영화 주제가를 들으며 만들면 프레젠테이션에 영화 같은 약간의 마법적 요소가 들어갈지도 모른다. 그러니 한 번 시도해 볼 가치가 있다. 최악의 경우에도 기껏 혼자 감상에 빠지는 것이 문제일 뿐이다.

책을 읽어라

은퇴한 해군 장성인 제임스 스태브리디스James Stavridis는 개인 서재에 4,000권의 책을 소장하고 있다. 그의 명함을 보면 한 쪽에는 터프츠 대학교Tufts University 플레처 국제 관계 대학원Fletcher School of Law and Diplomacy 학장이라고 적혀 있고, 다른 쪽에는 "책 없이는 살 수 없다"라는 토머스 제퍼슨의 말이 적혀 있다.

스태브리디스는 해군에서 37년 간 복무하면서 구축함과 항모 타격단을 지휘했다. 또한 4년 동안 나토 연합군 최고 사령관을 지냈으며, 해군 사관 학교에서 필독서로 지정한 여러 권의 책을 썼다. 책에 대한 그의 애정은 대단히 깊다. 나는 그와 《리더의 책장The Leader's Bookshelf》에 대한 이야기를 나눴다. 그는 내게 "한 사람의 책장은 가치 있는 목표를 추구하기 위해 다른 사람들을 고무하는 능력을 키우는 데 대단히 중요합니다"라고 말했다. 그의 설명에 따르면 책이 리더들을 더욱 효과적이고, 명확하며, 고무적인 커뮤니케이터로 만드는 데 도움을 주는 세 가지 이유가 있다.[8]

– 문제를 해결하는 데 참고가 된다

스태브리디스는 "역사(소설, 회고록, 전기)를 돌아보면 거의 언제나 현재 직면한 문제와 비슷한 문제를 찾을 수 있다"라고 말한다. 그는 20년 전 구축함의 함장을 맡게 되었을 때 패트릭 오브라이언Patrick O'Brian이 쓴 20편의 해양 소설을 읽었다. 그는《마스터 앤드 커맨더Master and Commander》에서 잭 오브리Jack Aubrey 선장의 경험을 뒤따르면서 '나라면 이 상황에서 어떻게 했을까?'라고 자문했다.

– 마음을 뒤흔드는 화술을 익힐 수 있다

스태브리디스의 말에 따르면 의사소통 능력은 리더가 갖춰야 할 핵심적인 능력이다. 그는 언제나 최고의 연설들을 모은 선집을 책상 위에 둔다. 그의 말을 들어보자.

"연설할 내용이 잘 떠오르지 않으면 소크라테스, 처칠, 루스벨트, 케네디의 연설을 읽습니다. 그러면 막혔던 생각이 뚫립니다. 리더십은 생각을 떠올리고 그 생각이 중요하며, 문제를 해결할 수 있다고 다른 사람들을 설득하는 데서 발휘됩니다. 그러기 위해서는 당면한 문제가 중요한 이유와 일관되게 그 문제에 대응하는 법을 제시해야 합니다."

– 글쓰기 능력이 향상된다

스태브리디스는 어릴 때부터 책을 많이 읽은 덕분에 글을 잘 쓰게 되었다.

"글쓰는 법을 가르치기는 아주 어렵습니다. 하지만 책을 많이 읽으면 글을 잘 쓸 수 있어요. 뛰어난 리더는 뛰어난 커뮤니케이터가 되어야 하며, 글쓰기라는 어려운 기술을 연마하는 데는 독서만 한 수단이 없습니다."

물론 스태브리디스 외에도 많은 뛰어난 리더들이 책을 즐겨 읽는다. 일반적인 미국인은 하루 19분을 독서에 할애한다. 반면 억만장자인 워런 버핏은 근무시간의 80퍼센트, 하루 여섯 시간가량 신문, 잡지, 책을 읽는데 할애한다. 일론 머스크는 가끔 하루에 두 권을 읽을 만큼 엄청난 독서광이다. 빌 게이츠는 1년에 약 50권의 책을 읽는다. 억만장자 마크 큐번은 하루에 세 시간씩 책을 읽고, 마크 저커버그는 2주에 한 권씩 책을 읽는다. 이처럼 성공은 단서를 남긴다.

2009년에 카네기 멜론 대학의 연구진은 독서가 뇌의 구조를 바꾼다는 사실을 최초로 발견했다.[9] 특히 뇌 조직이 형성되는 단계에 있는 아동에게 이런 현상이 두드러졌다. 이 연구진은 〈뉴런Neuron〉에 실은 논문에서 독서가 백질white matter의 양을 늘린다고 밝혔다. 백질은 회백질gray matter 부위 사이에서 신호를 전달하는 뇌 조직으로서 정보 처리를 담당한다. 백질의 '완전성'이 높아지면 의사소통 능력과 의사표현 능력이 개선된다. 이 연구는 8세에서 10세 사이의 아동을 대상으로 삼았다. 그러나 근래에 이뤄진 뇌 가소성 연구에 따르면 성인이 되어서도 뇌에서 새로운 연결이 이뤄진다. 독서는 정신을 젊게 유지하고 의사소통 능력을 연마하는 데 도움을 준다.

낯선 곳으로 떠나라

스티브 잡스가 자기 분야를 벗어나 제품을 연구할 때 최고의 아이디어를 떠올렸듯이 린 마누엘 미란다도 브로드웨이에서 6,100킬로미터나 떨어진 곳에서 최고의 아이디어를 떠올렸다.

"휴가 기간에 최고의 아이디어가 떠오른 건 우연이 아닙니다. 저의 두뇌가 잠시 쉬는 동안 〈해밀턴〉에 대한 아이디어가 들어섰어요."[10]

미란다와 그의 아내는 멕시코의 플라야 델 카르멘Playa del Carmen으로 휴가를 갔다. 독서광인 미란다는 한 서점에 들렀다가 800쪽에 이르는 알렉산더 해밀턴의 전기를 샀다. 그는 호텔 수영장에서 휴식을 취하는 동안 그 책을 읽기 시작했다. 2장을 읽을 무렵 그의 머릿속에서는 이미 누가 조지 워싱턴 역할을 할 것인가에 대한 생각들이 떠올랐다.

에머리 대학의 신경 과학자인 그레고리 번스는 이처럼 머릿속에서 전구가 켜지는 순간을 놀랍게 여기지 않는다. 그는 《인습타파자Iconoclast》에서 이렇게 말한다. "세상을 다르게 보는 가장 효과적인 방법은 이전에 접하지 못한 것들을 뇌에 쏟아붓는 것이다. 새로운 것들은 과거의 경험이 만든 족쇄에서 벗어난 개념적 절차를 통해 뇌가 새로운 판단을 하도록 만든다."[11]

번스에 따르면 익숙한 곳에서 깨달음을 얻는 경우는 드물다. 그는 대개 환경을 조금만 바꿔도 좋은 효과를 볼 수 있다고 말한다. 다른 나라로 여행을 가는 것은 훨씬 더 효과적이다. 특히 물리적 구성과 문화가 많이 다른 나라인 경우에는 더욱 그렇다. 그의 말을 들어보자.

"뇌는 이전에 본 적이 없는 장소를 접하면 새로운 범주를 만들어야 한다. 이 과정에서 오래된 생각들이 새로운 이미지와 뒤섞여서 새로운 합성이 이뤄진다. (중략) 파격적인 관점을 얻으려면 이전에 보지 못했던 것들을 접해야 한다. 단지 어떤 대상을 바라보며 열심히 머리를 굴린다고 해서 지각에 돌파구가 열리는 것은 아니다. 지각 체계가 어떻게 해석해야 할지 모르는 대상을 접할 때 돌파구가 열린다. 낯선 대상은 뇌가 일상적인 지각의 범주를 폐기하고 새로운 범주를 만들도록 강제한다. 때로 뇌는 강제로 시동을 걸어줄 필요가 있다."[12]

올리비아 폭스 카베인Olivia Fox Cabane은 《그물과 나비The Net and the Butterfly》에서 "획기적인 깨달음을 얻으려면 문제에 깊이 빠져들었다가 다시 거기서 벗어나야 한다"[13]라고 주장한다. 카베인은 신경 과학 분야에서 독창적 아이디어를 촉발하는 비결을 발견했다고 말한다. 거기에 따르면 오랜 뇌가 집행망executive network 과 기본망default network 사이를 오갈 때 획기적인 돌파구가 열린다.

카베인은 기본망을 우리 뇌 안에서 천재들이 대화와 생각을 나누는 위원회에 비유한다. 기본망은 창의성의 근원이다. 반면 집행망은 구체적인 과제를 실행하는 데 집중한다. 말하자면 경영 본부에 해당한다. 경영 본부는 휴식을 취할 때 천재들이 모인 휴게실로 가서 느긋한 환경에서 같이 구상을 한다. 그곳에서는 다빈치가 구석에 앉아서 스케치북에 그림을 그리고, 나폴레옹이 장난감 병정들을 갖고 놀거나 스티브 잡스가 아인슈타인에게 더 크게 생각하라고 말한다.[14] 한마디로 집행망은 기본망에 인기 상품이 필요하다며 목표를 부여하고, 천재들이 일하는 동안 휴식을 취하면서 산책을 한다.

이 책을 관통하는 주제는 아이디어가 저절로 팔리지 않는다는 것이다. 새로운 아이디어를 촉발하려면 약간의 도움이 필요하다. 창의성을 발휘하는 문제에 있어서 다빈치, 피카소, 잡스는 곁에 두기 좋은 친구들이다. 영감이 필요할 때 그들에게 도움을 청하라.

파이브 스타 원칙

- 억지로 쥐어짠다고 해서 독창적인 아이디어가 떠오르는 것은 아니다. 우선 깨달음을 얻을 수 있는 이상적 조건을 조성해야 한다.
- 다양한 분야에서 나온 아이디어들을 잇거나, 영화 주제가를 듣거나, 책을 읽거나, 산책을 하면서 뇌를 깨워라. 새로운 곳으로 여행을 가면 더 좋다.
- 독창적인 아이디어를 제시할 때 슬라이드로 시작하지 마라. 슬라이드나 문서를 만들기 전에 창의적인 관점에서 이야기의 요소들을 생각하라. 사람들은 슬라이드가 아니라 이야기가 지닌 정서적 요소에 감동한다는 사실을 명심하라.

16장

두려움을 조절하라

두려움에 사로잡히면 파격적인 생각을 할 수 없다.

—그레고리 번스GREGORY BERNS

지금은 세계적인 유명세를 누리며 경기장 가득 들어선 청중들을 사로잡는 목사가 처음 설교 연단에 설 때 손이 떨렸다고 고백한 적이 있다. 그의 손바닥은 땀으로 흥건했고, 심장은 마구 고동쳤다. 심한 무대 공포증 때문이었다. 머릿속에서는 그의 설교를 비판하는 신도들의 말이 계속 맴돌았다.

나는 그에게 어떻게 무대 공포증을 극복했는지 물었다.

"나 자신에게 긍정적인 말들을 했습니다. 자책 대신 격려를 했죠."

물론 그는 연습도 열심히 했다. 설교를 하기 전에 몇 시간씩 연습에 매달렸다. 신경과학 분야에서 이뤄진 최신 연구에 따르면 그는 두 가지를 제대로 했다. 바로 재해석과 리허설이었다.

재해석: 채널 변경

앞서 말한 목사는 내면의 채널을 바꿈으로써 설교에 대한 두려움을 극복했다. 그는 잘못한 일 혹은 우연히 엿들은 비판에 집착하지 않고 잘한 일과 긍정적인 반응에 초점을 맞췄다. 이는 심리학자들과 신경 과학자들이 말하는 "인지적 재해석cognitive reappraisal"에 해당하는 것이었다. 신경 과학자인 그레고리 번스에 따르면 인지적 재해석은 감정적 요소가 약해지도록 정보를 재해석하는 것이다.[1]

번스와 다른 연구자들은 이런 '재해석'이 뇌에서 원초적 반응을 촉발하는(또한 사람들 앞에 설 때 심장이 빨리 뛰게 만드는) 편도체의 작용을 억제한다는 사실을 발견했다. 즉, 생각을 바꾸면 편도체를 길들일 수 있다.

근래에 이뤄진 많은 실험들은 번스의 주장을 뒷받침한다. 컬럼비아 대학교의 연구진은 '감정에 대한 재고: 감정의 인지적 조절에 대한 fMRI 연구'라는 논문에서 이런 결론을 내린다.

"우리는 생각하는 방식을 바꿈으로써 감정을 바꿀 수 있으며, 괴로운 경험에 따른 감정적 부담을 덜 수 있다."[2]

물론 경험에 대한 재고는 새로운 것이 아니다. 이는 오래 전부터 제시된 방법이다. 마르쿠스 아우렐리우스Marcus Aurelius 부터 셰익스피어까지 위대한 리더와 작가들은 살면서 겪는 일들을 바꿀 수는 없지만 그 경험을 해석하는 방법을 선택할 수 있음을 알았다. 가령 셰익스피어는 《햄릿》에서 본디 좋거나 나쁜 일은 없으며, 생각이 그렇게 만들 뿐이라고 썼다.

사이언 베일록Sian Beilock은 시카고 대학교 심리학 교수로서 인간 성과 연구소Human Performance Lab를 이끌고 있다. 그녀는 스포츠 경기, 시험, 강연 등 심한 압박이 가해지는 상황에 처한 사람들을 대상으로 실험을 진행했다. 부담이 클 때 많은 사람들이 경직되는 이유는 마음만 먹으면 제거할 수 있는 스트레스를 자신에게 가하기 때문이다. 걱정과 자기 회의가 뇌를 지배할 때 프레젠테이션을 망칠 가능성이 높아진다.[3] 사람들이 어떻게 생각할지 신경 쓰면 최고의 성과를 내기 어렵다. 앞으로 일어날 일에 대한 예상, 구체적으로는 다른 사람들의 판단에 대한 예상은 무대에 서기 전부터 압박을 가한다. 재해석은 이런 악순환을 끊는다. 재해석은 다른 사람들의 행동을 되돌아보고 그에 따라 감정적 반응을 바꾸는 데 활용하는 주된 인지적 수단이다.[4]

리허설: 압박 훈련

베일록은 재해석과 더불어 '압박 훈련'을 통해 불안과 스트레스를 이겨내라고 권한다. 이 방법은 운동 선수뿐 아니라 발표를 준비하는 직장인에게도 도움이 된다. 베일록은 약한 수준의 스트레스를 받으며

연습하기만 해도 높은 수준의 스트레스가 가해질 때 얼어붙지 않을 수 있다.[5]

소수의 친구나 동료들을 모아서 프레젠테이션을 연습하는 모습을 보여주는 것이 약한 수준의 스트레스를 받는 사례다. 회의실이나 사무실 혹은 집에서 '드레스 리허설'을 하라. 베일록에 따르면 낮은 수준의 스트레스를 견디는 일은 압박이 심할 때 무너지지 않도록 도움을 준다. 긴장되는 상황에서 침착성과 평정심을 유지하는 법을 익힐 수 있기 때문이다.[6]

UCLA의 심리학 교수인 매슈 리버먼은《사회적 뇌 Social》에서 신경을 압박하는 것과 상황을 바라보는 방식을 재해석하는 것의 차이를 설명한다. 사람들 앞에 설 때 무대로 걸어가 미소를 지으며 속으로 '긴장하지 않아'라고 말하는 것은 전자에 해당한다. 문제는 사실 긴장하고 있다는 데 있다. 청중들에게는 덜 당황하는 것처럼 보일지 모른다. 그러나 이런 방식은 앞으로 최고의 능력을 발휘하는 데 도움이 되지 않는다.

리허설과 재해석은 최고의 능력을 발휘할 수 있는 상태로 만들어준다. 관점을 바꾸고 스트레스를 받는 상황에서 연습하면 프레젠테이션을 피하는 것이 아니라 기대하게 될 것이다.

사람들 앞에 서는 일에 대한 두려움을 극복하는 일은 일반적인 수준에 만족하지 못하는 사람들에게 더욱 중요하다. 평균을 넘어서 파이브 스타 수준의 설득력을 발휘하고 싶다면 무대에 올라가 제 목소리를 낼 수 있는 용기와 자신감을 가져야 한다.

사람들 앞에 서는 것이 두려워도 너무 자책하지 마라. 당신만 그런 것이 아니다. 큰 성공을 거둔 많은 사람들도 무대공포증에 시달렸다. 〈그레이 아나토미〉를 만든 거물 프로듀서인 숀다 라임스, 억만장자인 리처드 브랜슨과 워런 버핏, 정상급 가수인 바브라 스트라이샌드와 아델 등이 그런 사람들이다. 인기 프로그램 〈샤크 탱크〉의 심사 위원이자 부동산 재벌인 바버라 코코란Barbara Corcoran은 경력 초기에 사람들 앞에 서는 일이 너무나 두려웠다고 털어놓았다. 그녀는 불안을 떨쳐내기 위해 일부러 부동산 강연을 하러 다녔다. 그녀의 말에 따르면 사업을 하려는 사람에게 가장 중요한 능력은 만나는 모든 사람에게 자신의 생각을 전달하는 능력이다. 그녀는 사람들 앞에 서서 말할 용기가 없으면 가장 중요한 능력을 갖추지 못할 것임을 알았다.

독창적인 아이디어를 가졌다고 해서 성공이 보장되는 것은 아니다. 독창적인 사람들은 근본적으로 자신의 생각을 설득하지 않으면 안 된다. 두려움과 의구심을 이기지 못하면 설득에 실패할 수밖에 없다. 다행인 점은 두려움과 의구심을 스스로 짊어지는 경우가 많다는 것이다. 그렇다면 스스로 가한 제약에서 벗어나 당당하게 설 수 있는 능력도 있을 것이다.

사람들 앞에 서는 일에 대한 두려움은 자연스러운 반응임을 명심하라. 우리는 사회적 집단에 받아들여지기를 바라도록 만들어져 있다. 부족에 속하지 못한 우리 선조들은 혼자 힘으로 생존할 수 없었다. 지금은 기껏해야 프레젠테이션을 망치는 데 그칠 뿐이다. 그럼에도 우리의 심리는 여전히 아주 오래 전과 같은 반응을 보인다.

무대에 대한 공포는 거미에 대한 공포처럼 우리의 심리에 각인되어 있다. 1991년에 런던 시티 대학교City University London의 심리학자 그레이엄 데이비Graham Davey는 약 75퍼센트의 대학생들이 과거에 거미와 관련된 부정적인 경험을 하거나 '트라우마'를 겪지 않았는데도 거미를 두려워한다는 사실을 발견했다. 데이비에 따르면 우리는 두려움을 안고 태어난다. 이는 유사 이래 환경에 적응하기 위해 우리 안에 형성된 반응이다.

거미나 무대에 대한 공포의 경우 원초적 반응을 완전히 극복하기는 어렵다. 그러나 어느 정도 제어하는 일은 가능하다. 심리 요법에서는 거미나 무대에 대한 공포를 이겨내는 데 어떤 방법을 권할까? 바로 약한 수준에서 시작하여 조금씩 '약간의 스트레스'를 더하면서 반복적인 노출을 시도하는 것이다. 가령 거미 공포증의 경우 처음에는 거미 사진을 접하는 데서 시작하여 실제 거미를 접하는 단계로 나아간다. 또한 무대 공포증의 경우 앞서 언급한 대로 가까운 사람들 앞에서 리허설을 할 수 있다.

과감하게 대면하지 않으면 두려움을 제어할 수 없다. 아델은 이런 방식으로 무대 공포증을 이겨냈다. 몇 년 전만 해도 그녀는 긴장을 이겨낼 수 있는 작고 소박한 무대를 선호했다. 그러다가 조금씩 용기를 내서 2016년에는 런던에 있는 2만 석 규모의 O2 경기장에서 노래하는 수준에 이르렀다. 그녀는 작은 거미에서 큰 거미로 옮겨가는 것처럼 조금씩 큰 무대에 자신을 노출시켰다. 매번 긍정적인 반응이 나올 때마다 자신에 대한 의구심은 사라지고 자신감이 높아졌다. 이제 그녀는 무대공포증이 '공연에 대한 열정'으로 바뀌었다고 말한다. 이는 멋진 말이자 재해석의 뛰어난 사례다. 무대공포증은 더욱 심한 공포를 촉발하지만 공연에 대한 열정은 청중들에게 감동을 안기는 데 집중하게 만든다.

두려움에 맞서라. 그래야만 두려움을 제어하고 결국에는 정복할 수 있다. 두려움을 이겨내면 청중과 교감하는 즐거움을 누릴 수 있다. 이때 생각을 나누는 일은 커다란 기쁨을 안긴다. 내 생각으로 세상을 바꿀 수 있고, 이는 대단히 흥분되는 일이다.

파이브 스타 원칙

- 탁월한 의사소통 능력은 만들어지는 것이지 타고나는 것이 아니다. 역사적 인물부터 오늘날의 기업계 리더까지 대다수 고무적인 리더들은 사람들 앞에 서는 데 따른 불안과 긴장을 이겨냈다. 당신도 그렇게 할 수 있다.
- 신경 과학자들은 압박감을 극복하는 데 도움이 되는 두 가지 수단으로 재해석과 리허설을 제시한다.
- 재해석은 자신과 경험을 바라보는 관점을 바꾸는 것을 말한다. 부정적 관점에서 긍정적 관점으로 나아가는 일은 성공의 열쇠다. 생각을 바꾼 다음에는 연습에 매진해야 한다. 반복적인 연습은 중요한 자리에 나서기 위한 자신감을 높여준다.

에필로그

자신만의 멋진 모험에 나서라

마음에서 나온 말은 마음으로 들어간다.

—유대 속담

조 말론Jo Malone은 열다섯 살 때 선생에게 앞으로 아무것도 이루지 못할 것이라는 말을 들었다(그녀는 당시 많은 오해를 낳은 난독증을 앓고 있었다). 그녀는 학교를 중퇴했지만 선생의 말이 틀렸음을 증명하겠다고 결심했다. 현재 그녀는 향수 회사의 대표다. 그녀가 주방에서 개발한 향수를 기반으로 만든 조 말론 런던Jo Malone London은 수백만 달러에 에스티로더Estee Lauder에 인수되었다.

나는 두바이에서 열린 도서 축제에서 조 말론을 만났다. 그녀도 나처럼 강연을 하러 온 참이었다. 우리는 푹신한 방석에 앉아 전통 음식을 먹으며 대화를 나눴다.

말론의 말에 따르면 열정은 단지 어떤 분야에 일시적으로 관심을 갖는 수준을 넘어선다. 열정은 정체성의 핵심이다. 그래서 잠시 잊을 수 있어도 영원히 사라지지는 않는다. 그녀는 피부 관리 클리닉에서 일하는 어머니를 돕다가 자신이 예민한 후각을 지녔다는 사실을 알게 되었다. 화장품 병에 적힌 내용을 읽지 못해도 냄새로 모든 재료를 알아낼 정도였다. 어린 시절의 기억도 "마당 창고의 습한 나무냄새와 아버지의 그림에서 풍기는 아마인유와 테레빈유 냄새"로 남았다.

말론은 1988년에 자신의 브랜드를 만들었다. 그녀는 플라스틱 통과 냄비만으로 주방에서 여러 재료들을 섞었다. 처음에는 고객이 열두 명에 불과했다. 그러나 그녀가 만든 향수는 서서히 인기를 끌기 시작했다. 그녀는 자서전에서 "향기는 내게 아이디어를 안길 뿐만 아니라 거의 집착에 가까운 창조적 욕구를 불러일으켜서 나를 완전하게 만든다"[1]라고 썼다.

말론은 자신의 열정을 '집착'이라는 말로 표현한다. 이 말은 중요한 의미를 지닌다. 구글의 투자자인 마이클 모리츠는 창업가들이 지니기를 바라는 자질이 무엇인지 묻는 나의 질문에 '열정'이라고 대답했다. 그는 열정을 다음과 같이 정의했다.

"탁월한 일을 이루는 사람들은 도저히 따르지 않고는 못 배기는 집착에 완전히 사로잡혀 있습니다. (중략) 그들은 마음을 잡아끄는 부름을 들어요."[2]

마음의 끌림. 마음을 잡아끄는 부름을 들으면 거부하지 마라.

워털루 대학교University of Waterloo에서 36년 동안 경제학과 기업가 정신을 가르친 래리 스미스Larry Smith는 진로 문제로 학생들과 2만 3,000번이 넘는 대화를 나눴다. 그는 수많은 대화를 통해 어느 분야에서든 두 가지 자질을 갖춰야만 성공할 수 있다는 믿음을 얻었다. 그것은 바로 열정과 의사소통 능력이다.

스미스는 나와 이 문제에 대한 대화를 나누면서 이렇게 말한다.

"탁월함과 열정을 잇는 고리는 혁신 능력입니다. 저는 진정으로 관심이 없는 분야나 주제에서 혁신을 일으킨다고 말하는 사람들을 믿지 않아요."[3]

스미스에 따르면 열정은 급변하는 오늘날의 승자독식 경제에서 성공을 이루는 데 반드시 필요한 요소다. 그러나 열정만으로는 충분치 않다. 퍼즐을 완성하기 위한 두 번째 조각은 아이디어를 설득력 있게 파는 능력이다. 스미스의 말을 들어보자.

"제 경험에 따르면 누구도 열심히 퍼트리지 않아서 사장되는 좋은 아이디어들이 많습니다. 안타깝게도 아이디어는 저절로 팔리지 않아요. 자신이 어떻게 다르고, 그 차이가 왜 자신을 매우 중요하게 만드는지 세상에 알려야 합니다."[4]

열정과 의욕, 창의성과 의사소통은 세상에 영향을 미치는 데 도움을 준다. 스미스는 다른 사람들처럼 뛰어난 의사소통 능력을 개발하는 것이 일과 삶에서 성공하는 데 대단히 중요하다고 믿는다. 그래서 초등학교 때부터 의사소통 기술을 가르쳐야 한다고 생각한다.

마윈 역시 아이들이 기계처럼 반응하도록 가르치지 말아야 한다고 주장한다. 주입식 교육이 아니라 혁신성, 창의성, 공감 능력을 가르쳐야 한다는 것이다. 그는 "기계는 마음도, 영혼도, 신념도 없어요. 반면 인간은 영혼과 신념과 가치관을 가집니다"[5]라고 말한다. 그는 뉴욕에서 열린 블룸버그 콘퍼런스에서 자동화와 인공지능의 시대에 생존하고 성공하려면 높은 IQ뿐만 아니라 EQ(정서지능)와 자신이 고안한 개념인 LQ(애정지수)를 갖춰야 한다고 주장했다. 그의 말을 들어보자.

"인류가 존중받으려면 LQ, 즉 애정지수love quotient가 높아야 합니다. 기계는 절대 가질 수 없는 자질이죠."

테드 토크의 큐레이터인 크리스 앤더슨은 이렇게 말한다.

"21세기에는 모든 학교에서 설득술을 가르쳐야 합니다. 말을 잘하면 감동을 전하고 사람들의 세계관을 바꿀 수 있습니다. (중략) 말하는 사람의 눈을 들여다보고, 말투에 귀를 기울이고, 그들의 취약성, 지성, 열정을 감지할 때 우리는 수십만 년 동안 연마한 무의식적인 능력을 활용할 수 있습니다."[6]

나 역시 앤더슨, 스미스, 워런 버핏이나 리처드 브랜슨 그리고 이 책에서 소개한 다른 사람들처럼 의사소통 능력을 학습할 수 있다고 믿는다. 말로 다른 사람을 고무하는 능력은 타고나는 것이 아니라 만들어지는 것이다. 이를 위한 교육은 일찍이 시작되어야 한다.

12세 소녀인 알렉사 커즌Alexa Cousin은 플로리다 노스 팜 비치North Palm Beach에 있는 벤저민 스쿨The Benjamin School에 다닌다. 이 학교의 사명은 학생들을 독립적이고, 협력적이며, 두려움 없는 학습자로 만드는 것이다. 거기에는 사람들 앞에서 말하는 두려움을 극복하는 일도 포함된다.

2017년에 벤저민 스쿨은 독립적인 지역 테드엑스 행사를 열 수 있는 권한을 얻었다. 알렉사가 첫 강연자로 나섰다. 그녀는 4분에 걸쳐 아리스토텔레스가 제시한 수사적 요소인 로고스, 파토스, 에토스를 활용하여 부모를 설득한 이야기를 들려주었다. 그녀가 원한 것은 다른 아이들도 원하는 강아지였다.

알렉사의 이야기를 들어보자.

> "아빠, 엄마는 강아지를 전혀 원하지 않았어요. 그러면 제가 강아지를 얻은 방법은 무엇일까요? 바로 설득술이었어요."
>
> 그녀는 자신감 넘치는 태도로 다음과 같이 말을 이어나갔다.
>
> 우선 로고스를 위해 과학적 근거를 들었어요. "엄마, 강아지를 키우면 스트레스를 받을 때 혈압을 낮출 수 있어요" 혹은 "강아지는 아동의 공감 능력, 자존감, 사회적 활동에 대한 참여도를 높여요" 같은 설득력 있는 증거를 제시했죠.
>
> 에토스는 윤리적인 측면을 말해요. 저는 강아지를 키우는 게 좋은 일을 하는 것이라고 설명했어요. 해마다 270만 마리의 동물들이 죽임을 당해요. 강아지를 입양하면 죽을 위기에서 구해주는 거예요.
>
> 끝으로 파토스를 활용했어요. 그러기 위해서는 동생의 도움이 필요했어요. 동생은 골든 두들Golden Doodle을 닮은 인형을 들고 엄마에게 갔어요. 그리고 엄마의 눈을 바라보며 간절한 표

정으로 "엄마, 골든 두들이 갖고 싶어요"라고 말했어요.
그렇게 해서 '터커Tucker'라는 골든 두들을 갖게 되었어요.[7]

뒤이어 터커가 무대에 나타났다. 알렉사는 열두 살 답지 않은 성숙한 말로 강연을 마쳤다.

스미스에 따르면 열정이 없어도 높은 자리에 올라 많은 연봉을 받을 수 있다. 그러나 진정한 관심이 없으면 문제를 해결하는 더 나은 방식을 찾고 익히려 하지 않는다. 우리의 두뇌는 좋아하는 것에 대한 생각을 멈출 수 없다.

스미스는 이렇게 말한다.

"이제 열정은 성공의 핵심입니다. 50년 전만 해도 열정은 바람직한 자질이기는 하지만 반드시 필요하지는 않았습니다. 강한 직업 윤리와 뛰어난 영업 능력만 있으면 충분한 경우가 많았습니다. 그러나 지금은 상황이 어려워지면서 경쟁이 심해졌습니다. 갈수록 많은 일자리가 자동화될 것입니다. 이제 좋은 경력을 쌓고 싶다면 혁신가가 되어야 합니다. 열정이 없으면 혁신을 일으킬 수 없어요. 우리와 로봇이 다른 점은 열정에 있습니다. 제게 기계와 문제 해결 능력을 갖춘 열정적인 사람 중에서 한 쪽을 선택하라고 하면 항상 후자를 선택할 겁니다."

열정은 주방에서 세계적인 브랜드를 만든 영국의 기업인에게 성공의 열쇠였고, 중국인 영어 교사의 전자 상거래 시장에 대한 아이디어로 전 세계 시장의 판도가 바뀐 것은 그의 설득력 덕분이었다. 이 모든 시도는 실로 그럴 만한 가치가 있었다. 꿈꾸던 삶을 살 수 있게 되었고, 경력을 진전시켜 세상에 자취를 남겼다. 그러니 끊임없이 시도하라. 무엇보다 다른 사람들이 더 큰 꿈을 꾸고 자신만의 멋진 모험에 나서도록 북돋을 수 있다면 그럴 만한 가치가 있다.

• 주 •

프롤로그 | 역사를 이어온 말의 원칙

1 Thomas L. Friedman, "Average Is Over," *The New York Times*, 2012. 1. 24, http://www.nytimes.com/2012/01/25/opinion/friedman-average-is-over.html?mcubz=0 (2017년 7월 17일 접속).

2 Tyler Cowen, *Average Is Over: Powering American Past the Age of the Great Stagnation*(2013), 5.

3 2016년 8월 18일에 저자와 나눈 대화에서 발췌.

4 상동.

5 상동.

6 Noriko Arai, "Can a Robot Pass a University Entrance Exam?" TED.com, 2017. 4, https://www.ted.com/talks/noriko_arai_can_a_robot_pass_a_university_entrance_exam(2017년 10월 2일 접속).

7 Carl Benedikt Frey, Michael A. Osborne, "The Future of Employment: How Susceptible Are Jobs to Computerisation?" Oxford Martin, University of Oxford, 2013. 9. 17, http://www.oxfordmartin.ox.ac.uk/downloads/academic/The_Future_of_Employment.pdf(2017년 7월 11일 접속).

8 "How AI Will Change Everything," *The Wall Street Journal*, 2017. 3. 6, https://www.wsj.com/articles/how-artifical-intelligence-will-change-everything-1488856320 (2017년 7월 18일 접속).

9 2017년 3월 17일에 저자와 나눈 대화에서 발췌.

10 Kate Davidson, "Employers Find 'Soft Skills' Like Critical Thinking in Short Supply," *The Wall Street Journal*, 2016. 8. 30, http://www.wsj.com/articles/employers-find-soft-skills-like-critical-thinking-in-short-supply-1472549400(2017년 7월 11일 접속).

11 Burning Glass Technologies, "The Human Factor: The Hard Time Employers

Have Finding Soft Skills," Burning-glass.com, 2015. 11, http://burning-glass.com/wp-content/uploads/Human_Factor_Baseline_Skills_FINAL.pdf(2017년 7월 11일 접속).
12 Hay Group, "Today's Graduates" Worth Their Weight in Gold?" Haygroup.com, http://www.haygroup.com/~/media/files/resources/documents/worth_their_weight_in_gold_final_ashx(2017년 7월 11일 접속).
13 2016년 8월 16일에 저자와 나눈 대화에서 발췌.
14 Investors Archive, "Bill Gates and Warren Buffet: Student Q&A 2017," Youtube.co, 2017. 3. 23, https://www.youtube.com/watch?v=1CCcheNC1sw(2017년 7월 18일 접속).
15 Alex Crippen, "Warren Buffet's $100,000 Offer and $500,000 Advice for Columbia Business School Students," CNBC, 2009. 11. 12, http://www.cnbc.com/id/33891448(2017년 7월 18일 접속).
16 Adam Grant, *Originals: How Non-Conformists Move the World*(2016), 69.

1장 | 세상을 바꾼 말의 위력

1 Ron Chernow, *Alexander Hamilton*(2004), 56.
2 상동.
3 Andrew M. Carton, "I'm Not Mopping the Floor- I'm Putting a Man on the Moon: How NASA Leaders Enhanced the Meaningfulness of Work by Changing the Meaning of Work," 펜실베이니아 대학 와튼 경영대학원 〈계간 행정학Administrative Science Quarterly〉 게재 예정. 2017년 4월에 저자에게 제공됨.
4 상동.
5 Bill Gates, "Accelerating Innovation With Leadership," Gatesnotes, 2016. 10. 6, https://www.gatesnotes.com/About-Bill-Gates/Accelerating-Innovation?WT.mc_id=10_06_2016_06_AcceleratingInnovation_BG-LI_&WT.tsrc=BGLI(2017년 4월 4일 접속).

2장 | 평범한 기준을 뛰어넘으려면

1 Cade Metz, "Inside Liberatus, the Poker AI That Out-Bluffed the Best Humans," Wired.com, 2017. 2. 1, https://www.wired.com/2017/02/liberatus/(2017년 7월 10일 접속).
2 2016년 9월 22일에 저자와 나눈 대화에서 발췌.

3 Phys.org, "New Research Finds CEOs Who Appear on CNBC Can See Their Pay Rise Over $200,000 Per Year," Home, Other Sciences, Economics and Business, 2017. 6. 12, https://phys.org/news/2017-06-ceos-cnbc-year.html(2017년 7월 18일 접속).
4 Andrew Grove, *Only the Paranoid Survive: How to Exploit the Crisis Points That Challenge Every Company*(1999), 4.
5 Matt Ridley, *The Rational Optimist*(2010).
6 Deirdre McClosky, *Bourgeois Equality: How Ideas, Not Capital or Institutions, Enriched the World*(2016), 21.
7 Ian Goldin, Chris Kutarna, *Age of Discovery: Navigating the Risks and Rewards of Our New Renaissance*(2016), 139.
8 2017년 1월 10일에 저자와 나눈 대화에서 발췌.
9 Goldin, Kutarna, *Age of Discovery*, 88.
10 저자와 나눈 대화에서 발췌.
11 Peter H. Diamandis, Steven Kotler, *Abundance: The Future Is Better Than You Think*(2014), x.
12 McClosky, *Bourgeois Equality*, 106-110.
13 상동, 492.
14 Gerry Antioch, "Persuasion Is Now 30 Per Cent of US GDP," 호주 정부, *Economic Roundup*, 2013. 1, https://treasury.org.au/publication/economic-roundup-issue-1-2013/economic-roundup-issue-1-2013/persuasion-is-now-30-per-cent-fo-us-gdp/(2017년 11월 20일 접속).
15 McClosky, *Bourgeois Equality*, 490.

3장 | 기술보다 강력한 인간의 말

1 2016년 9월 9일에 저자와 나눈 대화에서 발췌.
2 Chris Dixon, "How Aristotle Created the Computer: The Philosophers He Influenced Set the Stage for the Technological Revolution That Remade Our World," *The Atlantic*, 2017. 3. 30, https://www.theatlantic.com/technology/archive/2017/03/aristotle-computer/518697/(2017년 7월 11일 접속).
3 Scott F. Crider, *Aristotle's Rhetoric for Everybody*(2014).
4 상동.
5 John J. Medina, "Why Emotional Memories Are Unforgettable," *Psychiatric Times*, Molecules of the Mind, 2008. 5, http://www.brainrules.net/pdf/JohnMedina_PsychTimes_May08.pdf(2017년 7월 11일 접속).

6 상동.

7 Rohan Ayyar, "Why a Good Story Is the Most Important Thing You'll Ever Sell," *Fast Company*, 2014. 10. 24, https://www.fastcompany.com/3037539/why-a-good-story-is-the-most-important-thing-youll-ever-sell(2017년 7월 18일 접속).

8 Megan Beck, Barry Libert, "The Rise of AI Makes Emotional Intelligence More Important," *Harvard Business Review*, 2017. 2. 15, https://hbr.org/2017/02/the-rise-of-ai-makes-emotional-intelligence-more-important(2017년 7월 접속).

4장 | 파이브 스타들의 비밀

1 Jocko Willink, Leif Babin, *Extreme Ownership: How U.S. Navy SEALs Lead and Win*(2015), 12.

2 상동, 34.

3 상동, 45.

4 상동, 49

5 2017년 3월 23일에 저자와 나눈 대화에서 발췌.

6 Sam Altman, "2017 YC Annual Letter," 샘 올트먼 블로그, http://blog.samaltman.com/2017-yc-annual-letter(2017년 7월 11일 접속).

7 상동.

8 Carmine Gallo, "The Apple Store's New Redesign Celebrates Steve Jobs' Legacy," *Forbes*, 2017. 4. 26, https://www.forbes.com/sites/carminegallo/2017/04/26/the-apple-stores-new-redesign-celebrates-steve-jobs-legacy/#7849c10f67f9.

9 CBS News, "Angela Ahrendts Talks Apple Store Makeover, Why Tim Cook Hired Her," CBS This Morning, 2017. 4. 25, http://www.cbsnews.com/news/angela-ahrendts-apple-svp-of-retail-redesign-today-at-apple/(2017년 7월 11일 접속).

10 상동.

11 상동.

12 상동.

13 HCAHPS online, "HCAHPS Survey," http://www.hcahpsonline.org/Files/V4%200%20Appendix%20A%20%20HCAHPS%20Mail%20Survey%20Materials%20%28English%29.pdf(2017년 7월 18일 접속).

14 Halee Fischer-Wright, *Back to Balance: The Art, Science, and Business of Medicine*(2017), 12.

15 Adrienne Boissy, Timothy Gilligan, *Communication the Cleveland Clinic Way: How to Drive a Relationship-Centered Strategy for Exceptional Patient Experience*(2016), xii i.

16 Cleveland Clinic, "Empathy: The Human Connection to Patient Care," Youtube.com, 2013. 2. 21, https://www.youtube.com/watch?v=cDDWjv_q-o8(2017년 7월 18일 접속).

17 교육개발 담당 이사인 테레사 켈러Teresa Keller가 2016년 9월 7일에 저자와 나눈 대화에서 발췌.

18 Garry Kasparov, "Don't Fear Intelligent Machines, Work With Them," TED.com, 2017. 4, http://www.bostonmagazine.com/news/blog/2016/05/12/lola-travel.app/(2017년 7월 11일 접속).

5장 | 18분 만에 세상을 사로잡은 과학자

1 2017년 3월 20일에 저자와 나눈 이메일에서 발췌.

2 Neil DeGrasse Tyson, *Astrophysics for People in a Hurry*(2017), 1.

3 상동, 121

4 상동, 122.

5 상동, 190.

6 저자와 나눈 이메일에서 발췌.

7 상동.

8 deGrasse Tyson, *Astrophysics for People in a Hurry*, 192.

9 CBS, *The Late Show with Stephen Colbert*, 2017. 3. 15.

10 저자와 나눈 이메일에서 발췌.

11 2016년 8월 26일에 저자와 나눈 대화에서 발췌.

12 상동.

13 NASA, "NASA Astronaut Talks With Cancer Patients About Cancer Research on the International Space Station," Youtube.com, 2016. 9. 16, https://www.youtube.com/watch?v=gEUrPrDUMK0(2017년 7월 11일 접속).

14 NASA, "Astronauts Talk About Research in the ISS," Youtube.com, 2016. 7. 13, https://www.youtube.com/watch?v=nNsaQPy4bBY(2017년 7월 11일 접속).

15 Angry Birds, "Angry Birds Space: NASA Announcement," Youtube.com, 2012. 3. 8, https://www.youtube.com/watch?v=1xI1L1RisJQ(2017년 7월 11일 접속).

16 저자와 나눈 대화에서 발췌.

17 NASA Jet Propulsion Laboratory, "NASA TRAPPIST-1 News," Youtube.com, 2017. 2. 22, https://www.youtube.com/watch?v=cURfn6FH1Hs(2017년 7월 18일 접속).

18 상동.

19 2017년 1월 18일에 저자와 나눈 대화에서 발췌.

20 상동.
21 Steven Sloman, Philip Fernbach, *The Knowledge Illusion: Why We Never Think Alone*(2017), 108.
22 2017년 3월 17일에 저자와 나눈 대화에서 발췌.
23 상동.
24 상동.
25 상동.
26 상동.

6장 | 10억 달러 투자에 성공한 창업가

1 Scott Hartley, *The Fuzzy and the Techie: Why the Liberal Arts Will Rule the Digital World*(2017), 1.
2 2017년 6월 29일에 저자와 나눈 대화에서 발췌.
3 2017년 7월 6일에 저자와 나눈 대화에서 발췌.
4 Sarah Kliff, "Do You Understand Health Insurance? Most People Don't," *The Washington Post*, Wonkblog, 2013. 8. 8, https://www.washingtonpost.com/news/wonk/wp/2013/08/08/do-you-understand-health-insurance-most-people-dont/?utm_term=.88b38c920d94(2017년 7월 10일 접속).
5 Collective Health, "Your 2017 Health Benefits," 팸플릿.
6 저자와 나눈 대화에서 발췌.
7 2017년 6월 22일에 저자와 나눈 대화에서 발췌.
8 John Patrick Pullen, "How a Dollar Shave Club's Ad Went Viral," Entrepreneur.com, 2012. 10. 13, https://www.entrepreneur.com/article/224282(2017년 7월 10일 접속).
9 저자와 나눈 대화에서 발췌.
10 상동.
11 상동.
12 "The Top 20 Venture Capitalists Worldwide," *The New York Times*, 2017. 3. 27.
13 "In Defense of the Deck," Above the Crowd.com, 2015. 7. 7, http://abovethecrowd.com/2015/07/07/in-defense-of-the-deck/(2017년 7월 18일 접속).
14 Carmine Gallo, "7 Top VCs Say These Communication Skills Will Set You Apart," Forbes.com, 2017. 3. 28, https://www.forbes.com/sites/carminegallo/2017/03/28/7-top-vcs-say-these-communication-skills-will-set-you-apart/#6847266a65df(2017년 11월 20일 접속).
15 상동.

16 상동.

17 상동.

18 2015년 10월 23일에 저자와 나눈 대화에서 발췌.

19 Carmine Gallo, "7 Top Vcs Say These Communication Skills Will Set You Apart,"

20 상동.

21 Molly Rubin, "Full Transcript: Tim Cook Delivers MIT's 2017 Commencement Speech," Quartz.com, https://qz.com/1002570/watch-live-apple-ceo-tim-cook-delivers-mits-2017-commencement-speech/(2017년 7월 12일 접속).

22 Richard Branson, "Storytelling: What Does It Take to Master the Art?" Virgin.com, 2017. 3. 1, https://www.virgin.com/richard-branson/dream-0(2017년 7월 12일 접속).

23 Richard Branson, "5 Skills and Abilities That Successful Entrepreneurs Share," Virgin.com, 2017. 1. 30, https://www.virgin.com/richard-branson/5-skills-and-abilities-successful-entrepreneurs-share(2017년 7월 12일 접속).

24 Caline Malek, "UAE Needs Generations of Engineers and Scientists," *The National*, 2017. 3. 8, https://www.thenational.ae/uae/education/uae-needs-generations-of-engineers-and-scientist-to-secure-post-oil-future-sheikh-mohammed-bin-zayed-tells-students-1.70436(2017년 11월 20일 접속).

25 Bill J. Bonnstetter, "New Research: The Skills That Make an Entrepreneur," *Harvard Business Review*, 2012. 12. 7, https://hbr.org/2012/12/new-research-the-skills-that-m(2017년 7월 12일 접속).

26 Thomas L. Friedman, *Thank You for Being Late: An Optimist's Guide to Thriving in the Age fo Accelerations*(2016), 87.

7장 | 탁월한 관리자가 된 평범한 팀원

1 샤론은 익명성을 보장하기 위해 쓴 가명이다.

2 Adam Grant, *Originals: How Non-Conformists Move the World*(2016), 3.

3 Gregory Berns, *Iconoclast: A Neuroscientist Reveals How to Think Different*(2008), 표지.

4 매슈는 익명성을 보장하기 위해 쓴 가명이다.

5 2017년 9월 21일에 저자와 나눈 이메일에서 발췌.

6 Thomas L. Friedman, *Thank You for Being Late: An Optimist's Guide to Thriving in the Age of Accelerations*(2016), 87.

7 상동, 211.

8 Hart Research Associates, "It Takes More Than a Major: Employer Prioritizes for

College Learning & Student Success," 2013. 4. 10, https://www.aacu.org/sites/default/files/files/LEAP/2013_EmployerSurvey.pdf(2017년 7월 13일 접속).
9 2017년 4월 28일에 저자와 나눈 대화에서 발췌.
10 크레이그는 익명성을 보장하기 위해 쓴 가명이다.
11 Anna Hensel, "The 1 Incredibly Detailed Job Interview Question Elon Musk Always Asks," Inc.com, 2017. 2. 14, https://www.inc.com/anna-hensel/the-1-incredibly-detailed-interview-question-elon-musk-always-asks.html(2017년 7월 13일 접속).
12 James F. Peltz, "Headhunter James Citrin Tells Millennials How to Land Jobs and Keep Them," *Los Angeles Times*, 2015. 6. 11, http://www.latimes.com/business/Ia-fi-qu-citrin-20150611-story.html(2017년 7월 13일 접속).
13 Slide Heroes, "The Advanced Guide to McKinsey-Style Business Presentations," Slideheroes.com, https://www.slideheroes.com/advanced-guide-to-writing-mcKinsey-style-presentations/(2017년 7월 13일 접속).
14 Shu Hattori, *The McKinsey Edge: Success Principles From the World's Most Powerful Consulting Firm*(2015), 66.
15 클레어는 익명성을 보장하기 위해 쓴 가명이다.
16 마이크는 익명성을 보장하기 위해 쓴 가명이다.
17 David J. Deming, "The Growing Importance of Social Skills in the Labor Market," 2017. 5. 24, file:///C:/Users/Vanessa%20Gallo/AppData/Local/Microsoft/Windows/INetCache/Content.Outlook/03CQ1ZRH/David%20Deming_SkillsLaborMarket.pdf(2017년 7월 18일 접속).
18 2017년 6월 14일에 저자와 나눈 대화에서 발췌.
19 Harvard Extension School, "10 Soft Skills Every IT Professional Should Develop," https://www.extension.harvard.edu/inside-extension/10-soft-skills-every-it-professional-should-develop(2017년 11월 20일 접속).
20 상동.
21 Burning Glass Technologies, "The Human Factor: The Hard Time Employers Have Finding Soft Skills," Burning-glass.com, 2015, http://burning-glass.com/wp-content/uploads/Human_Factor_Baseline_Skills_FINAL.pdf(2017년 7월 13일 접속).
22 "Andy Bryant Says CIOs Need Better Communication Skills: The Intel Chairman Offers Advice on How to Deal With Boards and Fellow Executives" The Wall Street Journal, 2016. 2. 10, https://www.wsj.com/articles/andy-bryant-says-cios-need-better-communications-skills-1455083007(2017년 7월 13일 접속).
23 2015년 10월 23일에 저자와 나눈 대화에서 발췌.

8장 | 성공 가도를 달리는 리더

1 Sundar Pichai, "'AI First' Google I/O 2017, All About Artificial Intelligence Keynotes Full Presentation," Youtube.com, 2017. 5. 2, https://www.youtube.com/watch?v=Y2VF8tmLFH2(2017년 7월 18일 접속).

2 Brain Rules, "The Brain Cannot Multitask," Brain Rules 블로그, 2008. 3. 16, http://brainrules.blogspot.com/2008/03/brain-cannot-multitask_16.html(2017년 7월 18일 접속).

3 Nancy Duarte, "Do Your Slides Pass the Glance Test?" *Harvard Business Review*, 2012. 10. 22, https://hbr.org/2012/10/do-your-slides-pass-the-glance-test(2017년 7월 18일 접속).

4 Chris Anderson, *TED Talks: The Official TED Guide to Public Speaking*(2017), 117.

5 "The Science of Storytelling: Prasad Setty, Google People Analytics," Youtube.com, 2016. 5. 24, https://www.youtube.com/watch?v=neTXE7iLUnw(2017년 7월 18일 접속).

6 상동.

7 Julia Rozovsky, "The Five Keys to a Successful Google Team," re:work.com, The Water Cooler 블로그, 2015. 11. 17, https://rework.withgoogle.com/blog/five-keys-to-a-successful-google-team/(2017년 7월 18일 접속).

8 Charles Duhigg, "What Google Learned From Its Quest to Build the Perfect Team," *The New York Times Magazine*, 2016. 2. 25, https://www.nytimes.com/2016/02/28/magazine/what-google-learned-from-its-quest-to-build-the-perfect-team.html?mcubz=0(2017년 7월 18일 접속).

9 2016년 9월 16일에 저자와 나눈 대화에서 발췌.

10 David Feinberg, "One Patient at a Time," YouTube.com, 2011. 8. 2, https://www.youtube.com/watch?v=cZ5u7p-ZNuE(2017년 11월 20일 접속).

11 Scott Simmons, Christie Fraser, "Why Hospitals Don't Deliver Great Service," Gallup.com, Business Journal, 2012. 8. 21, http://www.gallup.com/businessjournal/156701/why-hospitals-don-deliver-great-service.aspx(2017년 7월 18일 접속).

12 David Rock, "Managing With the Brain in Mind," Strategy+Business.com, Organizations & People, 2009. 8. 27, https://www.strategy-business.com/article/09306?gko=5df7f(2017년 7월 18일 접속).

13 2016년 5월에 저자에게 제공된 자료에서 발췌.

14 Rock, "Managing With the Brain in Mind."

15 2017년 3월 3일에 저자와 나눈 대화에서 발췌.

16 Matthew Lieberman, *Social: Why Our Brains Are Wired to Connect*(2014), 259.

17 PepsiCo, "'Following Your Dreams' With Indra Nooyi," Youtube.com, 2011. 8. 31, https://www.youtube.com/watch?v=WG9IUKhSMf0(2017년 7월 18일 접속).
18 Narrative: The Business of Stories, "Change Storytelling by Indra Nooyi," Youtube.com, 2017. 3. 3, https://www.youtube.com/watch?v=DsABAnILwj0(2017년 7월 18일 접속).
19 상동.
20 Maria Popova, "David Foster Wallace on Leadership," Brain Pickings.org, 2014. 2. 17, https://www.brainpinkings.org/2014/02/17/dfw-leadership-debbie-millman/ (2017년 7월 18일).

9장 | 전 세계에 파장을 일으킨 테드 스타

1 Chris Anderson, *TED Talks: The Official TED Guide to Public Speaking*(2017), xi v.
2 Turere, "My Invention That Made Peace With Lions."
3 Shah Rukh Kahn, "Thoughts on Humanity, Fame and Love," TED.com, 2017.. 4, https://www.ted.com/talks/shah_rukh_khan_thoughts_on_humanity_fame_and_love/transcript?language=en(2017년 7월 14일 접속).
4 Sir Ken Robinson, "Ken Robinson Says Schools Kill Creativity," TED.com, 2006. 6, http://www.ted.com/talks/ken_robinson_says_schools_kill_creativity.html?qsha=1&utm_expid=166907-20&utm_referrer=http%3A%2F%2Fwww.ted.com%2Fsearch%3Fcat%3Dss_all%26q%3Dken%2Brobinson(2017년 7월 14일 접속).
5 Anderson, *TED Talks*, 60.
6 Shonda Rhimes, "My Year of Saying Yes to Everything," TED.com, 2016. 2, https://www.ted.com/talks/shonda_rhimes_my_year_of_saying_yes_to_everything (2017년 7월 14일 접속).
7 Anderson, *TED Talks*, 30.
8 Pope Francis, "Why the Only Future Worth Building Include Everyone," TED.com, 2017. 4, https://www.ted.com/talks/pope_francis_why_the_only_future_worth_buidling_includes_everyone(2017. 7. 14).
9 2013년 2월 18일에 저자와 나눈 대화에서 발췌.

10장 | 파토스 원칙을 기억하라

1 Phil Knight, *Shoe Dog: A Memoir by the Creator of Nike*(2016).
2 Eric Ransdell, “The Nike Story?: Just Tell it!” Fastcompany.com, 1999. 12. 31, https://www.fastcompany.com/38979/nike-story-just-tell-it(2017년 7월 14일 접속).
3 상동.
4 Knight, *Shoe Dog*.
5 Alan Alda, *If I Understood You, Would I Have This Look on My Face? My Adventures in the Art and Science of Relating and Communicating*(2017), x vii.
6 상동. 머리글.
7 상동, 158.
8 Uri Hasson, “This Is Your Brain on Communication,” TED.com, 2016. 2, https://www.ted.com/talks/uri_hasson_this_is_your_brain_on_communication?language=en(2017년 7월 19일 접속).
9 Duncan Clark, “How Self-Made Billionaire Jack Ma Used Charisma and Masterful Speaking Skils to Build the Alibaba Empire,” *Business Insider*, 2016. 4. 14, http://www.businessinsider.com/the-billionaire-founder-of-alibaba-has-been-giving-a-similar-speech-for-17-years-heres-how-he-always-engages-his-audience-2016-4(2017년 10월 2일 접속).
10 상동.
11 상동.
12 La Logieiel, “Today Is Hard, Tomorrow Will Be Worse,” Youtube.com, 2016. 4. 17, https://www.youtube.com/watch?v=kL41UMHBZpQ(2017년 10월 2일 접속).
13 2016년 5월 18일에 저자와 나눈 대화에서 발췌.
14 이선은 익명성을 보장하기 위해 쓴 가명이다.
15 Bruce N. Pfau, “How an Accounting Firm Convinced Its Employees They Could Change the World,” *Harvard Business Review*, 2015. 10. 6, https://hbr.org/2015/10/how-an-accounting-firm-convinced-its-employee-they-could-change-the-world(2017년 11월 20일 접속).
16 상동.
17 2016년 11월 21일에 저자와 나눈 대화에서 발췌.
18 David Aaker, Jennifer Aaker, “What Are Your Signature Stories?” *California Management Review*, 2016. 봄. 58권, 3호, http://cmr.berkeley.edu/browse/articles/58_3/5818/(2017년 11월 20일 접속).
19 상동.

11장 | 3막 구조를 따르라

1 Brad Stone, *The Upstarts: How Uber, Airbnb, and the Killer Companies of the New Silicon Valley Are Changing the World*(2017), 11.

2 2017년 2월 23일에 저자와 나눈 대화에서 발췌.

3 상동.

4 Syd Field, *Screenplay: The Foundations of Screenwriting: A Step-by-Step Guide From Concept to Finished Script*(2005), 3.

5 상동, 21.

6 Derek Thompson, *Hit Makers: The Science of Popularity in an Age of Distraction*(2017), 109.

7 Bruce N. Pfau, "How an Accounting Firm Convinced Its Employees They Could Change the World," Harvard Business Review, 2015. 10. 6, https://hbr.org/2015/10/how-an-accounting-firm-convinced-its-employees-they-could-change-the-world(2017년 7월 19일 접속).

8 저자와의 대화에서 발췌.

9 Airbnb, "Welcome to a World of Trips: Airbnb Open Lost Angeles," Youtube.com, 2016. 11. 17, https://www.youtube.com/watch?v=efNyRmTLbjQ(2017년 7월 15일 접속).

10 상동.

11 Avery Hartmans, "This Is the One Quality Every Startup Founder Needs," *Business Insider*, 2016. 9. 25, http://www.businessinsider.com/jeff-jordan-andreessen-horowitz-startup-founders-2016-9(2017년 7월 15일 접속).

12 Jorge A. Barraza, Paul J. Zak, "Empathy Toward Strangers Triggers Oxytocin Release and Subsequent Generosity," Values, Empathy and Fairness Across Social Barriers, New York Academy of Sciences, 1167권(2009): 182-189, http://www.neuroeconomicstudies.org/images/stories/documents/empathy-towards-strangers.pdf(2017년 7월 15일 접속).

13 Ian Davis, David Keeling, Paul Schreier, Ashley Williams, "The McKinsey Approach to Problem Solving," 맥킨지 스탭 연구보고서, 66호, 2017. 7. slideshare.net에 2016년 10월 6일에 발표됨, https://www.slideshare.net/interviewcoach/the-mckinsey-approach-to-problem-solving.pdf(2017년 7월 19일 접속).

14 John Seabrook, *The Song Machine: Inside the Hit Factory*(2015), 12.

15 Thompson, *Hit Makers*, 6.

16 Science of People, "The 10 Secrets to the Perfect Shark Tank Pitch," Scienceofpeople.com, 2016, http://www.scienceofpeople.com/2016/09/the-10-secrets-to-the-perfect-shark-tank-pitch/(2017년 7월 15일 접속).

12장 | 단 한 줄로 승부하라

1 2017년 5월 10일에 저자와 나눈 대화에서 발췌.
2 상동.
3 Bryan Garner, *Winning Oral Argument: Enduring Principles With Supporting Comments From the Literature*, 2판(2009), 40.
4 2017년 3월 23일에 저자와 나눈 대화에서 발췌.

13장 | 최소한의 단어만 써라

1 Ken Segall, *Think Simple: How Smart Leaders Defeat Complexity*(2016), 1.
2 Daniel Kahneman, *Thinking, Fast and Slow*(2011), 63.
3 Chris Kornelis, "Neil deGrasse Tyson on What Every Child Should Know About Science," *The Wall Street Journal*, 2017. 5. 18, https://www.wsj.com/articles/neil-degrasse-tyson-1495122652(2017년 7월 15일 접속).
4 John Medina, *Brain Rules*(2008), 106.

14장 | 비유로 요리하라

1 HBO, Becoming Warren Buffett, Hbo.com, 다큐멘터리, 2017, https://www.wsj.com/articles/neil-degrass-tyson-1495122652(2017년 7월 15일 접속).
2 John Pollack, *Shortcut: How Analogies Reveal Connections, Spark Innovations, and Sell Our Greatest Ideas*(2014), x v.
3 Jen Wieczner, "9 Best Warren Bufftee Quotes From the Berkshire Hathaway Annual Meeting," *Fortune*, 2017. 5. 18, http://fortune.com/2017/05/08/warren-buffett-berkshire-hathaway-annual-meeting-quotes/(2017년 7월 19일 접속).
4 상동.
5 상동.
6 Sam Leith, "How to Do Folsky Like Warren Buffett," *Financial Times*, 2014. 4. 28, https://www.ft.com/content/68afbbb8-ca14-11e3-ac0500144feabdc0?mhq5j=el(2017년 7월 19일 접속).
7 David Zax, "How Steve Jobs's Mastery of Analogies Sent Apple Skyrocketing," Fast Company.com, 2014. 10. 14, https://www.fastcompany.com/3037014/my-creative-life/how-steve-jobss-mastery-of-analogies-sent-apple-sky-rocketing(2017년 7월 19일 접속).

8 "Douglas Hofstadter: Analogies Are the Core of Thinking," Youtube.com, 2017. 1. 4, https://www.youtube.com/watch?v=vORB92BU7zk(2017년 7월 19일 접속).
9 상동.
10 상동.
11 Reid Hoffman, "LinkedIn's Series B Pitch to Greylock: Pitch Advice for Entrepreneurs," reidhoffman.org, 2017. 2. 9, http://www.reidhoffman.org/485-business-and-entrepreneurship/2135-linkedin-s-series-b-pitch-to-grelock(2017년 7월 15일 접속).
12 상동.
13 Pope Francis, "Why the Only Future Worth Building Includes Everyone," TED.com, 2017. 4, https://www.ted.com/talks/pope_fracis_why_the_only_future_worth_building_includes_everyone(2017년 7월 14일 접속).
14 Pope Francis, "Post-Synodal Apostolic Exhortation Amoris Laetitia of the Holy Father Francis to Bishops, Priests and Deacons, Consecrated Persons, Christian Married Couples and All the Lay Faithful on Love in the Family," https://www.youtube.com/watch?v=vORB92BU7zk(2017년 7월 19일 접속).
15 Carlton Reid, "How the Bicycle Beats Evolution and Why Steve Jobs Was So Taken With the Fact," bikebook.info, 2015. 3. 14, http://www.bikebook.info/efficiency/(2017년 7월 17일 접속).

15장 | 잠든 뇌를 깨워라

1 2013년 9월 13일에 저자와 나눈 대화에서 발췌.
2 Stanford University, "'You've Got to Find What You Love,' Jobs Says," Stanford Report, 2005. 6. 14, 졸업 축사, 2005. 6. 12, http://news-service.stanford.edu/news/2005/june15/jobs-061505.html(2013년 4월 11일 접속).
3 PBS, Triumph of the Nerds: Starring Robert X. Cringely, PBS.org, KQED, http://www.pbs.org/nerds/part3.html(2017년 7월 19일 접속).
4 Natalie Walters, "Former Apple CEO John Sculley Shares the Most Important Thing He Learned From Steve Jobs," *Business Insider*, 2016. 1. 12, http://www.businessinsider.com/john-sculley-shares-lesson-from-steve-jobs-2016-1(2017년 7월 19일 접속).
5 Walter Isaacson, "The Lessons of Leonardo: How to Be a Creative Genius," *The Wall Street Journal*, 2017. 9. 29, https://www.wsj.com/articles/the-lessons-of-leonardo-how-to-be-a-creative-genius-1506690180(2017년 10월 2일 접속).
6 Peggy Noonan, "Music in the Key of America," *The Wall Street Journal*, 2015. 11. 26, https://www.wsj.com/articles/music-in-the-key-of-america-1448575880.

7 Score: A Film Music Documentary, https://www.score-movie.com(2017년 11월 20일 접속).

8 2017년 3월 31일에 저자와 나눈 대화에서 발췌.

9 Mario D. Garrett, "Brain Plasticity in Older Adults: Learning New Tricks in Older Age," *Psychology Today*, 2013. 4. 27, https://www.psychologytoday.com/blog/iage/201304/brain-plasticity-in-older-adults(2017년 10월 2일 접속).

10 Ana Almendrala, "Lin-Manuel Miranda: It's 'No Accident' Hamilton Came to Me on Vacation," *Huffington Post*, 2016. 6. 23, http://www.huffingtonpost.com/entry/lin-manuel-miranda-says-its-no-accident-hamilton-inspiration-struck-on-vacation_us_576c136ee4b0b489bb0ca7c2(2017년 7월 17일 접속).

11 Gregory Berns, *Iconoclast: A Neuroscientist Reveals How to Think Different*(2008), 8.

12 상동, 33.

13 Olivia Fox Cabane, Judah Pollack, *The Net and the Butterfly: The Art and Practice of Breakthrough Thinking*(2017), 13.

14 상동, 28.

16장 | 두려움을 조절하라

1 Gregory Berns, *Iconoclast: A Neuroscientist Reveals How to Think Differently*(2008), 78.

2 Kevin N. Ochsner, Silvia A. Bunge, James J. Gross, John D. E. Gabrieli, "Rethinking Feelings: An fMRI Study of the Cognitive Regulation of Emotion," MIT, *Journal of Cognitive Neuroscience* 14, 8호(2002): 1215-1229.

3 Sian Beilock, *Choke: What the Secrets of the Brain Reveal About Getting It Right When You Have To*(2010), 123.

4 상동, 249.

5 상동, 34.

6 상동.

에필로그 | 자신만의 멋진 모험에 나서라

1 Jo Malone, *Jo Malone: My Story*(2016), 169.

2 2015년 10월 23일에 저자와 나눈 대화에서 발췌.

3 2016년 4월 12일에 저자와 나눈 대화에서 발췌.

4 상동.

5 Lila MacLellan, "Alibaba Founder Jack Ma Says to Be a Successful Leader You Need EQ, IQ, and LQ," Quartz Media, 2017. 9. 20, https://qz.com/1082709/alibabas-jack-ma-says-successful-leaders-need-eq-iq-and-lq-baba/(2017년 10월 6일 접속).

6 Chris Anderson, *TED Talks: The Official TED Guide to Public Speaking*(2017), xii.

7 TEDx Talks, "Aristotelian Rhetoric and Golden Doodles: Alexa Cousin," Youtube.com, 2017. 4. 9, https://www.youtube.com/watch?v=MphqZ-phoGY(2017년 7월 18일 접속).

옮긴이 김태훈

중앙대학교 문예창작과를 졸업하고 현재 번역 에이전시 엔터스코리아에서 전문 번역가로 활동하고 있다. 옮긴 책으로 《마케팅이다》, 《언스케일》, 《인포메이션》, 《딥 워크》, 《최고의 설득》, 《어떻게 원하는 것을 얻는가》, 《그 개는 무엇을 보았나》, 《달러제국의 몰락》, 《야성적 충동》, 《욕망의 경제학》외 다수가 있다.

말의 원칙

1판 1쇄 발행 2020년 4월 14일
1판 2쇄 발행 2020년 5월 26일

지은이 카민 갤로
옮긴이 김태훈

발행인 양원석 **편집장** 김건희
디자인 박진영, 김미선 **영업마케팅** 조아라, 신예은

펴낸 곳 ㈜알에이치코리아
주소 서울시 금천구 가산디지털2로 53, 20층(가산동, 한라시그마밸리)
편집문의 02-6443-8902 **도서문의** 02-6443-8800
홈페이지 http://rhk.co.kr
등록 2004년 1월 15일 제2-3726호

ISBN 978-89-255-6894-2 (03320)